16	3	2	13
5	10	11	8
9	6	7	12
4	15	14	1

Jeanne Marie Gagnebin

LEMBRAR
ESCREVER
ESQUECER

editora 34

EDITORA 34

Editora 34 Ltda.
Rua Hungria, 592 Jardim Europa CEP 01455-000
São Paulo - SP Brasil Tel/Fax (11) 3811-6777 www.editora34.com.br

Copyright © Editora 34 Ltda., 2006
Lembrar escrever esquecer © Jeanne Marie Gagnebin, 2006

A FOTOCÓPIA DE QUALQUER FOLHA DESTE LIVRO É ILEGAL E CONFIGURA UMA
APROPRIAÇÃO INDEVIDA DOS DIREITOS INTELECTUAIS E PATRIMONIAIS DO AUTOR.

Edição conforme o Acordo Ortográfico da Língua Portuguesa.

Imagem da capa:
A partir de desenho de Henri Michaux, Sem título, 1960,
nanquim s/ papel, 65 x 140 cm (detalhe)

Capa, projeto gráfico e editoração eletrônica:
Bracher & Malta Produção Gráfica

Revisão:
Alberto Martins
Camila Boldrini
Marcela Vieira

1ª Edição - 2006, 2ª Edição - 2009 (3ª Reimpressão - 2021)

CIP - Brasil. Catalogação-na-Fonte
(Sindicato Nacional dos Editores de Livros, RJ, Brasil)

Gagnebin, Jeanne Marie

G129l   Lembrar escrever esquecer / Jeanne Marie
Gagnebin — São Paulo: Editora 34, 2009
(2ª Edição).
224 p.

Inclui bibliografia

ISBN 978-85-7326-356-5

1. Filosofia. 2. Literatura e estética.
I. Título.

CDD - 102

LEMBRAR ESCREVER ESQUECER

Nota da autora 11

1. A memória dos mortais:
   notas para uma definição de cultura
   a partir de uma leitura da *Odisseia* 13
2. Homero e a *Dialética do Esclarecimento* 29
3. Verdade e memória do passado 39
4. Memória, história, testemunho 49
5. "Após Auschwitz" 59
6. Sobre as relações entre ética e estética
   no pensamento de Adorno 83
7. O que significa elaborar o passado? 97
8. O rastro e a cicatriz: metáforas da memória 107
9. Escrituras do corpo 119
10. O rumor das distâncias atravessadas 145
11. Uma filosofia do *cogito ferido*: Paul Ricoeur 163
12. Os prelúdios de Paul Ricoeur 179
13. "Platão, creio, estava doente" 193
14. As formas literárias da filosofia 201

Sobre os textos 211
Bibliografia 213
Agradecimentos 221
Sobre a autora 223

LEMBRAR
ESCREVER
ESQUECER

Aos amigos do "grupo sem nome"
pela perseverança nas palavras errantes

NOTA DA AUTORA

Este livro reúne ensaios bastante diversos, mas que têm em comum seu modo de exposição: elaborados por ocasião de encontros, colóquios, congressos, foram posteriormente reescritos para publicação. A oralidade viva do diálogo com colegas e estudantes e a procura lenta de clareza e diferenciação, propiciada pela escrita, se apoiam reciprocamente.

Oralidade e escrita também atravessam como temas de reflexão estes quatorze ensaios. Desde Platão, o diálogo oral representa a vivacidade de uma busca em comum da verdade — e se esta última escapa da tentativa de sua apreensão, ela ao mesmo tempo se revela nessas palavras compartilhadas, mas efêmeras. A escrita, por sua vez, deseja perpetuar o vivo, mantendo sua lembrança para as gerações futuras, mas só pode salvá-lo quando o codifica e o fixa, transformando sua plasticidade em rigidez, afirmando e confirmando sua ausência — quando pronuncia sua morte.

Dos poetas épicos aos escritores sobreviventes dos massacres do século XX, passando pelos múltiplos exercícios filosóficos, sempre retomados, de explicitação do enigma do real, a memória dos homens se constrói entre esses dois polos: o da transmissão oral viva, mas frágil e efêmera, e o da conservação pela escrita, inscrição que talvez perdure por mais tempo, mas que desenha o vulto da ausência. Nem a presença viva nem a fixação pela escritura conseguem assegurar a imortalidade; ambas, aliás, nem mesmo garantem a certeza da duração, apenas testemunham o esplendor e a fragilidade da existência, e do esforço de dizê-la.

Ao reler estes textos, percebo que todos tentam assumir uma tarefa paradoxal. De um lado, na esteira de Walter Benjamin, não esquecer dos mortos, dos vencidos, não calar, mais uma vez, suas vozes — isto é, cumprir uma exigência de transmissão e de escritura. De outro, agora seguindo as pegadas de Nietzsche, não cair na ilusão narcísica de que a atividade intelectual e acadêmica possa encontrar

Nota da autora   11

sua justificação definitiva nesse trabalho de acumulação — pois o apelo do presente, da vida no presente, também exige que o pensamento saiba esquecer. Sobretudo, saiba esquecer de sua complacência erudita para consigo mesmo, saiba desistir de seus rituais de auto-reprodução institucional e ouse se aventurar em territórios incógnitos, sem definição nem inscrição prévia. A palavra rememorativa, certamente imprescindível, não tira sua força mais viva da conservação do passado e da perseverança de escritores, historiadores ou filósofos; mas do apelo à felicidade do presente, isto é, em termos filosóficos antigos, da exigência da vida justa dos homens junto a outros homens. Ouvir o apelo do passado significa também estar atento a esse apelo de felicidade e, portanto, de transformação do presente, mesmo quando ele parece estar sufocado e ressoar de maneira quase inaudível.

1.
A MEMÓRIA DOS MORTAIS:
NOTAS PARA UMA DEFINIÇÃO DE CULTURA
A PARTIR DE UMA LEITURA DA *ODISSEIA*

Todas as pesquisas recentes sobre a *Odisseia* concordam em não ver mais na errância de Ulisses a descrição de um itinerário geográfico preciso, como ainda o faziam os intérpretes do início do século XX quando saíam à procura das paisagens, dos bosques, dos rios, das oliveiras e dos rochedos evocados pela *Odisseia* nas ilhas do Mediterrâneo. Hoje, intérpretes tão diferentes como Adorno e Horkheimer ou Pierre Vidal-Naquet e François Hartog leem essa viagem muito mais como uma trajetória alegórica entre a perda inicial de rumo, a desorientação funesta sobre "o mar sem caminhos", como diz Homero, e a volta a Ítaca, à Pátria, à ordem familiar e política. Adorno e Horkheimer[1] encontraram na *Odisseia* a descrição da construção exemplar do sujeito racional que, para se construir a si mesmo como "eu" soberano, deve escapar das tentações e das seduções do mito, assegurando seu domínio sobre a natureza externa e, também, sobre a natureza interna, sobre si mesmo.

A história de Ulisses, na leitura de Adorno e Horkheimer, representa, portanto, a formação do sujeito pela dominação da natureza e pela auto-repressão, paradigma da violência necessária para o estabelecimento da razão instrumental e da identidade subjetiva. Nessa leitura que se orienta em Marx, Freud e Nietzsche, o custo dessa "odisseia", da passagem da infância para a idade adulta, da *mímesis* mágica para a dominação racional, este custo é alto: ele consiste na dominação da natureza que continua ameaçadora, pois violentada, e na repressão da libido mais originária, que também continua ameaçadora, pois recalcada.

---

[1] T. W. Adorno. e M. Horkheimer, *Dialética do Esclarecimento*, tradução de Guido Antonio de Almeida, Rio de Janeiro, Jorge Zahar, 1985.

Gostaria de apresentar uma outra visão dessa interpretação da *Dialética do Esclarecimento*, uma leitura mais antropológica e mais histórica, talvez mais "francesa" também, pois os autores que vou citar são Pierre Vidal-Naquet, F. Hartog, Françoise Frontisi-Ducroux e T. Todorov. Uma leitura menos dramática e "negra"[2] do que aquela de Adorno e Horkheimer, mais luminosa e humanista, talvez mais "grega" e menos "alemã" é, nesse sentido, grega porque mais intrinsecamente ligada à nossa condição limitada de mortais.

Chama, com efeito, atenção que é dessa condição de homens mortais que também trata a *Odisseia*. Ao chegar numa costa desconhecida, Ulisses muitas vezes se pergunta quem são os habitantes dessa região, se são "mortais", "comedores de pão",[3] ou se são outros — monstros, deuses, animais. Na história de Ulisses, bem como em vários contos para crianças, trata-se de sair do território do inumano e do mítico para, pouco a pouco, depois de várias provações, chegar ao mundo reconquistado da condição humana. A perdição de Ulisses nesse mundo mítico, simultaneamente aterrorizante e sedutor, é assinalada pela tempestade de nove dias e nove noites que o afasta das terras conhecidas dos Cícones para mergulhá-lo no mar desconhecido das ilhas fabulosas onde vai errar até chegar na corte dos Feácios: ilhas dos Lotófagos, dos Ciclopes, de Éolo, de Circe, das vacas de Apolo, de Calipso, sem falar de Caríbdis e Scila nem das Sereias!

Nessas errâncias, Ulisses não encontra mais nenhum mortal, digamos, normal. Essa passagem é assinalada, de maneira belíssima, no primeiro episódio, o dos Lotófagos — esse povo pacífico, vegetariano e perigoso: perigoso porque representa através do loto, "doce como mel", a grande tentação contra a qual luta a *Odisseia* inteira: o esquecimento. Os Lotófagos não ameaçam nem matam, mas, de maneira muito mais perniciosa, oferecem o eterno presente do esquecimento:

> "Estes [os Lotófagos] não pensaram em matá-los [alguns companheiros de Ulisses], senão que lhes deram loto a comer. Ora, quem quer que saboreava este fruto, doce como mel, não mais queria trazer notícias nem voltar, mas preferia ficar ali, entre os Lotófagos, comendo loto e es-

[2] O adjetivo "negro" é de Habermas.

[3] Ver, por exemplo, Canto IX, verso 89.

quecido do regresso. Tive de os reconduzir à força, debulhados em lágrimas, para as naus; arrastei-os para debaixo dos bancos dos remadores e aí os prendi, enquanto instava com os demais companheiros, que me tinham permanecido fiéis, a que subissem depressa nas naus ligeiras, receoso de que alguns deles, provando o loto, se esquecessem do regresso. Embarcaram imediatamente e sentaram-se nos bancos; depois, em boa ordem, feriam com os remos o alvacento mar."[4]

Este episódio indica, desde o início, que a luta de Ulisses para voltar a Ítaca é, antes de tudo, uma luta para manter a memória e, portanto, para manter a palavra, as histórias, os cantos que ajudam os homens a se lembrarem do passado e, também, a não se esquecerem do futuro.

Mas o que seria essa condição humana que a *Odisseia* tenta resguardar contra a dupla sedução do inumano: isto é, ou se tornar animal (como os companheiros de Ulisses transformados em porcos por Circe), ou se tornar divino (como Calipso o oferece reiteradas vezes a Ulisses)?

Segundo Vidal-Naquet, podemos ressaltar três características principais dessa condição. Em primeiro lugar, os mortais são "comedores de pão", isto é, eles conhecem a agricultura (o trigo) e, igualmente, a cocção; eles não pertencem mais à idade mítica de ouro onde vegetarianismo e antropofagia coabitam, onde se come cru. Agricultura, portanto. A segunda característica se refere à cocção. Esta não é somente importante em relação à comida dos homens, mas introduz também um tema-chave, o sacrifício, elo de ligação entre os homens e os deuses. O sacrifício é, *duplamente*, lugar de *culto* e, em torno dele, lugar de um início de organização política sob a forma dos convivas que participam do ritual do sacrifício e, depois, do churrasco! A ideia do culto e de uma organização política mínima nos levam à terceira característica dos homens mortais comedores de pão: respeitar algumas regras de troca com os outros homens, entre outras, respeitar a lei da hospitalidade.

---

[4] *Odisseia*, Canto IX, tradução de Antônio Pinto de Carvalho, São Paulo, Abril, 1978, p. 83.

O famoso episódio do Ciclope no Canto IX da *Odisseia* nos fornece pela negativa o retrato emblemático de uma sociedade monstruosa, isto é, não humana. Vejamos mais de perto:

"Dali, prosseguimos viagem, com o coração amargurado. Chegamos à terra dos Ciclopes, homens soberbos e sem lei, que, confiando nos deuses imortais, não plantam nem lavram; entre os quais tudo nasce, sem que a terra tenha recebido semente nem cultura: o trigo, a cevada e as vinhas que produzem o vinho dos pesados cachos, que para eles a chuva de Zeus intumesce. Não têm assembleias que julguem ou deliberem, nem leis; vivem em côncavas grutas, no cimo das altas montanhas: e cada um dita a lei a seus filhos e mulheres, sem se preocupar com os outros."[5]

Os Ciclopes são mencionados duas vezes, nesta passagem e posteriormente no verso 189, como "sem lei", em grego, *athemistes*. O que significa *themis*? Segundo a obra básica de Émile Benveniste,[6] *themis*, à diferença do conceito posterior de justiça, *dikè*, designa o direito familiar, o direito entre as famílias de uma tribo, de um *genos*, que prescreve os direitos e os deveres de cada um sob a autoridade de um chefe do *genos*, no cotidiano e nas circunstâncias excepcionais como guerras, alianças, casamentos (*dikè* remete à justiça mais elevada da *polis*, acima das várias famílias, portanto a uma organização ulterior do social). A *themis* é de origem divina, como assinala seu nome, nome da deusa Themis, deusa da lei, segunda esposa de Zeus e mãe... das três Parcas! Respeitar a *themis* entre os membros de uma comunidade significa, portanto, não só respeitar uma convenção humana, estabelecida pelo jogo político (o que poderia ser o sentido ulterior de *dikè*), mas respeitar uma ordem humana cujo fundamento é a ordem instaurada pelos próprios deuses.

Esses Ciclopes *athemistes* não têm, portanto, nem cultura política, nem culto, nem agricultura como foi demonstrado no fragmento do Canto IX. Eles tampouco têm embarcações para chegar à ilha

---

[5] *Idem, ibidem.*

[6] Émile Benveniste, *Le Vocabulaire des institutions indo-européennes*, Paris, Maspero, 1969.

próxima da sua, que, segundo Ulisses, se prestaria tão bem para a agricultura, pois os Ciclopes são pastores e desconhecem regras de comunicação mais elaboradas. Desconhecem, portanto, o instrumento de troca e de comunicação por excelência que, para os gregos, é o navio. Vejamos como esta falta de *themis* (de lei) se articula, em particular na descrição do Ciclope Polifemo, com a falta de respeito pelos deuses e com a falta de culto:

"Rapidamente concluída a tarefa, acendeu o lume e, então, atentando em nós, perguntou-nos: 'Estrangeiros, quem sois? Donde vindes, por sobre os úmidos caminhos? Vindes por algum negócio ou cruzais os mares à toa, como piratas que arriscam a vida sobre as ondas e levam a desgraça a gentes de outras terras?'

Assim falou; e nós com o coração transido de terror, por causa de sua voz rouca e de sua monstruosa estatura. Mesmo assim respondi-lhe nestes termos: 'Somos Aqueus, vindos da Tróade, a quem ventos de toda sorte desviaram do rumo sobre o extenso abismo do mar; queríamos retornar à pátria, mas arribamos aqui, seguindo outra rota, outros caminhos. Sem dúvida, Zeus assim o determinara! Orgulhamo-nos de ser guerreiros de Agamémnon, filho de Atreu, cuja glória é imensa debaixo do céu, tão poderosa era a cidade que saqueou e tão numerosos os povos que destruiu. Eis-nos agora aqui, a teus joelhos, na esperança de receber tua hospitalidade e alguns presentes, que é costume dar aos hóspedes. Respeita os deuses, egrégio varão! A ti nos dirigimos como suplicantes: Zeus é o vingador dos suplicantes e dos hóspedes, é o deus da hospitalidade, que acompanha os estrangeiros e quer que os respeitem'.

Assim falei; e ele, ato contínuo, me replicou, de ânimo inexorável: 'Estrangeiro, és um ingênuo, ou vens de longe, aconselhar-me que tema e acate os deuses! Os Ciclopes pouco se preocupam com Zeus portador da égide ou com os deuses bem-aventurados, porque somos muito mais fortes que eles. Nem eu, por temor do ódio de Zeus, pouparei a ti ou a teus companheiros, a não ser que o coração a isso me incite'. [...]

A memória dos mortais

Assim falei; e ele, de ânimo inexorável, sem proferir palavra, erguendo-se num ímpeto, estendeu as mãos para meus companheiros, apanhou dois de uma só vez e atirou-os por terra, como se fossem dois cachorrinhos; os miolos esparramaram-se pelo chão e molharam a terra; depois retalhou-os membro a membro e preparou a ceia. Comeu-os, como um leão criado na montanha, sem deixar coisa alguma, nem entranhas, nem carnes, nem os medulosos ossos. Nós, debulhados em lágrimas, perante espetáculo tão monstruoso, erguíamos as mãos a Zeus, sem saber o que fazer."[7]

Nesta citação, o Ciclope é descrito, antes de mais nada, como aquele que não teme os deuses. Ele mesmo o diz nos versos 273 e seguintes, quando se vangloria de não respeitar Zeus, de os Ciclopes serem mais fortes que os deuses. Eles ameaçam, portanto, a ordem do *cosmos* garantida pela vitória de Zeus sobre os Titãs, como conta a *Teogonia*: ameaça imemorial do retorno ao *chaos*.

Esse não-respeito é ressaltado pelo fato de que o Ciclope não sacrifica, não faz libações e come cru, entre outras coisas, os infelizes companheiros de Ulisses. Embora tivesse chegado carregado de lenha e acendido o fogo, esse fogo não serve nem para a cozinha nem para o sacrifício. A falta de respeito pelos deuses é ressaltada por Homero num aspecto muito específico: a falta de respeito pelo estrangeiro, o desrespeito pelas regras mínimas de hospitalidade. Falta sublinhada no texto pela expectativa contrária de Ulisses. Aos seus companheiros que lhe aconselhavam roubar alguns queijos e alguns cabritos, mas, depois, fugir rapidamente, Ulisses responde que quer aguardar a chegada do Ciclope para vê-lo e para receber os presentes de hospitalidade. Ulisses, porém, deveria ter ficado desconfiado: pois um ser que não conhece nem agricultura nem organização política dificilmente reconhecerá o estrangeiro, o *xenos*, como amigo e estabelecerá com ele uma troca.

Uma fórmula várias vezes repetida na *Odisseia* afirma a ligação entre temor aos deuses e respeito pelo estrangeiro. Diz Ulisses quando chega perto da ilha, antes de convidar todos os seus companheiros a irem à terra:

---

[7] *Odisseia, cit.*, pp. 85-6.

"Companheiros fiéis, permanecei aqui, enquanto eu com minha nau e minha tripulação vamos procurar que homens são estes: se violentos (*hybristai*), selvagens e sem justiça, ou se hospitaleiros (*philoixeinoi*) e respeitadores dos deuses (*theoudès*)."[8]

A palavra *hybristai* remete a *hybris*, falta de limites, falta de limites impostos pelos deuses, desmedida, essa falha maior que coloca em perigo o equilíbrio do cosmos e, mais tarde, da ordem política da *polis*. Em oposição a essa desmedida, à selvageria e à injustiça (aqui *adikaioi*, palavra mais diretamente política), temos dois adjetivos homéricos intrinsecamente ligados: *philoxeinoi* e *theoudès*.

O adjetivo *theoudès* é formado por duas palavras: *Theos* (deus) e *aidôs* (esse sentimento essencial mal traduzido por "pudor", que assinala o respeito, a reverência em relação à família, ao grupo, a si mesmo). *Theoudès* são aqueles que respeitam os deuses. Simultaneamente são ditos *philoxeinoi*, uma belíssima palavra forjada por Homero, de *philos*, amigo, e de *xenos*, estrangeiro. Benveniste[9] nos lembra que estes adjetivos da esfera moral não caracterizam qualidades psicológicas, mas designam muito mais valores inter-relacionais entre membros de um mesmo grupo ou de dois grupos diferentes.

Assim, a palavra *xenos/xeinos* designa o hóspede num país estrangeiro, na forma adjetiva designando tanto o hóspede como o anfitrião, pois cada um em relação ao outro é *xenos*; na forma substantiva designa especialmente aquele que vem de fora, o estrangeiro, o hóspede. Na *Odisseia*, lembra Benveniste,[10] Ulisses hospedado (*xenos*) na casa de Laodamos, filho de Alcino, deve mostrar seus talentos numa competição esportiva. Aceita lutar contra todos, menos contra Laodamos que, diz Ulisses, é meu *xenos*, isto é, não se pode lutar contra ele. Ainda na *Odisseia*, Menelau é advertido que há dois *xenoi* na sua porta; um doméstico pergunta ao rei se deve acolhê-los e hospedá-los ou se deve levá-los para casa de outra pessoa. Menelau, indignado, responde que se deve sempre acolher o estrangeiro. De acordo com

---

[8] *Idem*, Canto IX, versos 173-6, p. 84.

[9] *Op. cit.*, pp. 337 ss.

[10] *Idem*, p. 342.

A memória dos mortais

Benveniste,[11] o *xenos* corresponde ao futuro radical latim de *hostis* que dará tanto a palavra *hóspes*, hóspede, amigo, como também *hóstis*, inimigo, marcando bem a ambiguidade dessa relação que pode ser o início de uma aliança duradoura ou, então, de uma guerra. Sempre segundo Benveniste:

> "[...] a hospitalidade se esclarece em referência ao *potlach* [essa troca de dádivas analisada por Marcel Mauss em 'Essai sur le don'] do qual ela é uma forma atenuada. Ela se fundamenta na ideia que um homem está ligado a um outro (*hóstis* sempre tem um valor recíproco) pela obrigação de compensar uma prestação particular da qual se torna beneficiário."[12]

A troca, como ressalta Mauss, não precisa ser econômica, não precisa consistir em presentes materiais, mas ela é altamente simbólica; ela pode também ser "troca de formas de polidez, de festins, de ritos, de favores militares, de mulheres, de crianças, de danças etc.".[13] Sua característica é a de parecer espontânea, mas deve obedecer a um sistema de obrigações muito estrito que se transmite de geração a geração. Recusar a troca ou sua continuação significa recusar a aliança, portanto, declarar guerra.

A *Odisseia* nos fornece muitos exemplos de recepções modelares e de trocas bem-sucedidas, tanto na viagem de Telêmaco, em busca de notícias a respeito de seu pai, como na viagem de volta deste último. O episódio do Ciclope é, neste contexto, paradigmático, pois Polifemo fere, uma depois da outra, todas as regras de respeito aos deuses e, portanto, aos estrangeiros: ele não sacrifica, ele não faz libações, ele come cru, ele não aceita os suplicantes ou os estrangeiros, amados e protegidos por Zeus, ele não vai, portanto, trocar presentes nem estabelecer aliança.

Ou melhor: a recusa de seguir a lei sagrada da hospitalidade acaba por perverter a troca de presentes, agora portadores de guerra e

[11] *Idem*, pp. 92 ss.

[12] *Idem, ibidem.*

[13] Marcel Mauss, "Essai sur le don. Forme et raison de l'échange dans les societés archaïques", *in Sociologie et anthropologie*, Paris, Quadrige, 1950, p. 151.

20   Lembrar escrever esquecer

de morte. Assim, o vinho que Ulisses oferece ao Ciclope é também o instrumento que permitirá embriagá-lo e, aproveitando seu sono, furar o único olho do monstro. Polifemo, por sua parte, encantado com a qualidade do vinho, pede mais bebida e, em troca, oferece um estranho presente de hospitalidade: promete devorar Ulisses por último — um presente, portanto, que anuncia a morte em vez de propor aliança.

O famoso ardil de Ulisses de não declarar seu nome ao Ciclope, mas de se chamar "Ninguém" para melhor enganá-lo, também se inscreve neste contexto de regras pervertidas. Ulisses faz mais que, simplesmente, mentir e se dar um outro nome, o que parece ser uma conduta nada vergonhosa, tanto da parte da deusa Atena como de outros mestres em disfarces na *Odisseia*. Ulisses aqui se faz de inexistente, ele explora, como diz Adorno, o espaço, o vazio entre a palavra e a coisa, para melhor montar sua armadilha. Aliás, a palavra *outis* (ninguém) remete, num belo trocadilho de Homero, à palavra *mètis* (astúcia), qualidade específica desse Ulisses-Ninguém que se finge de morto para escapar à vingança do monstro.

O episódio de Polifemo nos ajuda, pela negativa, a entender melhor o que seria a especificidade da "cultura" humana segundo a *Odisseia*. Poderíamos dizer que ela se caracteriza pela capacidade de entrar em comunicação com o outro e de proceder a uma troca. O outro tem diversas formas: pode ser a terra-mãe, e aqui cultura remete à agricultura, à troca entre o trabalho humano e a natureza; o outro também designa o outro do homem, os deuses, a dimensão do sagrado: aqui a cultura se confunde com o culto e com a troca no sacrifício. Enfim, o outro é o outro homem, na sua alteridade radical de estrangeiro que chega de repente, cujo nome não é nem dito nem conhecido, mas que deve ser acolhido, com quem se pode estabelecer uma aliança através de presentes, embrião de uma organização política mais ampla.

Podemos deduzir então uma característica essencial, a partir dessa leitura da *Odisseia*, do que seria uma definição plural da cultura humana: a saber, a capacidade de entrar em relação com o outro sob suas diversas formas.

Gostaria ainda de apontar rapidamente para uma outra dimensão. Ela se manifesta na descrição de várias cenas de hospitalidade exemplar, em franca oposição estrutural ao episódio do Ciclope. Por

A memória dos mortais

exemplo, Nestor ou Menelau acolhendo Telêmaco; Alcino, o grande rei, ou Eumeu, o pobre porqueiro acolhendo Ulisses.

Todos esses anfitriões também são homens piedosos e justos que não se esquecem nunca de nenhum sacrifício nem de nenhuma libação. Nestor até parece passar seus longos dias de ancião sacrificando aos deuses sem parar. Todos, igualmente, acolhem calorosamente o estrangeiro, o convidam a participar do sacrifício e, depois, da comilança, ou, então, da refeição frugal na choupana de Eumeu. E só depois de ter acolhido e alimentado o estrangeiro perguntam pelo seu nome e pela sua condição. A troca de presentes tampouco é esquecida. Ora, o que tem nosso herói Ulisses, navegante infeliz e sobrevivente de tantos naufrágios nos quais morreram todos seus companheiros, o que tem ele a oferecer a seus hóspedes em troca dos presentes preciosos? Não possui nenhum objeto artístico, nenhuma arma afiada, nenhuma joia de ouro fino; às vezes, como na caverna de Polifemo, ainda tem, felizmente, um bom vinho. Mas em geral não tem nada — fora a narração comovente de suas aventuras. E, de fato, essas belas histórias vão ser reconhecidas, por assim dizer, como moeda de troca contra os belos presentes de hospitalidade. Objetos preciosos contra palavras preciosas, portanto. Cito duas passagens onde esta equivalência se torna explícita: no fim do Canto XIV, Ulisses, disfarçado de velho mendigo, passa a noite na choupana do porqueiro Eumeu; faz frio e Ulisses não tem roupa apropriada. Conta, então, uma bela história inventada, um episódio a mais, por assim dizer, da *Ilíada*, quando, numa noite de inverno junto a "Ulisses", numa emboscada debaixo das muralhas de Troia, conseguiu por ardil uma capa de inverno de um camarada. A história terminada, a reação de Eumeu é imediata: "Em resposta, tu, porqueiro Eumeu, lhe volveste: 'Ancião, linda história nos contaste! Nem uma palavra inútil ou fora de propósito [observa-se aqui que Eumeu não só gostou de suas histórias, mas também se comportou como conhecedor das regras de estilo, das conveniências do vocabulário etc.]. Por isso, não sentirás falta de roupa, nem de qualquer outra coisa, das que se devem dar a um pobre suplicante'". E lhe empresta uma capa.

Ulisses disfarçado, velho e pobre, é reconhecido neste trecho como um bom contador, como aquele que sabe contar. Ele também será reconhecido como tal (mais que isso, como um aedo completo) num momento central da *Odisseia*, na famosa *Nekia*, isto é, na sua viagem ao Hades, ao país dos mortos, no Canto XI.

Cabe lembrar aqui que a *Odisseia* é dividida em três grandes partes: a primeira, a Telemaquia, conta a decisão de Telêmaco, aconselhado por Atena, de sair em busca de informações sobre seu pai, e a viagem que se segue. Narração na terceira pessoa que relata a viagem de Telêmaco, isto é, também a passagem para a idade adulta desse jovem príncipe, há pouco ainda um menino inexperiente. A terceira parte da *Odisseia* conta a chegada de Ulisses a Ítaca, seu disfarce de velho e pobre mendigo graças à ajuda de Atena, seu reconhecimento prudente do terreno, dos inimigos e dos possíveis aliados, sua vingança contra os pretendentes com a ajuda de seu filho (também de volta), dos poucos domésticos que lhe permaneceram fiéis e, claro, da deusa Atena. Finalmente, o reconhecimento de Ulisses por Penélope, essa esposa mais ardilosa ainda que o astucioso marido. Narração aqui também na terceira pessoa, portanto. Entre esses dois grandes episódios, um de preparação, outro de conclusão, temos a parte central da *Odisseia*, na corte dos Feácios, no palácio do rei Alcino onde Ulisses participa de um banquete em sua honra sem que ninguém saiba ainda quem ele é. Ulisses pede então ao famoso aedo Demódokos, cego como outro aedo famoso, Homero, que conte um episódio crucial do cerco de Troia, o ardil do cavalo de madeira. Louva sua arte e, tomado pela emoção ao escutar essa história que é sua *própria* história (pois quem poderia inventar essa máquina senão o ardiloso Ulisses?), não consegue esconder suas lágrimas. O rei Alcino, que observa tudo, lhe pede então seu nome. Ulisses se apresenta e começa a longa narração de suas aventuras (Cantos IX, X, XI e XII). O que nós, muitas vezes, conhecemos como *Odisseia* é, portanto, este trecho central no qual o herói se autonomeia, assume sua identidade, isto é, toma a palavra e conta suas aventuras e suas provações numa longa narrativa feita, então, na primeira pessoa.

Ora, o centro dessa autonarração é, sem dúvida, em termos simbólicos como, aliás, na sequência das aventuras, a viagem de Ulisses ao Reino dos Mortos. Seguindo o belo comentário de Françoise Frontisi-Ducroux, gostaria de apontar para um fato muito instigante e único na trama narrativa da *Odisseia*, a saber, a interrupção da narração no meio do canto, interrupção que o herói, o aedo Ulisses, justifica pela matéria infinita (os mortos, com efeito, formam uma multidão infinita!) e pela hora avançada da noite:

> "'Vi Mera, Clímene e a odienta Erifila que vendeu o marido a preço de ouro. Não me é, porém, possível descre-

A memória dos mortais

ver nem sequer nomear todas as esposas e filhas de heróis que vi, porque, antes disso, a noite imortal teria chegado ao fim. É tempo de dormir, quer eu volte para a ligeira nau, para junto de meus companheiros, quer permaneça aqui. A vós e aos deuses compete pensar no meu regresso.' Assim falou Ulisses. Na sala sombria, todos se quedaram calmos e silenciosos, encantados pelo que escutavam. Arete de níveos braços foi quem primeiro tomou a palavra: 'Féaces, que vos parece deste herói, de sua graça, estatura, sensatez e equilíbrio de espírito? Além de tudo mais, é meu hóspede e cada um de vós compartilha desta honra. Por isso, não vos deis pressa em reconduzi-lo à pátria, nem lhes recuseis os presentes, de que tanto necessita, pois são abundantes, os bens que, por mercê dos deuses, vossos palácios contêm'. Entre eles tomou também a palavra o velho herói Equeneu, que era o mais idoso dos Féaces: 'Amigos, o que nossa cordata rainha afirma concorda com nossos planos e sentimentos. Obedecei-lhe. Depende de Alcino, aqui presente, que suas palavras se cumpram'. Então Alcino elevou a voz para lhe responder: 'Cumprir-se-á a palavra da rainha, enquanto eu for vivo e rei dos Féaces amigos do remo. Que o hóspede, não obstante seu desejo de regressar, consinta em ficar entre nós até amanhã, e deixe que eu reúna meus presentes. A todos nós, especialmente a mim, que sou o rei desta terra, compete o cuidado de sua partida'.

O industrioso Ulisses lhe respondeu: 'Poderoso Alcino, honra de todo este povo, mesmo se me pedisses para aqui ficar um ano, desde que me prometas reconduzir-me à pátria e oferecer-me brilhantes presentes, eu conviria em ficar, pois seria muito mais vantajoso para mim voltar ao torrão natal com as mãos cheias de presentes. Todos os homens que me vissem entrar em Ítaca mais me respeitariam e estimariam'.

Alcino, tomando a palavra, lhe respondeu: 'Ulisses, ao olhar para ti, não te reputamos um daqueles impostores ou trapaceiros, como tantos que a negra terra sustenta por toda a parte, forjadores de mentiras que ninguém logra perceber. Se teus discursos são graciosos, teus pensamentos dão prova de lealdade. Contaste-nos com a arte de eloquente aedo as dolorosas tribulações sofridas pelos Argivos e por ti. Pois bem! Dize agora, sem nada dissimular, se viste alguns de teus divinos companheiros que te seguiram até Ílion e aí completaram o seu destino. Diante de nós estende-se uma noite comprida, infinita; em palácio ainda não são horas de dormir; peço-te que narres essas gestas divinas. Se quisesses relatar as provações por ti suportadas, escutar-te--ia até que surgisse a brilhante Aurora'."[14]

Como entender melhor essa estranha interrupção? Primeiro, devemos observar que ela é instaurada depois do "catálogo das damas", uma longa lista de heroínas mortas, talvez uma interpolação, assim chamada porque lembra os outros famosos catálogos da *Ilíada*, peças de bravura que devem mostrar mais a arte mnemotécnica do aedo do que contribuir com uma informação importante para a ação. Depois da interrupção, Ulisses retomará sua narrativa com a história de Agamémnon, isto é, precisamente, com uma história que *não foi contada pela Ilíada*. O contexto ressalta, portanto, a maestria de Ulisses como narrador, mais que isso, como um aedo tão bom, senão melhor que esse Homero que escreveu a *Ilíada*! A interrupção tem por efeito, em segundo lugar, realçar a ligação íntima entre Ulisses como herói, como "varão que sobre o mar sofreu em seu íntimo tormentos sem conta" (I, 4), o herói experiente pois passou por várias *provas*, e Ulisses como narrador, como aquele que não só sabe viajar, mas também sabe contar e cantar, Ulisses que possui a "arte de eloquente aedo"[15] como o constata o rei Alcino.

A interrupção estratégica do herói/aedo Ulisses, no meio de suas histórias, criando um efeito de suspense, como também o saberá fazer Sherazade nas *Mil e uma noites*, essa interrupção permite, igualmente, estabelecer uma troca essencial. Às belas palavras de Ulisses vão responder os belos presentes de Alcino, à profusão das histórias, a profusão dos dons trocados. Quanto mais se narra, mais se presenteia o hóspede, outrora estrangeiro desconhecido, agora reconhecido como herói e narrador mestre. Essa troca de palavras e de presentes

[14] Canto XI, versos 326-84, pp. 106-7.
[15] Canto IX, verso 368.

A memória dos mortais

tem o poder de deter o tempo: Ulisses concorda em diferir seu supostamente tão urgente retorno a Ítaca, se esse atraso lhe propiciar mais presentes. Alcino e seus companheiros concordam em diferir o sono e o descanso — apesar do ritmo matutino da *Odisseia*! — se Ulisses contar mais histórias. Trata-se, então, de voltar para Ítaca, sim, mas de voltar carregado de belos presentes e de belas histórias, isto é, depois de inúmeros desvios pelas ilhas do mito e da ficção, depois de uma "odisseia" inteira. Aliás, o próprio Ulisses, disfarçado de mendigo velho e sujo, o confessará a Penélope: "Há muito que Ulisses podia estar aqui [isto é, em seu palácio, junto à esposa]; mas achou ser preferível primeiro correr mundo em busca de riquezas"[16] — riquezas em belas palavras e em belos presentes.

Temos então, graças a essa interrupção do canto, no coração desse primeiro poema de nossa tradição literária, uma reflexão do poeta sobre a importância do canto poético (como que uma reflexão metapoética), configurada pela assimilação do herói — de quem se fala — ao poeta — que toma a palavra. Ora, não é por acaso que essa reflexão aconteça agora, no meio desse canto consagrado à descida de Ulisses aos Infernos, ao País dos Mortos, paradigma de várias outras descidas aos Infernos, de Virgílio a Baudelaire, passando por Dante. Nos Infernos, no *Hadês*, no país do "Invisível" — uma tradução possível de *haidès* —, Ulisses se encontra com um outro grande cego (fora Homero, Édipo e... Borges!), com o adivinho Tirésias. Ora, poetas e adivinhos se respondem e se correspondem como mostraram as clássicas análises de Vernant. Ambos cegos, eles veem o invisível, o passado e o futuro que os outros homens clarividentes não enxergam.

Mas a viagem de Ulisses aos Infernos tem mais uma função. Não a de descrever aquilo que acontece depois da morte. O conteúdo informativo desse Canto é muito pobre, mesmo decepcionante, como observa Frontisi-Ducroux, para nossas expectativas cristãs e platonistas de uma descrição do além. Os mortos da *Nekia* têm uma existência anônima e miserável, sombras pálidas que se precipitam para beber uma gota do sangue da bezerra sacrificada por Ulisses. Não há, em Homero, descrição da imortalidade, da vida depois da morte, pois os homens são, irremediavelmente, os mortais — e a morte é não-ser, face escura, turva, ao mesmo tempo silenciosa e cheia de barulhos

---

[16] Canto XIX, versos 283-5.

26   Lembrar escrever esquecer

inarticulados, o outro lado aterrorizante do esplendor da vida. É o mérito de Vernant ter mostrado como o cuidado da glória (*kléos*), que sobrevive ao herói, e o assombro diante da morte não se contradizem, mas são as duas faces complementares do mesmo amor à vida. A única coisa a fazer, então, não é esperar por uma vida depois da morte (esse consolo somente virá com os Pitagóricos e com Platão), mas sim tentar manter viva, para os vivos e através da palavra viva do poeta, a lembrança gloriosa dos mortos, nossos antepassados outrora vivos e sofredores como nós. Essa é a função secreta, mas central, de Ulisses, figura, no próprio poema, do poeta, daquele que sabe lembrar, para os vivos, os mortos.

Temos então, e é assim que gostaria de concluir, mais uma pista deixada pelo autor da *Odisseia*, seja ele Homero ou não, em relação a uma definição de "cultura" — reconhecer nossa condição de mortais, condição tão incontornável como a exigência que ela implica: cuidar da memória dos mortos para os vivos de hoje.

2.
HOMERO E A *DIALÉTICA DO ESCLARECIMENTO*

A pré-história da razão que Adorno e Horkheimer desenvolvem no livro *Dialética do Esclarecimento* tem um alcance exemplar. Não se contentam, pois, com uma história da filosofia iluminista, com os precursores e os herdeiros do Iluminismo. Para tentar responder à questão "por que a humanidade, em vez de entrar em um estado verdadeiramente humano, está se afundando em uma nova espécie de barbárie" (Prefácio, p. 11), Adorno e Horkheimer voltam à saída da barbárie, à maneira posta pelo florescer da civilização grega. Voltam, portanto, ao desabrochar da poesia na tradição épica homérica, isto é, a uma linguagem que se apoia na tradição oral mítica, mas que a reorganiza pela forma escrita. É nesse momento de reorganização poética que jaz uma dimensão racional, no sentido amplo da palavra grega *logos*: discurso, linguagem, razão.

O alcance desse livro é tão amplo porque reúne, numa construção hipotética ousada, tanto uma reflexão sobre as origens do pensamento ocidental quanto sobre sua desastrosa incapacidade de resistir à moderna barbárie que encarnam o nazismo e o antissemitismo. Trata-se, então, de um livro de filosofia que tenta pensar um aquém e um além do pensamento filosófico tradicional: sua imbricação com as forças míticas na sua origem como no tenebroso presente. A hipótese central, ou seja, que "o mito já é esclarecimento" e que "o esclarecimento acaba por reverter à mitologia", só pode ser realmente elaborada através da afirmação enfática da relação intrínseca entre razão e dominação. Diferentemente do marxismo ortodoxo mais clássico, segundo o qual a dominação política somente se baseia na dominação econômica, notadamente nas relações de propriedade e na estruturação social de classes, Adorno e Horkheimer retomam motivos oriundos de Nietzsche e de Freud para enfatizar uma forma de participação arcaica que liga *razão*, linguagem — ou seja, *logos* — e *dominação*, em particular dominação da natureza externa e da natureza interna. É a incapacidade (segundo os autores) do marxismo contemporâneo e da tradição iluminista (da qual, aliás, Marx é um digno representante) de explicar e de entender realmente o nazismo e o antissemitismo, isto é, também de resistir a esses movimentos tão "irracionais", que leva Adorno e Horkheimer a procurar elaborar uma teoria da dominação muito mais ampla e profunda, inscrita na própria relação do homem com a natureza, consigo mesmo e com seus companheiros; uma relação inscrita no desenvolvimento da *techné* (da técnica, do trabalho) e do *logos* (da linguagem e da razão).

Nessa reconstrução da história da razão se inscreve a releitura, muito peculiar, da *Odisseia*, como paradigma primeiro das buscas e das errâncias humanas, um modelo que será retomado, sempre a seu modo, pelas grandes obras da filosofia e da literatura ocidentais. Como Lukács na sua *Teoria do romance*, Adorno e Horkheimer interrogam essa obra originária da nossa tradição narrativa e descobrem na história do retorno de Ulisses a Ítaca uma alegoria primeira da constituição do sujeito. A *Odisseia* é reinterpretada pelo duplo prisma de uma história da razão que se desfaz dos encantos e dos feitiços (*Zauber*, em alemão) míticos para chegar à dominação e à autonomia — e, nas pegadas de Freud, de uma evolução da criança polimorfa, encantadora e perversa, sem identidade assegurada, que se torna um ego adulto, determinado, simultaneamente racional e rígido. Esse processo de *desencantamento*, segundo o conceito weberiano (*Entzauberung*), pertence, portanto, à história social coletiva e à história psíquica de cada indivíduo singular. Interessa a nossos autores não só descrever essa história, mas sim, também ressaltar o preço pago pela humanidade para chegar à assim chamada "idade da razão". Isto é: a história da emancipação do mito e do devir adulto não é somente um devir progressivo e luminoso, como pretendiam, justamente, as luzes do Iluminismo, mas também deve ser denunciada, seguindo Nietzsche e Freud, como sendo uma gênese violenta e violentadora, cujo preço é alto. Antissemitismo e nazismo serão compreendidos como o retorno dessa violência recalcada.

Vários episódios da *Odisseia* podem, segundo os autores, ilustrar exemplarmente essa gênese violenta. Escolho aqui dois deles: a releitura do encontro com o ciclope Polifemo e a interpretação do canto das sereias. Relembro rapidamente essas duas aventuras contadas pelo próprio Ulisses na corte dos Feácios. Chegando numa ilha longínqua, não cultivada e sem cidades, Ulisses e seus companheiros se aventuraram até uma caverna, habitação primitiva de um monstro

30   Lembrar escrever esquecer

gigantesco, com um único olho no meio da testa, o ciclope Polifemo, filho do deus do mar, Poseidon. Excitados pela curiosidade, esperam dentro da caverna até o ciclope voltar ao cair da noite. Essa curiosidade lhes será fatal porque o monstro desconhece todas as leis sagradas da hospitalidade, aprisiona os viajantes dentro da caverna, fecha a entrada com uma pedra gigantesca e promete devorá-los na ceia noturna. Aqui intervém um dos mais famosos ardis de Ulisses: perguntado sobre seu nome, Ulisses não revela sua identidade verdadeira, mas se auto-nomeia de "ninguém" e inventa uma história fictícia para explicar sua chegada na ilha. Um segundo ardil segue à ceia do monstro, na qual foram devorados, vivos e crus, alguns companheiros de Ulisses. Como sobremesa, Ulisses oferece a Polifemo uma porção generosa do vinho precioso que conseguiu conservar, até então, no seu navio, último sinal do mundo culto e civilizado dos homens. O ciclope, que nunca tinha bebido um vinho tão bom, se delicia, repete a dose, fica bêbado e adormece pesadamente. Ulisses e seus companheiros se aproveitam do seu sonho para lhe furar o único olho com um tronco previamente apontado. O ciclope grita de dor, seus irmãos acorrem do lado de fora, mas ele só é capaz de dizer que "ninguém" — isto é Ulisses — o feriu. Os outros ciclopes zombam dele e vão embora. No raiar da aurora Polifemo afasta a pedra que fechava a entrada da caverna e faz sair seu rebanho de ovelhas, em baixo das quais os companheiros de Ulisses se escondem. Ulisses sai por último agarrado à lã do ventre do carneiro preferido de Polifemo. Todos correm até o navio e fogem da ilha, sem que, no entanto, Ulisses consiga resistir à tentação de revelar sua verdadeira identidade. Grita ameaças ao ciclope e anuncia seu verdadeiro nome. Enfurecido, Polifemo joga um rochedo em direção do navio e quase o esmaga. Depois reconhece que tudo isso tinha sido previsto por um oráculo e pede ao seu pai, Poseidon, que puna Ulisses e faça-o morrer em alto mar, sem jamais retornar a Ítaca — o deus do mar ouve a prece de seu filho. Isto permitirá à *Odisseia* o desenvolvimento de numerosos episódios.

A interpretação de Adorno e de Horkheimer centra-se no primeiro ardil de Ulisses, no fato dele não revelar seu verdadeiro nome. Distinguem dois momentos essenciais nessa mentira salvadora: primeiro Ulisses é capaz de distinguir, de separar o nome e o objeto nomeado, isto é, de superar a identidade mágica-mimética entre o nome e o nomeado. Ele reconhece, por assim dizer, a arbitrariedade do signo, reconhecimento altamente lógico-racional, e se aproveita dessa distância ontológica entre as palavras e as coisas para proteger sua vida. Mas só o consegue, num segundo momento, porque aproveita a ambiguidade do nome, simultaneamente arbitrário e significante, para se autodenominar de *ninguém*. Isto é, na leitura de Adorno e Horkheimer, Ulisses só consegue salvar sua própria vida porque aceita ser identificado com a não-existência, com a ausência, com a morte, com "ninguém". Esse gesto prefiguraria, então, a dialética fatal da constituição do sujeito burguês esclarecido: só consegue estabelecer sua identidade e sua autonomia pela renúncia, tão paradoxal quanto necessária, à vivacidade mais autêntica e originária da própria vida, de sua própria vida. Razão esclarecida e adulto razoável conservam as marcas dessa violência — e dessa proximidade com a morte. O preço da autoconservação do sujeito é, pois, a renuncia à sua vida mais elementar:

> "A assimilação da *ratio* ao seu contrário, um estado de consciência a partir do qual ainda não se cristalizou uma identidade estável e representado pelo gigante trapalhão, completa-se, porém, na astúcia do nome. Ela pertence a um folclore muito difundido. Em grego trata-se de um jogo de palavras; na única palavra que se conserva separam-se o nome — Odysseus (Ulisses) — e a intenção — Ninguém. Para ouvidos modernos, Odysseus e Oudeis ainda têm um som semelhante, e é fácil imaginar que, em um dos dialetos em que se transmitiu a história do retorno a Ítaca, o nome do rei desta ilha era de fato um homófono do nome de Ninguém. O cálculo que Ulisses faz de que Polifemo, indagado por sua tribo quanto ao nome do culpado, responderia dizendo: 'Ninguém' e assim ajudaria a ocultar o acontecido e a subtrair o culpado à perseguição, dá a impressão de ser uma transparente racionalização. Na verdade, o sujeito Ulisses renega a própria identidade que o transforma em sujeito e preserva a vida por uma imitação mimética do amorfo."[1]

O segundo episódio que escolhi é o das sereias. Ele é bem conhecido. Advertido por Circe que nenhum navegante resiste aos encantos do canto das sereias, Ulisses trama um ardil que lhe permite escutar o

---

[1] T. W. Adorno e M. Horkheimer, *Dialética do Esclarecimento*, pp. 70-1.

canto e, no entanto, resistir a ele, isto é, não se jogar no mar para alcançar as belas sereias e ser, finalmente, devorado por elas — pois, sucumbir à sedução das sereias acarreta, segundo a tradição, a morte. Ulisses se deixa, então, atar por laços estreitos ao mastro do seu navio, não pode mais se mexer, enquanto seus companheiros, cada um com os ouvidos tapados por cera, remam vigorosamente, passam próximos da região encantada, mas não ouvem nada, nem o encanto do canto, nem as súplicas de Ulisses para ser libertado. Prosseguem, então, sãos e salvos, longe dos encantos e dos perigos. Ulisses seria assim, segundo a *Odisseia*, o primeiro mortal que consegue ouvir o canto das sereias e escapar vivo.

A leitura de Adorno e Horkheimer ressalta, novamente, o preço a pagar por tal façanha. Trata-se, como vocês observaram, novamente, de uma questão de vida ou morte. Enquanto Ulisses, na caverna do ciclope, devia salvar a si próprio e aos companheiros das ameaças do monstruoso e do mítico representadas pelo gigante, aqui, nas paragens das sereias, deve conseguir sobreviver a outras forças extremamente perigosas, às forças do canto e do encanto, às forças dissolventes e mortíferas da arte. Dissolventes e mortíferas de quê? Justamente dessa identidade clara, delimitada e fixa que constitui o ideal egoico racional. Nesse sentido, a ameaça da arte é mais forte e eficaz que a ameaça arcaica do mito, pois nela, na arte, jaz também a promessa de uma felicidade arrebatadora: poder ultrapassar, superar os limites do eu, limites entendidos também como limitações que prendem e aprisionam. Não é por acaso que, na viagem de Ulisses, ele primeiro enfrenta as forças do mito, os Lotófagos, os ciclopes etc., para mais tarde, com a ajuda da poderosa ninfa Circe, enfrentar as sereias. Ora, qual é o ardil de Ulisses agora? À dissolução feliz e mortífera que promete o canto das sereias, ele responde pelo estreitamento dos laços — que impedem, justamente, a dissolução — que o prendem ao mastro. Isto é, ele se autocondena à impotência e ao aprisionamento para poder gozar do canto, e, como o ressaltam Adorno e Horkheimer, condena simultaneamente seus companheiros, trabalhadores braçais à ordem do chefe, a renunciar ao gozo artístico, a não escutar nada, para poderem continuar vivos, para poderem continuar reproduzindo sua força de trabalho em vista do dia seguinte:

> "O que ele escuta não tem consequências para ele, a única coisa que consegue fazer é acenar com a cabeça para

que o desatem; mas é tarde demais, os companheiros — que nada escutam — só sabem do perigo da canção, não de sua beleza — e o deixam no mastro para salvar a ele e a si mesmos. Eles reproduzem a vida do opressor juntamente com a própria vida, e aquele não consegue mais escapar a seu papel social. Os laços com que irrevogavelmente se atou à práxis mantêm ao mesmo tempo as Sereias afastadas da práxis: sua sedução transforma-se, neutralizada num mero objeto da contemplação, em arte. Amarrado, Ulisses assiste a um concerto, a escutar imóvel como os futuros frequentadores de concertos, e seu brado de libertação cheio de entusiasmo já ecoa como um aplauso. Assim a fruição artística e o trabalho manual já se separam na despedida do mundo pré-histórico. A epopeia já contém a teoria correta. O patrimônio cultural está em exata correlação com o trabalho comandado, e ambos se baseiam na inescapável compulsão à dominação social da natureza."[2]

Na interpretação desses dois episódios da *Odisseia*, Adorno e Horkheimer insistem, portanto, enfaticamente no preço que o sujeito racional deve pagar para se constituir, na sua autonomia, e poder se manter vivo. Esse preço é alto: não é nada menos que a própria plasticidade da vida, seu lado lúdico, seu lado de êxtase e de gozo; a vida se autoconserva renunciando à sua vivacidade mais viva e mais preciosa — daí a infinita tristeza do burguês adulto bem-sucedido.

Interpretação bonita, forte, que explicita argumentos essenciais desse livro, em particular a própria hipótese da dialética entre mito e esclarecimento, assim como elucida a manifestação de elementos tão irracionais, segundo uma visão iluminista clássica, como o nazismo e o antissemitismo na nossa história moderna.

Mas essas interpretações também atraíram inúmeras críticas da parte dos estudiosos da cultura antiga, em particular dos estudiosos de literatura e de filosofia. Não me interessa ressaltar os numerosos "erros" filológicos de Adorno e Horkheimer, pois eles não pretendem fazer filologia, mas sim, justamente, ler alegoricamente a *Odisseia* para reforçar a construção de uma "Dialética do Esclarecimento". Observe-se que o direito desse uso alegórico pode ser questionado. O que

---

[2] *Idem*, p. 45.

me interessa mais aqui é tentar localizar o que, no próprio texto da *Dialética do Esclarecimento*, é perdido, esquecido, talvez possamos dizer "recalcado", e que seria assinalado por tais "erros" ou por certas falhas no pensamento. Com isso quero dizer, metodologicamente falando, o seguinte:

1. Esses erros, essas falhas não são gratuitas, mas sim pertencem à própria estratégia argumentativa do texto, à sua coerência interna.
2. Pode ser interessante apontá-los, não no intuito de condenar o livro, mas para talvez analisar até que ponto Adorno e Horkheimer se tornam, eles também, reféns de uma coerção lógica que é a coerção de sua própria argumentação.
3. Enfim, essa explicitação crítica pode nos permitir tornar suas análises mais finas pela inclusão de outras dimensões por eles deixadas de lado, isto é, contribuir à tarefa, que eles se propõem, de reforçar a vertente emancipatória do Esclarecimento em detrimento de sua tendência à dominação.

Quais são, então, rapidamente, essas falhas que proponho considerar como indícios de uma outra dinâmica, diferente da interpretação de Adorno e Horkheimer, mas presente na *Odisseia*? Primeiro, o episódio de Polifemo, aquele do ciclope. Adorno e Horkheimer não citam o texto corretamente, "Ninguém" no texto homérico não é "*oudeis*" (que combina com *Odysseus*, o que é essencial para a problemática da negação da identidade na leitura de ambos), mas sim "*outis*", outro pronome grego possível. Isso significa que, se há trocadilho em Homero, ele consiste num jogo entre *outis* (ninguém) e *metis*, essa inteligência ardilosa e concreta que é característica de Ulisses.[3] Trocadilho reforçado pelo fato que, em grego, alguém se diz *tis* e que ambas partículas *ou-* e *mé-* são sufixos de negação.

Segundo, a história das sereias. Embora se inscrevam na longa tradição hermenêutica que, de Homero a Kafka, faz do canto das se-

---

[3] Ver Jean-Pierre Vernant e Marcel Détienne, *Les ruses de l'intelligence, la mètis des Grecs*, Paris, Flammarion, 1974.

reias o símbolo do canto e do encanto poéticos, Adorno e Horkheimer omitem uma parte essencial dessa tradição: a saber que Ulisses não é somente o vencedor, mas também *o herdeiro* das sereias. Vou explicitar isto adiante.

Ora, esses dois "erros" filológicos/hermenêuticos são instigantes porque apontam, ambos, para dimensões da narração épica que são essenciais para uma compreensão mais matizada da *Odisseia* e, simultaneamente, que não podem se encaixar na leitura de Adorno e Horkheimer, sob pena de colocar em risco não só sua interpretação do poema, mas também a afirmação enfática de uma *dialética* do Esclarecimento; dialética no sentido rigoroso de um reverter mútuo entre Mito e Esclarecimento, entre *Mythos* e *Logos/Aufklärung*. Essas dimensões subestimadas, esquecidas ou recalcadas, às quais aludo, desenham como que uns outros caminhos possíveis situados entre as austeras vias principais da razão ou do mito. Tentemos explicar melhor.

O que é, pois, essa *métis* tão prezada por Ulisses e, igualmente, por Atena, senão uma inteligência ardilosa, concreta, cheia de recursos, entre a malandragem e o jeitinho brasileiro, isto é, uma inteligência que sabe usar das imagens, dos simulacros e das mentiras, sabendo sim, do seu caráter ficcional e, às vezes, enganador, mas que não condena essa especificidade, pelo contrário, sabe brincar com ela? Uma faculdade que escapa, portanto, à escolha severa entre ficção mentirosa (*Mythos*) e verdade racional (*Logos*), ou ainda, entre razão e desrazão.

De maneira semelhante, a vitória de Ulisses sobre as sereias não significa só a vitória do controle racional sobre os encantos mágico-míticos. Também significa a consagração de Ulisses como narrador de suas aventuras. Primeiro, porque se ele não tivesse passado incólume ao lado das sereias, mas tivesse se deixado seduzir e devorar por elas, ninguém teria sobrevivido para recordar a beleza do seu canto. Ulisses precisa não se entregar à sedução do canto para dele poder falar, para poder perpetuar a memória de sua beleza. Segundo porque, na construção narrativa da *Odisseia*, Ulisses só se torna um aedo exemplar porque ele vive muitas aventuras e sofre muitas provações, sem dúvida, mas também porque ele sabe rememorá-las e, tal como um aedo, sabe tomar a palavra na Corte do Rei Alcino e cantar/narrar suas provações. Vale lembrar que as aventuras de Ulisses são cantadas por ele próprio, no meio da trama da *Odisseia*, que Ulisses se assume como sujeito da narração, aliás se identifica e se dá a reconhecer, diz o seu nome (verdadeiro dessa vez!), no início do Canto IX, quando toma a palavra para cantar, na primeira pessoa, a continuação de quê? A continuação das aventuras de Ulisses e do Cavalo de Troia cantadas pelo aedo Demódokos, imediatamente antes, no fim do Canto VIII. Com isso quero dizer que a ênfase que recai, na *Odisseia*, sobre o papel do poeta e sobre as narrações de Ulisses, indica certamente uma autorreflexão poética ou poetológica da parte do autor da *Odisseia*, chame-se ele Homero ou não. Também revela que pode haver, por meio da narração e da autonarração em particular, uma auto-constituição do sujeito que não se confunde necessariamente com a renúncia ao próprio desejo e com a rigidez que resulta dessa renúncia; e que a fruição narrativa pode se distinguir do gozo extático que dissolve os limites da identidade e faz regredir o sujeito aos prazeres do amorfo e do mágico.

Ora, essas dimensões, apontadas pela inteligência da *métis* e pela fruição narrativa, indicam ambas que o esquema rigoroso da contradição dialética, tal como sustenta toda argumentação da *Dialética do Esclarecimento*, deixa escapar elementos preciosos não só para uma interpretação mais "correta" da *Odisseia*, mas também e sobretudo para se poder pensar melhor os potenciais da imaginação e da fantasia humanas que não se esgotam na alternativa aporética da dominação mítica *versus* dominação racional. Seguindo esses desenvolvimentos e algumas sugestões de Albrecht Wellmer, só queria sugerir que Adorno e Horkheimer talvez tenham sido, eles também, vítimas da coerção (*Zwang*) lógica de sua própria construção dialética, coerção que esse livro tão magistralmente denuncia. A reflexão posterior de Adorno, em particular sua redefinição positiva da *mimesis* na *Teoria estética*, assim como toda longa e complexa trama da *Dialética negativa*, fornece a prova que essa estratégia dialética arrasadora e total também deve ser repensada, refletida criticamente, pois ela corre o risco de se consumir na repetição do mesmo por ela denunciado.

A nós também, herdeiros dessa vontade de esclarecimento e de emancipação, cabe não só a tarefa de entender melhor esse livro, mas também de superá-lo dialeticamente (*aufheben*!), de apontar para outras potencialidades da razão e da fantasia humanas em seu trabalho de resistência contra a dominação e contra a ignorância.

3.
VERDADE E MEMÓRIA DO PASSADO

I

Este artigo[1] nasceu de uma dupla interrogação: por que hoje falamos tanto em memória, em conservação, em resgate? E por que dizemos que a tarefa dos historiadores consiste em estabelecer a verdade do passado? Dupla interrogação sobre a relação que nosso presente entretém com o passado. Ao levantar essas questões já estou afirmando que essa relação entre presente e passado também é profundamente histórica. Pode-se escrever uma história da relação do presente com a memória e o passado, uma história da história, por assim dizer, o que já foi iniciado por vários autores. A seguir, proponho algumas teses sobre o estatuto da verdade do passado e sobre a importância da memória para nós, hoje, nesse presente que tantas vezes se diz pós-moderno e relativista.

Preciso minha interrogação inicial e pergunto: o que se manifesta, tanto no plano teórico como prático, na nossa preocupação ativa com a *verdade do passado*? Por que fazemos questão de estabelecer a *história verdadeira* de uma nação, de um grupo, de uma personalidade? Para esboçar uma definição daquilo que, neste contexto, chamamos de *verdadeiro*, não devemos analisar primeiramente essa preocupação, esse cuidado, essa "vontade de verdade" (Nietzsche) que nos move? Entendo com isso que a verdade do passado remete mais a uma ética da ação presente que a uma problemática da adequação (pretensamente científica) entre "palavras" e "fatos". Tentarei explicitá-la por meio das reflexões que seguem.

---

[1] Esta é a versão, ligeiramente modificada, de um artigo escrito em francês, publicado no número de junho de 1998 da revista *Autre Temps*, de Paris. Agradeço a Ana Cláudia Fonseca Brefe pela tradução.

II

Em suas célebres teses "Sobre o conceito da história", escritas em 1940, Walter Benjamin declara: "Articular historicamente o passado não significa conhecê-lo 'tal como ele propriamente foi'. Significa apoderar-se de uma lembrança tal como ela cintila num instante de perigo".[2] Essa afirmação é uma recusa clara ao ideal da ciência histórica que Benjamin, pejorativamente, qualifica de historicista e burguesa, ciência esta que pretende fornecer uma descrição, a mais exata e exaustiva possível, do passado. Essa recusa de Benjamin fundamenta-se em razões de ordem epistemológica e, inseparavelmente, ético-política. Ele denuncia primeiro a impossibilidade epistemológica de tal correspondência entre discurso científico e "fatos" históricos, já que estes últimos adquirem seu *status* de "fatos" apenas por meio de um discurso que os constitui enquanto tais, nomeando-os, discernindo-os, distinguindo-os nesse magma bruto e não linguístico "que, na falta de algo melhor, chamamos de real", como diz Pierre Vidal-Naquet.[3] Nós *articulamos* o passado, diz Benjamin, nós não o descrevemos, como se pode tentar descrever um objeto físico, mesmo com todas as dificuldades que essa tentativa levanta, das classificações de Lineu aos *Métodos* de Francis Ponge.

Neste texto candente que ele escreveu antes de deixar a França ocupada e de escolher, na fronteira bloqueada dos Pirineus, o suicídio, Benjamin denuncia, também e antes de tudo, a cumplicidade entre o modelo dito objetivo do historicismo (ele cita Leopold von Ranke), nós diremos hoje o paradigma positivista, e um certo discurso nivelador, pretensamente universal, que se vangloria de ser a história verdadeira e, portanto, a única certa e, em certos casos, a única possível. Sob a aparência da exatidão científica (que é preciso examinar com circunspecção), delineia-se uma *história*, uma *narração* que obedece a interesses precisos. De uma certa maneira, Benjamin enuncia uma variante da famosa frase de Marx sobre a ideologia dominante como ideologia da classe dominante. Mas o que está em jogo não é apenas

---

[2] Walter Benjamin, "Über den Begriff der Geschichte", *in Gesammelte Werke*, vol. 1-2, Frankfurt/Main, Suhrkamp, 1974, pp. 695 e 701. Tradução de J. M. G.

[3] Pierre Vidal-Naquet, *Les assassins de la mémoire*, Paris, La Découverte, 1987, p. 148.

polêmico. De resto, pouco importa que os historiadores do historicismo sejam ou não de boa-fé quando preconizam a necessidade de estabelecer a "história universal". O que é essencial é que o paradigma positivista elimina a historicidade mesma do discurso histórico: a saber, o presente do historiador e a relação específica que esse presente mantém com um tal momento do passado. "A história", acrescenta Benjamin, "é objeto de uma construção cujo lugar não é o tempo homogêneo e vazio, mas aquele preenchido pelo tempo-agora [*Jetztzeit*]".

III

No rastro dessas reflexões, não é surpreendente que os debates mais estimulantes da história contemporânea sejam também discussões historiográficas. Essas discussões dizem respeito a duas questões essenciais, já presentes no início da história, em Heródoto e Tucídides, mas adquirem um estatuto explícito de problema científico, *grosso modo*, somente depois da Segunda Guerra Mundial; também na história, a experiência do horror e da exterminação metódica parece ter provocado um abalo sem precedentes da confiança na ciência e na razão. Essas duas questões são aquelas da *escrita* da história, em particular seu caráter literário, até mesmo ficcional, e da memória do historiador (de seu grupo de origem, de seus pares, de sua nação), em particular dos liames que a construção da memória histórica mantém com o esquecimento e a denegação.

Essas duas questões estão intimamente ligadas, como já o sabia Tucídides que desconfiava tanto da memória, instável e subjetiva, quanto dos encantos da narração e do *mythodes* (o fabuloso, o maravilhoso, o *"mytheux"*, na expressão de Marcel Détienne) caro a Heródoto. O historiador que toma consciência do caráter literário, até mesmo retórico, *narrativo* de sua empresa, não corre o risco de apagar definitivamente a estreita fronteira que separa a história das histórias, o discurso científico da ficção, ou ainda a verdade da mentira?[4] E aquele que insiste sobre o caráter necessariamente retrospectivo e

---

[4] Ver sobre este tema as obras já clássicas de Hayden White e Paul Ricoeur: respectivamente, *Metahistory: The Historical Imagination in XIXth Century Europe* (Baltimore/Londres, The Johns Hopkins University Press, 1978), e *Temps et récit* (Paris, Seuil, 1983-85, 3 vols.).

Verdade e memória do passado

subjetivo da memória em relação ao objeto de lembrança, ele também não corre o risco de cair num relativismo apático, já que todas as versões se equivalem se não há mais ancoragem possível em uma certeza objetiva, independente dos diferentes rastros que os fatos deixam nas memórias subjetivas e da diversidade de interpretações sempre possíveis a partir dos documentos existentes?

IV

Essas questões adquirem uma importância dolorosa (e não apenas epistemológica) desde a década de 1980, com o intenso debate (ainda aberto) sobre o tema do "revisionismo" ou, como se prefere chamar hoje em dia, do "negacionismo". O pequeno livro de Vidal--Naquet, já citado, permanece uma ajuda preciosa para tentar se orientar de maneira clara, ética, política e cientificamente falando. Sem entrar nos detalhes dessa discussão, eu gostaria de assinalar uma conclusão que podemos tirar dessas páginas: se, "por definição, o historiador vive no relativo" e se "ele não pode [...] dizer tudo",[5] sua luta não pode ter por fim o estabelecimento de uma verdade indiscutível e exaustiva. Seria lutar em vão porque a verdade histórica não é da ordem da verificação factual (unicamente possível para as ciências experimentais... e mesmo para elas discutível). Mas o conceito de verdade não se esgota nos procedimentos de adequação e verificação, procedimentos esses cuja impossibilidade prática no caso da historiografia da Shoah fornece, justamente, seus "argumentos" aos revisionistas. Sigo aqui as reflexões de Paul Ricoeur que defende, a respeito da linguagem poética (nós iremos ver que a história está mais próxima da *poiesis*, em seu sentido amplo, que da descrição positiva), a possibilidade de uma "referência não descritiva ao mundo" e sugere que, se temos dificuldade para não sermos vítimas de uma definição empobrecedora da verdade, é "que nós ratificamos de maneira não crítica um certo conceito de verdade, definição pela adequação a um real de objetos e submetido ao critério da verificação e da falsificação empíricos".[6] Preconizar um conceito de referência — de verdade

[5] Pierre Vidal-Naquet, *op. cit.*, pp. 131 e 147.

[6] Paul Ricoeur, *Lectures 3. Aux frontières de la philosophie*, Paris, Seuil, 1994, p. 288.

— que dê conta do "*enraizamento* e da *pertença* (*appartenance*) que precedem a relação de um sujeito a objetos" é uma atitude radicalmente diferente do relativismo complacente, apático, dito pós-moderno, que, de fato, nada mais é que a imagem invertida e sem brilho de seu contrário, o positivismo dogmático.

O pensamento de Ricoeur também nos lembra, que a história é sempre, simultaneamente, narrativa (as histórias inumeráveis que a compõem; *Erzählung*, em alemão) e processo real (sequência das ações humanas em particular; *Geschichte*), que a história como disciplina remete sempre às dimensões humanas da ação e da linguagem e, sobretudo, da narração.

Assinalar a responsabilidade ética da história e do historiador não é, então, privilégio de intelectuais protestantes ou judeus (!), mas significa levar a sério e tentar pensar até o limite essa *preciosa ambiguidade* do próprio conceito de *história*, em que se ligam, indissociavelmente, o agir e o falar humanos: em particular a criatividade narrativa e a inventividade prática.

Como manter, nessas condições, uma certa especificidade do discurso histórico e não soçobrá-lo no oceano da ficção? Essa questão que guia todo o esforço de Ricoeur no primeiro volume de *Temps et récit* não pode ser resolvida por uma espécie de "limpeza preventiva" da linguagem histórica contra a dimensão literária, portanto, ficcional e retórica, que ameaça sua "pureza" objetiva. Aí também esforça-se em vão para preencher um paradigma de cientificidade dito coerente, quando se trata, justamente, de *deslocar* a questão, de reivindicar uma outra dimensão da linguagem e da verdade (o que já assinalava a hermenêutica nascente na Alemanha, em particular a famosa distinção entre *verstehen* e *erklären*, compreender e explicar). Ricoeur propõe, então, substituir a ideia de referência por aquela, mais ampla, de refiguração e de desdobrar essa noção: "a ficção remodelando a experiência do leitor pelos únicos meios de sua irrealidade, a história o fazendo em favor de uma reconstrução do passado sobre a base dos rastros deixados por ele".[7]

---

[7] Paul Ricoeur, *Réflexion faite*, Paris, Esprit, 1995, pp. 74-5.

Verdade e memória do passado

V

Esse conceito de rastro nos conduz à problemática, brevemente evocada, da memória. Notemos primeiro que o rastro, na tradição filosófica e psicológica, foi sempre uma dessas noções preciosas e complexas — para não dizer, em boa (?) lógica cartesiana, obscuras — que procuram manter juntas a presença do ausente e a ausência da presença. Seja sobre tabletes de cera ou sobre uma "lousa mágica" — essas metáforas privilegiadas da alma —, o rastro inscreve a lembrança de uma presença que não existe mais e que sempre corre o risco de se apagar definitivamente. Sua fragilidade essencial e intrínseca contraria assim o desejo de plenitude, de presença e de substancialidade que caracteriza a metafísica clássica. É por isto que esse conceito é tão importante para um Derrida, por exemplo. O que me interessa ressaltar aqui é o liame entre rastro e memória, de Aristóteles a Freud, passando por Santo Agostinho e Proust. Por que a reflexão sobre a memória utiliza tão frequentemente a imagem — o conceito — de rastro? Porque a memória vive essa tensão entre a presença e a ausência, presença do presente que se lembra do passado desaparecido, mas também presença do passado desaparecido que faz sua irrupção em um presente evanescente. Riqueza da memória, certamente, mas também *fragilidade* da memória e do rastro. Podemos também observar que o conceito de rastro rege igualmente todo o campo metafórico e semântico da escrita, de Platão a Derrida. Se as "Palavras" só remetem às "coisas" na medida em que assinalam igualmente sua ausência, tanto mais os signos escritos, essas cópias de cópias como diz Platão, são, poderíamos dizer deste modo, o rastro de uma ausência dupla: da palavra pronunciada (do fonema) e da presença do "objeto real" que ele significa.

Abrevio terrivelmente aqui as reflexões muito mais densas e precisas que constituem o universo de uma boa parte da filosofia contemporânea. Interessa-me ressaltar que, através do conceito de rastro, voltamos às duas questões iniciais, aquelas da memória e da escrita. O que ganhamos neste percurso? Paradoxalmente, a consciência da fragilidade essencial do rastro, da fragilidade essencial da memória e da fragilidade essencial da escrita. E, ao mesmo tempo, uma definição certamente polêmica, paradoxal e, ainda, constrangedora da tarefa do historiador: é necessário lutar contra o esquecimento e a denegação, lutar, em suma, contra a mentira, mas sem cair em uma definição dogmática de verdade.

VI

Quando, no início das *Historiai*, Heródoto declarou que ele apresentaria "os resultados de sua pesquisa, a fim de que o tempo não suprimisse os trabalhos dos homens e que as grandes proezas realizadas seja pelos gregos, seja pelos bárbaros, não caíssem em esquecimento",[8] ele toma para si a tarefa sagrada do poeta épico, transformando-a ao mesmo tempo pela busca das causas verdadeiras: lutar contra o esquecimento, mantendo a lembrança cintilante da glória (*kleos*) dos heróis, isto é, fundamentalmente, lutar contra a morte e a ausência pela palavra viva e rememorativa. Alguns dos mais belos ensaios de Jean-Pierre Vernant[9] estudam esse paralelismo fulgurante que sustém o canto poético da *Ilíada*: a palavra de rememoração e de louvor do poeta corresponde, em sua intenção e em seus efeitos, às cerimônias de luto e de enterro. Como a estela funerária, erguida em memória do morto, o canto poético luta igualmente para manter viva a memória dos heróis. Túmulo e palavra se revezam nesse trabalho de memória que, justamente por se fundar na luta contra o esquecimento, é também o reconhecimento implícito da força deste último: o reconhecimento do poder da morte. O fato da palavra grega *sèma* significar, ao mesmo tempo, *túmulo* e *signo* é um indício evidente de que todo o trabalho de pesquisa simbólica e de criação de significação é também um trabalho de luto. E que as inscrições funerárias estejam entre os primeiros rastros de signos escritos confirma-nos, igualmente, quão inseparáveis são memória, escrita e morte.

VII

Esse "retorno aos gregos" no fim deste artigo não significa um retorno seguro às fontes ou às origens, mas sim um modo de nos obrigar a pensar melhor, por contraste, a ameaça que as investidas atuais do esquecimento e da denegação fazem pesar sobre a escrita da história. Aqui também o exemplo do revisionismo e da Shoah é instruti-

---

[8] Heródoto, *L'enquête*, Livre I, "Préface", tradução de André Barguet, Paris, Gallimard, Pléiade, 1964.

[9] Jean-Pierre Vernant, *L'individu, la mort, l'amour*, Paris, Gallimard, 1989.

Verdade e memória do passado

vo. As teses revisionistas são, com efeito, a consequência lógica, previsível e prevista de uma estratégia absolutamente explícita e consciente de parte dos altos dignitários nazistas. Essa estratégia consiste em abolir as provas de aniquilação dos judeus (e de todos os prisioneiros dos campos). A "solução final" deveria, por assim dizer, ultrapassar a si mesma anulando os próprios *rastros* da existência. No último livro que escreveu antes de sua morte, *Quarenta anos depois de Auschwitz*,[10] e 39 anos depois de sua primeira obra, *É isto um homem?*, Primo Levi insiste sobre essa vontade de anulação. Os arquivos dos campos de concentração foram queimados nos últimos dias da guerra, "os nazistas explodiram as câmaras de gás e os fornos crematórios de Auschwitz". Depois da derrota de Estalingrado, isto é, quando se torna claro que o Reich alemão não seria o vencedor e que, portanto, ele não poderia "ser também o mestre da verdade" futura, os prisioneiros dos campos foram obrigados a desenterrar os milhares de cadáveres de seus camaradas (agora já em decomposição) que haviam sido executados e jogados em valas comuns, para queimá-los em gigantescas fogueiras: não poderia restar nenhum rastro desses mortos, nem seus nomes, nem seus ossos.

Essa ausência radical de sepultura é o avesso concreto de uma outra ausência, aquela da palavra. Primo Levi insiste, desde as primeiras linhas de *Os afogados e os sobreviventes*, sobre a vontade nazista de destruir a possibilidade mesma de uma *história* dos campos. Eles deveriam se tornar duplamente inenarráveis: inenarráveis porque nada que pudesse lembrar sua existência subsistiria e porque, assim, a credibilidade dos sobreviventes seria nula. O pesadelo comum que assombra as noites dos prisioneiros no campo — retornar, enfim, à sua própria casa, sentar-se com os seus, começar a contar o horror já passado e ainda vivo e notar, então, com desespero, que os entes queridos se levantam e se vão porque eles não querem nem escutar e nem crer nessa narrativa —, esse pesadelo torna-se cruelmente real logo após a saída dos campos e quarenta anos mais tarde.[11]

[10] Primo Levi, *Os afogados e os sobreviventes: quarenta anos depois de Auschwitz*, São Paulo, Paz e Terra, 1989. Cito as primeiras páginas deste livro.

[11] Este sonho é evocado inúmeras vezes por Primo Levi, notadamente no centro de seu primeiro livro, *É isto um homem?*, e no início do último, *Os afogados e os sobreviventes*.

Querendo aniquilar um povo inteiro, a "solução final" pretendia também destruir toda uma face da história e da memória. Essa capacidade de destruição da memória cobre uma dimensão política e ética a respeito da qual Hitler estava perfeitamente consciente. É absolutamente notável que o genocídio armênio, perpetrado em 1915 pelo governo turco e, sobretudo, sua denegação constante e ativa (até hoje esse genocídio não foi reconhecido pela comunidade internacional, que poupa os interesses dos dirigentes turcos), tenha fornecido a Hitler um argumento decisivo para sua política de exterminação: "Eu dei ordem às unidades especiais da SS de se apoderarem do fronte polonês e de matarem sem piedade homens, mulheres e crianças. Quem ainda fala dos extermínios dos armênios, hoje?", declara ele em 21 de agosto de 1939.[12] O esquecimento dos mortos e a denegação do assassínio permitem assim o assassinato tranquilo, *hoje*, de outros seres humanos cuja lembrança deveria igualmente se apagar.

Enquanto Homero escrevia para cantar a glória e o nome dos heróis e Heródoto, para não esquecer os grandes feitos deles, o historiador atual se vê confrontado com uma tarefa também essencial, mas sem glória: ele precisa transmitir o inenarrável, manter viva a memória dos sem-nome, ser fiel aos mortos que não puderam ser enterrados. Sua "narrativa afirma que o inesquecível existe"[13] mesmo se nós não podemos descrevê-lo. Tarefa altamente política: lutar contra o esquecimento e a denegação é também lutar contra a repetição do horror (que, infelizmente, se reproduz constantemente). Tarefa igualmente ética e, num sentido amplo, especificamente psíquica: as palavras do historiador ajudam a enterrar os mortos do passado e a cavar um túmulo para aqueles que dele foram privados. Trabalho de luto que nos deve ajudar, nós, os vivos, a nos lembrarmos dos mortos para melhor viver hoje. Assim, a preocupação com a verdade do passado se completa na exigência de um presente que, também, possa ser verdadeiro.

---

[12] Citado por Janine Altounian na sua bela coletânea *Ouvrez-moi seulement les chemins d'Arménie*, Paris, Les Belles Lettres, 1990, p. 1.

[13] Como diz Kirkor Beledian (tradutor do jornal de deportação de Vahram Altounian) em Altounian, *op. cit.*, p. 118.

4.
MEMÓRIA, HISTÓRIA, TESTEMUNHO

Gostaria de pensar as questões que nos ocupam durante este colóquio — questões políticas e éticas, questões dolorosas — a partir de alguns conceitos emprestados à filosofia de Walter Benjamin. Com efeito, Benjamin não é somente, por sua biografia, um representante desses exilados-refugiados sem papéis nem teto que encontramos hoje, por todas nossas cidades e que, talvez, sejam a figura de nosso próprio exílio. O pensamento de Benjamin se ateve a questões que ele não resolveu e que ainda são nossas, questões que sua irresolução, precisamente, torna urgentes. Talvez nossa tarefa consista em colocá-las de forma diferente.

Uma destas questões essenciais e sem resposta poderia ser definida, em termos benjaminianos, como *o fim da narração tradicional*. Ela se coloca com força em toda literatura moderna e contemporânea, nas discussões históricas e historiográficas e na reflexão filosófica atual — chamada ou não de "pós-moderna" — sobre "o fim das grandes narrativas".[1] Esta discussão também sustenta as narrativas, simultaneamente impossíveis e necessárias, nas quais a memória traumática, apesar de tudo, tenta se dizer — narrativas e literatura de testemunho que se tornaram um gênero tristemente recorrente do século XX, em particular (mas não só) no contexto da Shoah.

Especialmente dois ensaios de Walter Benjamin, dois ensaios quase contemporâneos, tratam deste tema: "Experiência e pobreza", de 1933 e "O narrador", escrito entre 1928 e 1935. Por que partir destes dois textos? Porque eles iniciam com descrições semelhantes, às vezes literalmente semelhantes, para chegar a conclusões que podem parecer opostas, contraditórias até. É a presença desta oposição que nos assinala, justamente, a gravidade da questão colocada.

---

[1] Ver, sobre o tema, Jean-François Lyotard, *La condition postmoderne*, Paris, Minuit, 1979.

Ambos os ensaios partem daquilo que Benjamin chama de perda ou de declínio da experiência (*Verfall der Erfahrung*), isto é, da experiência no sentido forte e substancial do termo, que a filosofia clássica desenvolveu, que repousa sobre a possibilidade de uma *tradição* compartilhada por uma comunidade humana, tradição retomada e transformada, em cada geração, na continuidade de uma palavra transmitida de pai para filho. A importância desta tradição, no sentido concreto de transmissão e de transmissibilidade, é ressaltada, em ambos os ensaios, pela lenda muito antiga (provavelmente uma fábula de Esopo) do velho vinhateiro que, no seu leito de morte, confia a seus filhos que um tesouro está escondido no solo do vinhedo. Os filhos cavam, cavam, mas não encontram nada. Em compensação, quando chega o outono, suas vindimas se tornam as mais abundantes da região. Os filhos então reconhecem que o pai não lhes legou nenhum tesouro, mas sim uma preciosa *experiência*, e que sua riqueza lhes advém dessa experiência.

Pode-se, naturalmente, interpretar esta fábula como a ilustração da nobreza do trabalho e do esforço. Benjamin, entretanto, não a usa para fins moralizantes. É a encenação da história que lhe interessa. Não é o conteúdo da mensagem paterna que importa; aliás, o pai promete um tesouro inexistente e prega uma peça a seus filhos para convencê-los. O que importa é que o pai fala do seu leito de morte e é ouvido, que os filhos respondem a uma palavra transmitida nesse limiar, e reconhecem, em seus atos, que algo passa de geração para geração; algo maior que as pequenas experiências individuais particulares (*Erlebnisse*), maior que a simples existência individual do pai, um pobre vinhateiro, porém, que é transmitido por ele; algo, portanto, que transcende a vida e a morte particulares, mas nelas se diz; algo que concerne aos descendentes. Uma dimensão que simultaneamente transcende e "porta" a simples existência individual de cada um de nós. Podemos chamá-la "o simbólico" ou mesmo "o sagrado"; Benjamin não nomeia essa dimensão e tal omissão também é o signo de um grande pudor. Ele insiste, aliás, muito mais na *perda* da experiência que a fábula de Esopo encenava. A perda da experiência acarreta um outro desaparecimento, o das formas tradicionais de narrativa, de narração, que têm sua fonte nessa comunidade e nessa transmissibilidade. As razões dessa dupla desaparição provêm de fatores históricos que, segundo Benjamin, culminaram com as atrocidades da Grande Guerra — hoje, sabemos que a Primeira Guerra Mundial foi somente o começo desse processo. Os sobreviventes que voltaram das trincheiras, observa Benjamin, voltaram mudos. Por quê? Porque aquilo que vivenciaram não podia mais ser assimilado por palavras.

Nesse diagnóstico, Benjamin reúne reflexões oriundas de duas proveniências: uma reflexão sobre o desenvolvimento das forças produtivas e da técnica (em particular sua aceleração a serviço da organização capitalista da sociedade) e uma reflexão *convergente* sobre a memória traumática, sobre a experiência do choque (conceito-chave das análises benjaminianas da lírica de Baudelaire), portanto, sobre a impossibilidade, para a linguagem cotidiana e para a narração tradicional, de assimilar o choque, o *trauma*, diz Freud na mesma época, porque este, por definição, fere, separa, corta ao sujeito o acesso ao simbólico, em particular à linguagem.

É precisamente esta impossibilidade de uma resposta simbólica clássica que pode nos ajudar a compreender por que Benjamin desenvolve consequências tão diferentes nos dois textos em questão, apesar da identidade do ponto de partida — a constatação da perda da experiência e da narração tradicional.

Em "Experiência e pobreza", Benjamin insiste justamente nas mutações que a pobreza de experiência acarreta para as artes contemporâneas. Não se trata mais de ajudar, reconfortar ou consolar os homens pela edificação de uma beleza ilusória. Contra uma estética da interioridade, da harmonia, da suavidade e da graça, Benjamin defende as provocações e a sobriedade áspera das vanguardas. São seus famosos exemplos, emprestados à arquitetura, do material moderno — o vidro, elemento frio, cortante, transparente, que impede a privacidade e se opõe aos interiores aconchegantes, repletos de tons pastéis e de *chiaroscuro*, nos quais o indivíduo burguês procura um refúgio contra o anonimato cruel da grande cidade (e da grande indústria). Emblema desse ideal ilusório: o veludo, exato oposto do vidro, o veludo macio, acolhedor e, sobretudo, profundamente impregnado de privacidade, porque é nele que o feliz proprietário deixa, com a maior facilidade, sua marca, a marca de seus dedos, contrariando a regra de ferro que governa a vida moderna, a saber, *não deixar rastros*.

É nesse contexto que Benjamin cita o famoso poema de Brecht, "Verwisch die Spuren" (Apague os rastros).[2] Deve-se ressaltar que o

---

[2] "Apague as pegadas", traduz Paulo César de Souza em *Poemas: 1913-*

poema é citado de maneira positiva contra as ilusões consoladoras e harmonizantes das práticas artísticas "burguesas", como Benjamin e Brecht as chamam. Práticas que não levam em conta a *ruptura* essencial que a arte contemporânea não pode eludir: que a experiência — *Erfahrung* — não é mais possível, que a transmissão da tradição se quebra e que, por conseguinte, os ensaios de recomposição da harmonia perdida são logros individualistas e privados (resta saber se essa harmonia perdida realmente existiu, mas esta é uma outra questão). Esse ponto me parece ter uma importância decisiva para refletirmos juntos, na esteira das análises benjaminianas, sobre as dificuldades objetivas que se opõem ao restabelecimento da tradição e da narração em nossas sociedades "pós-modernas" e pós-totalitárias; isso significa também que, infelizmente, os bons sentimentos nunca bastam para reparar o passado.

Claro, a citação do poema de Brecht também possui um valor crítico de denúncia porque evoca, de maneira simultaneamente sóbria e profética, as práticas do Estado totalitário moderno. Cito as duas últimas estrofes do poema:

"O que você disser, não diga duas vezes.
Encontrando seu pensamento em outra pessoa: negue-o.
Quem não escreveu sua assinatura, quem não deixou
[retrato
Quem não estava presente, quem nada falou
Como poderão apanhá-lo?
Apague os rastros!

Cuide, quando pensar em morrer
Para que não haja sepultura revelando onde jaz
Com uma clara inscrição a lhe denunciar
E o ano de sua morte a lhe entregar
Mais uma vez:
Apague os rastros!

(Assim me foi ensinado.)"

1956 (Bertolt Brecht, São Paulo, Editora 34, 2000, pp. 57-8). Em razão do contexto da minha exposição, prefiro traduzir "Apague os rastros".

A última estrofe, em particular, adquire um peso essencial quando a lemos como contraponto cruel à fábula do vinhateiro no seu leito de morte. E também quando lembramos que o primeiro sentido da palavra grega *"sèma"* é justamente o de *túmulo*, de *sepultura*, desse *signo* ou desse *rastro* que os homens inscrevem em memória dos mortos — esses mortos que o poeta e o historiador, nas palavras de Heródoto, não podem "deixar cair no esquecimento".

É dessa tarefa que trata o segundo ensaio de Benjamin, aliás muito mais conhecido, "O narrador". Pode-se observar novamente que ambos os textos são contemporâneos e que devemos, portanto, lê-los em confronto, em suas semelhanças e em suas diferenças. "O narrador" formula uma outra exigência; constata igualmente o fim da narração tradicional, mas também esboça como que a ideia de uma outra narração, uma narração nas ruínas da narrativa, uma transmissão entre os cacos de uma tradição em migalhas.[3] Deve-se ressaltar que tal proposição nasce de uma injunção ética e política, já assinalada pela citação de Heródoto: não deixar o passado cair no esquecimento. O que não significa reconstruir uma grande narrativa épica, heroica da continuidade histórica. Muito pelo contrário, o último texto de Benjamin, as famosas teses "Sobre o conceito de História", é bastante claro a esse respeito. Podemos reter da figura do narrador um aspecto muito mais humilde, bem menos triunfante. Ele é, diz Benjamin, a figura secularizada do Justo, essa figura da mística judaica cuja característica mais marcante é o anonimato; o mundo repousa sobre os sete Justos, mas não sabemos quem são eles, talvez eles mesmos o ignorem. O narrador também seria a figura do trapeiro, do *Lumpensammler* ou do *chiffonnier*,[4] do catador de sucata e de lixo, esta personagem das grandes cidades modernas que recolhe os cacos, os restos, os detritos, movido pela pobreza, certamente, mas também

---

[3] Para Benjamin, Kafka encarna, sem dúvida, uma das possibilidades contemporâneas desse novo narrador. Podemos nos lembrar da narrativa da "Mensagem imperial", que um imperador, também em seu leito de morte, transmite a um augusto mensageiro que nunca chegará até nós, apesar de sua destreza e mesmo que não paremos de esperar por ele...

[4] Alusão ao poema "Le vin des chiffonniers", das *Flores do Mal*, pois, para Benjamin, Baudelaire é o primeiro poeta verdadeiramente moderno, aquele que trata dos reais habitantes das grandes cidades.

pelo desejo de não deixar nada se perder (Benjamin introduz aqui o conceito teológico de *apokatastasis*, de recolecção de todas as almas no Paraíso).

Esse narrador sucateiro (o historiador também é um *Lumpensammler*)[5] não tem por alvo recolher os grandes feitos. Deve muito mais apanhar tudo aquilo que é deixado de lado como algo que não tem significação, algo que parece não ter nem importância nem sentido, algo com que a história oficial não sabe o que fazer. O que são esses elementos de sobra do discurso histórico? A resposta de Benjamin é dupla. Em primeiro lugar, o sofrimento, o sofrimento indizível que a Segunda Guerra Mundial levaria ao auge, na crueldade dos campos de concentração (que Benjamin, aliás, não conheceu graças a seu suicídio). Em segundo lugar, aquilo que não tem nome, aqueles que não têm nome, o anônimo, aquilo que não deixa nenhum rastro, aquilo que foi tão bem apagado que mesmo a memória de sua existência não subsiste — aqueles que desapareceram tão por completo que ninguém lembra de seus nomes. Ou ainda: o narrador e o historiador deveriam transmitir o que a tradição, oficial ou dominante, justamente não recorda. Essa tarefa paradoxal consiste, então, na transmissão do inenarrável, numa fidelidade ao passado e aos mortos, mesmo — principalmente — quando não conhecemos nem seu nome nem seu sentido.

Evidentemente, tal história não pode ser o desenrolar tranquilo e linear de uma narrativa contínua. Sem querer entrar aqui em detalhes, penso que um dos conceitos importantes que poderia nos ajudar a pensá-la é o conceito de *cesura* (comum a Hölderlin e a Benjamin) ou o de interrupção (comum a Brecht e a Benjamin). A exigência de memória, que vários textos de Benjamin ressaltam com força, deve levar em conta as grandes dificuldades que pesam sobre a possibilidade da narração, sobre a possibilidade da experiência comum, enfim, sobre a possibilidade da transmissão e do lembrar, dificuldades que evocamos no início desta exposição. Se passarmos em silêncio sobre elas em proveito de uma boa vontade piegas, então o discurso sobre o dever de memória corre o risco de recair na ineficácia dos bons sentimentos ou, pior ainda, numa espécie de celebração vazia, rapida-

---

[5] Ver o artigo de Irving Wohlfarth, "Et cetera? De l'historien comme chiffonnier", *in* Heinz Wismann (org.), *Walter Benjamin et Paris*, Paris, Cerf, 1986.

mente confiscada pela história oficial.[6] Proporia, então, uma distinção entre a atividade de *comemoração*, que desliza perigosamente para o religioso ou, então, para as celebrações de Estado, com paradas e bandeiras, e um outro conceito, o de *rememoração*, assim traduzindo aquilo que Benjamin chama de *Eingedenken*, em oposição à *Erinnerung* de Hegel e às várias formas de *apologia*. Tal rememoração implica uma certa ascese da atividade historiadora que, em vez de repetir aquilo de que se lembra, abre-se aos brancos, aos buracos, ao esquecido e ao recalcado, para dizer, com hesitações, solavancos, incompletude, aquilo que ainda não teve direito nem à lembrança nem às palavras. A rememoração também significa uma atenção precisa ao *presente*, em particular a estas estranhas ressurgências do passado no presente, pois não se trata somente de não se esquecer do passado, mas também de agir sobre o presente. A fidelidade ao passado, não sendo um fim em si, visa à transformação do presente.

Essa ligação com o presente me leva a contar uma terceira história de transmissão e de morte. Começamos pela fábula do vinhateiro que falava aos filhos do leito de morte. Opusemos-lhe o poema de Brecht, "Apague os rastros". A última figura de narração que gostaria de citar é a do sonho de Primo Levi no campo de Auschwitz, sonho sonhado, descobre ele, por quase todos os seus companheiros a cada noite. Sonha com a volta para casa, com a felicidade intensa de contar aos próximos o horror já passado e ainda vivo e, de repente, percebe com desepero que ninguém o escuta, que os ouvintes se levantam e vão embora, indiferentes. Primo Levi pergunta: "Por que o sofrimento de cada dia se traduz, constantemente, em nossos sonhos, na cena sempre repetida da narração que os outros não escutam?".[7] Essa narrativa foi feita, está sendo feita, mas, como ressaltam todos os sobreviventes, ela nunca consegue realmente dizer a experiência inenarrável do horror. Já se teceram muitos comentários a respeito dessa irrepresentabilidade. Na narrativa do sonho de Primo Levi, gostaria de me ater a um outro personagem, àquele que se levanta e vai embora, na indiferença. Vou tentar justificar esta escolha.

---

[6] Remeto aqui ao artigo de Gérard Namer que tem o sugestivo título de "La confiscation sociopolitique du besoin de commémorer", revista *Autrement*, nº 54, "Travail de mémoire 1914-1998", Paris, janeiro de 1999.

[7] Primo Levi, *É isto um homem?*, Rio de Janeiro, Rocco, 1988, p. 60.

Memória, história, testemunho

Hoje, quando os últimos sobreviventes de Auschwitz, uns depois dos outros, morrem de morte dita natural, assistimos a um desdobramento de empresas de memória. Estes "abusos da memória",[8] para retomar o título provocativo de Todorov, comportam vários perigos. Só citarei dois deles: uma fixação doentia ao passado — o que Nietzsche, no fim do século XIX, já tinha diagnosticado como um dos diversos sintomas do ressentimento (isto é, também a incapacidade de bem viver no presente); e, na esteira dessa fixação, a identificação, muitas vezes patológica, por indivíduos, que não são necessariamente nem os herdeiros diretos de um massacre, a um dos papéis da díade mortífera do algoz e da vítima: como se a busca de si tivesse que ser a repetição do (neo)nazi ou, ainda mais dramaticamente, talvez, a construção de uma infância no campo de Madjanek (o famoso "caso" de Binjamin Wilkomirski, aliás, Bruno Doessekker).[9]

As reflexões de duas descendentes de sobreviventes do genocídio armênio, Hélène Piralian e Janine Altounian, podem nos ajudar nesse contexto. Esse genocídio é tão mais terrível, na medida em que continua, até hoje, sendo ignorado e denegado pela comunidade política internacional. É como se houvesse herdeiros de mortos que, simbolicamente falando, nunca existiram, que não pertenceram aos vivos e não podem, portanto, pertencer hoje aos mortos, tornando seu luto tão difícil — uma dificuldade análoga, quase uma impossibilidade, atormenta os familiares dos "desaparecidos" na América Latina.

Agora, como tentar pensar um lugar fora desse círculo de fixação e de identificação? Não temos que pedir desculpas quando, por sorte, não somos os herdeiros diretos de um massacre; e se, ademais, não somos privados da palavra, mas, ao contrário, se podemos fazer do exercício da palavra um dos campos de nossa atividade (como, por exemplo, na universidade), então nossa tarefa consistiria, talvez, muito mais em restabelecer o espaço simbólico onde se possa articular aquele

[8] Tzvetan Todorov, *Les abus de la mémoire*, Paris, Arléa, 1995.

[9] Alusão ao livro *Bruchstücke*, publicado em 1995 pela Suhrkamp e traduzido para vários países, inclusive o Brasil (*Fragmentos: memórias de uma infância, 1939-1948*, São Paulo, Companhia das Letras, 1998). Saudado como um dos mais pungentes testemunhos sobre a Shoah, foi denunciado posteriormente como sendo uma autobiografia fictícia — escrita pelo falsário ou esquizofrênico (?) Bruno Doessekker, suíço de uns cinquenta anos, filho ilegítimo de uma empregada e adotado, ainda criança, por um casal de médicos de Zurique.

que Hélène Piralian e Janine Altounian chamam de "terceiro" — isto é, aquele que não faz parte do círculo infernal do torturador e do torturado, do assassino e do assassinado, aquilo que, "inscrevendo um possível alhures fora do par mortífero algoz-vítima, dá novamente um sentido humano ao mundo".[10] No sonho de Primo Levi, deveria ser a função dos ouvintes, que, em vez disso e para desespero do sonhador, vão embora, não querem saber, não querem permitir que essa história, ofegante e sempre ameaçada por sua própria impossibilidade, os alcance, ameace também *sua* linguagem ainda tranquila; mas somente assim poderia essa história ser retomada e transmitida em palavras diferentes. Nesse sentido, uma ampliação do conceito de *testemunha* se torna necessária; testemunha não seria somente aquele que viu com seus próprios olhos, o *histor* de Heródoto, a testemunha direta. Testemunha também seria aquele que não vai embora, que consegue ouvir a narração insuportável do outro e que aceita que suas palavras levem adiante, como num revezamento, a história do outro: não por culpabilidade ou por compaixão, mas porque somente a transmissão simbólica, assumida apesar e por causa do sofrimento indizível, somente essa retomada reflexiva do passado pode nos ajudar a não repeti-lo infinitamente, mas a ousar esboçar uma outra história, a inventar o presente.

---

[10] Hélène Piralian, "Écriture(s) du génocidaire", *in* Catherine Coquio (org.), *Parler des camps, penser les génocides*, Paris, Albin Michel, 1999, p. 541. Ver a este respeito, da mesma autora, "Maintenir les morts hors du néant", revista *Autrement*, n° 54, *cit*. Ver também, de Janine Altounian, "Les héritiers d'un génocide", *in Parler des camps, penser les génocides, cit.*

Memória, história, testemunho

5.
"APÓS AUSCHWITZ"

Para Márcio e Claudia. E Oswaldo

I

"Após Auschwitz". As razões de ter escolhido este título são várias, entre elas a de ter participado de um colóquio interdisciplinar intitulado "*L'homme, la langue, les camps*". Esse colóquio nasceu de um seminário organizado mensalmente ao longo de dois anos, por alguns pesquisadores judeus e não-judeus, a respeito da Shoah e de suas repercussões na prática das ciências humanas. Ou, melhor, da falta de repercussões desse acontecimento. Durante esses dois anos, o questionamento do grupo tornou-se mais preciso e levou à organização do colóquio citado. Tratava-se, agora, de entender melhor a relação entre "*a atualidade crítica, midiática e científica* das questões ligadas à Shoah, ao estado totalitário, ao universo concentracionário, e a *atualidade política*" de formas de violência coletiva que ressurgem, de maneira semelhante, por exemplo, na Bósnia ou em Ruanda — e às quais, ao que parece, só se opõem reações de indignação ou mesmo de indiferença e paralisia.

A problemática do colóquio parisiense era, portanto, profundamente prática e atual; não se tratava de uma celebração piedosa das vítimas do Holocausto, mas sim de sua *rememoração*, no sentido benjaminiano da palavra, isto é, de uma memória ativa que transforma o presente. No entanto, as contribuições dos teóricos da linguagem e da literatura foram decisivas, mesmo que a questão fosse tão prática e pragmática. Esse colóquio acabou de me convencer que "Auschwitz" — ou, ainda, "Após Auschwitz" — não representa somente um episódio dramático da história judaica ou da história alemã, mas é um marco essencial e pouco elaborado da história ocidental.

Ora, quem certamente foi um dos primeiros a ressaltar essa função de *cesura* de Auschwitz para a história de nossa razão, de nossa arte, enfim, de nossa cultura e de nosso pensamento, foi Adorno. No livro *Auschwitz e os intelectuais*,[1] Enzo Traverso, um politólogo italiano que leciona na França, ressalta essa clarividência dos pensadores da Escola de Frankfurt, em particular de Adorno. A reflexão de Adorno nos interessa não só pela sua lucidez, pouco comum nos anos 40; nela também se evidenciam as relações profundas entre ética e estética, relações que uma concepção meramente estetizante da estética ou meramente consensual da ética tendem a esquecer. Cabe agora uma ressalva em relação ao que segue: não sou especialista em Adorno nem em antissemitismo. Mas se me permito esse risco é porque essa problemática me questiona e persegue: é preciso pensar melhor as relações entre estética e memória do sofrimento, entre filosofia e ação justa. Por isso, vou reler alguns dos trechos principais da obra de Adorno, nos quais ele fala de Auschwitz e da Shoah. Gostaria de analisar como ele pensa esse horror irrepresentável que escapa à linguagem ordinária, a nossas descrições e a nossas deduções; e, simultaneamente, queria elucidar algumas das consequências desse acontecimento para um pensamento crítico de nossa cultura. Apoiar-me-ei em textos de Adorno e, também, em textos de outros autores, no intuito de aprofundar algumas noções da reflexão adorniana. Em particular, citarei Jean-Luc Nancy e Philippe Lacoue-Labarthe, Primo Levi, Enzo Traverso e Albrecht Wellmer.

Num primeiro momento, vou tentar rastrear algumas interrogações em torno dos conceitos de *mito* e de *mímesis*: dois conceitos-chave da *Dialética do Esclarecimento* (1947), texto seminal da filosofia do autor e, igualmente, texto-chave da reflexão dos frankfurtianos sobre a experiência do nazismo e da Shoah. Cabe observar que essa experiência obriga a filosofia a pensar a realidade do mal e do sofrimento não só como fazendo parte necessariamente da condição humana finita, mas como mal e sofrimento que foram impostos por determinados homens a outros, mal e sofrimento vinculados, portanto, a fenômenos históricos e políticos precisos, que devem ser investigados, passados no crivo, no intuito crítico de sua recusa ativa.

---

[1] Enzo Traverso, *L'histoire déchirée. Auschwitz et les intellectuels*, Paris, Cerf, 1997.

II

Na reflexão de Adorno e Horkheimer, a *Dialética do Esclarecimento* assinala um corte na tentativa de pensar a questão do nazismo e do antissemitismo. Ambos autores se afastam paulatinamente de uma análise marxista ortodoxa, predominante na época e no círculo do Instituto de Pesquisa Social, representada sobretudo pelas teses de Max Pollock — a quem o livro é dedicado —, em particular por sua tese do capitalismo monopolista de Estado.[2] Segundo essas tendências teóricas, que Horkheimer ainda defendia num artigo de 1939, "Die Juden und Europa" (Os judeus e a Europa), o antissemitismo decorreria da necessidade, para o capitalismo monopolista de Estado, de lutar contra formas de capital comercial e financeiro independentes, tais quais os empreendimentos judeus. Essa análise repousa sobre duas características: uma certa ortodoxia economicista (isto é, o antissemitismo deve ter como razão principal e última uma transformação da infraestrutura econômica) e a busca da especificidade do antissemitismo na escolha do seu objeto de exclusão, isto é, na(s) especificidade(s) dos judeus enquanto parte isolável de uma população. Com a *Dialética do Esclarecimento*, Adorno e Horkheimer abandonam, em boa parte, esses argumentos. Voltam-se para considerações pouco econômicas e muito mais oriundas da filosofia (Marx e Nietzsche), da psicanálise e da etnologia. Não procuram detectar nos judeus o que os predestinaria ao papel de vítimas, mas se esforçam em analisar qual é a estrutura racional e psíquica que torna possível a existência do algoz, em particular dos nazistas. A realidade do nazismo, do antissemitismo e dos campos de concentração não é, portanto, abordada nem a partir de uma contradição econômica específica do capitalis-

---

[2] Essas discussões podem, em parte, explicar as diferenças entre as versões de 1944 e de 1947 da *Dialética do Esclarecimento*, e são analisadas na edição crítica das obras de Horkheimer. Ver, em particular, Willem van Reijen, Jan Bransen, "Das Verschwinden der Klassengeschichte in der 'Dialektik der Aufklärung'. Ein Kommentar zu den Textvarianten der Buchausgabe von 1947 gegenüber der Erstveröffentlichung von 1944", *in* Max Horkheimer, *Gesammelte Schriften*, vol. 5, Frankfurt/Main, Fisher, 1985, pp. 452-7. Ver ainda Enzo Traverso, *op. cit.*, pp. 129-35. Pode-se ler com proveito o artigo de Rolf Johannes, "Das ausgesparte Zentrum. Adornos Verhältnis zur Ökonomie", *in* G. Schweppenhäuser (org.), *Soziologie im Spätkapitalismus. Zur Gesellschaftstheorie Theodor W. Adornos*, Darmstadt, Wissenschaftliche Buchgesellschaft, 1995.

"Após Auschwitz"

mo avançado nem a partir da "judeidade" dos judeus. Sem negar esses aspectos, Adorno e Horkheimer as julgam, no entanto, insuficientes para realmente conseguir entender a especificidade do antissemitismo nazista. Ademais, tais categorias se revelam incapazes de ajudar à reflexão, absolutamente central na *Dialética do Esclarecimento*, a respeito dos riscos, muito reais, de uma *repetição do horror*; uma repetição, sem dúvida, não idêntica, pois não há repetições desse tipo na história, mas sim uma retomada e uma reedição de mecanismos semelhantes de exclusão, violência e aniquilamento — mecanismos que encontraram na Shoah sua expressão singular e insuportável, mas infelizmente não a única nem necessariamente a última.

Ao colocar a questão do nazismo e do antissemitismo de maneira tão ampla, Adorno e Horkheimer não se afirmam como arautos de uma identidade judaica a ser resgatada; assumem muito mais uma postura de pensadores críticos da tradição e da cultura ocidentais, em particular da cultura e da tradição alemãs (postura que era também a de Nietzsche). É importante lembrar que ambos, mesmo que com alguns anos de intervalo, voltarão para a Alemanha, não ficando nos Estados Unidos nem escolhendo o Estado de Israel, como sua ascendência judaica teria permitido. Eles continuam, pois, a trabalhar dentro de uma tradição de autorreflexão crítica que caracteriza, justamente, o iluminismo e o idealismo alemães. Como diz Albrecht Wellmer: "É como se todos os esforços desses intelectuais banidos pelo nazismo tivessem se orientado na direção de salvar para os Alemães sua identidade cultural: com Adorno foi possível estar de novo presente na Alemanha, intelectualmente, moralmente e esteticamente e não odiar Kant, Hegel, Bach, Beethoven, Goethe ou Hölderlin."[3]

Esse universalismo da postura crítica adorniana, herança da tradição iluminista, encontra sua expressão na antítese-mestra que sustenta o livro de 1947: a antítese *Mythos-Aufklärung*, Mito-Esclarecimento. Trata-se de propor uma reescrita da história da razão ocidental e metafísica: começa antes ou aquém da filosofia, com a *Odisseia*, e culmina depois ou além da filosofia, com o terror nazista.

Nesse contexto queria retomar algumas afirmações muito citadas das primeiras páginas desse livro para apontar uma dificuldade —

---

[3] Albrecht Wellmer, *Endspiele: Die unversöhnliche Moderne*, Frankfurt/Main, Suhrkamp, 1993, p. 225.

não digo erro nem contradição, mas sim dificuldade, isto é, algo que assinala uma indecisão, uma hesitação instigante, que provoca uma necessidade de retomada e de reflexão. Essa dificuldade se encontra na definição de um dos termos da antítese assinalada acima e que deve assegurar o alcance universal da reconstrução crítica empreendida na *Dialética do Esclarecimento*. Há uma certa oscilação na determinação do mito e da mitologia, entre sua definição como forma de pensamento já permeada de racionalidade, ou, então, como forma "primitiva", tributária do medo originário e da crueldade ancestral. Cito as primeiras páginas do *Prefácio*:

> "A aporia com que defrontamos em nosso trabalho revela-se assim como o primeiro objeto a investigar: a autodestruição do Esclarecimento [*die Selbstzerstörung der Aufklärung*]. [...] Acreditamos contribuir com estes fragmentos para essa compreensão, mostrando que a causa da recaída do Esclarecimento na mitologia [*des Rückfalls von Aufklärung in Mythologie zurück*] não deve ser buscada tanto nas mitologias nacionalistas, pagãs e em outras mitologias modernas especificamente idealizadas em vista dessa recaída [*zum Zweck des Rückfalls*], mas no próprio Esclarecimento paralisado pelo temor da verdade.[4] [...] Em linhas gerais, o primeiro estudo pode ser reduzido em sua parte crítica a duas teses: o mito já é esclarecimento e o esclarecimento acaba por reverter à mitologia [*schlägt in Mythologie zurück*][5] [...] A discussão dos 'Elementos do antissemitismo' através de teses trata do retorno efetivo da civilização esclarecida à barbárie [*Rückkehr der aufgeklärten Zivilisation zur Barbarei*]. A tendência não apenas ideal, mas também prática, à autodestruição [*Selbstvernichtung*], caracteriza a racionalidade desde o início e de modo nenhum apenas a fase em que essa tendência evidencia-se sem

---

[4] *Dialética do Esclarecimento*, tradução de Guido de Almeida, Rio de Janeiro, Jorge Zahar, 1985, p. 15.

[5] *Idem, ibidem*. Note-se *schlägt zurück* (reverter, no sentido de regredir) e não, num vocabulário dialético mais neutro, *schhlägt um* (reverter, no sentido de transformar-se).

"Após Auschwitz"

disfarces. Nesse sentido, esboçamos uma pré-história filosófica do antissemitismo. Seu 'irracionalismo' é derivado da essência da própria razão dominante [...]"[6]

Como o vocabulário deixa transparecer, temos aqui dois modelos conflitantes: um modelo dialético lógico, o da *Selbstreflexion* e da *Selbstzerstörung*, segundo o qual Esclarecimento e Mito (ou, em termos mais contemporâneos, racionalidade iluminista e racionalidade mítica) se negam e se pertencem mutuamente; e um outro modelo, dialético também, mas num sentido mais linear e cronológico, segundo o qual a razão esclarecida *recai, retorna, regride* (todas expressões do texto)... aonde? Às vezes se diz na *mitologia*, outras vezes na *barbárie*, uma oscilação que não deixa de ser mais um indício dessa irresolução quanto ao estatuto do mito. Será ele o *outro* da razão, sua negação dialética e, portanto, algo tão racional como a razão é mítica? Ou ele é *mais* que o outro da razão, um fundo aterrorizante de crueldade sangrenta primitiva que a racionalidade iluminista se esforça por erradicar?

Confesso que esta indecisão me parece percorrer o livro inteiro; ela reaparecerá a propósito do conceito de *mímesis*. Ora, essa indecisão é instigante não só por razões filológicas e filosóficas. Ela aponta para a dificuldade do pensamento esclarecido, em particular do pensamento esclarecido de esquerda, de se confrontar com a força dessa dimensão chamada de *mítica* e, no mais das vezes, associada ao irracional e ao absurdo. Associação, aliás, que só aprofunda o problema, porque se trata então de compreender por que o irracional é tão poderoso, de fato, nas decisões dos homens, esses animais racionais. Em outros termos: essa indecisão aponta para a necessidade do pensamento de esquerda elaborar melhor uma compreensão do mito sob pena de deixar sua teorização bem-sucedida ao pensamento reacionário. Ora, as dificuldades da luta contra o fascismo também tiveram a ver com essa propensão funesta dos teóricos de esquerda em julgar a ideologia nazista mítica, irracional, primitiva, portanto, sem sérias perspectivas de sucesso.

O recurso desenfreado do nazismo a pseudovalores míticos, clássicos e patrióticos, e sua recusa da razão moderna e cosmopolita

---

[6] *Idem*, p. 16.

(para não dizer de antemão, judia), denunciada como abstrata e superficial, são as duas faces inseparáveis da mesma construção ideológica. Para lutar contra essa ideologia, não basta rechaçar o mito e defender a voz da razão. Deve-se, segundo Adorno e Horkheimer, identificar no próprio desenvolvimento da razão os momentos de dominação que solapam seu ideal de emancipação e assemelham a racionalidade à coerção mítica. Uma coerção, aliás, mais ferrenha ainda, pois da coerção da própria razão como poderá a razão se liberar? Como pensar, então, a dimensão do elemento mítico não apenas como momento de *inverdade* da *Aufklärung*, misto funesto de dominação cega e ofuscamento? Qual seria, para o pensamento esclarecido e autocrítico, a verdade possível do seu outro, do pensamento mítico? Essas questões não me parecem explicitadas com suficiente clareza na *Dialética do Esclarecimento*, o que suscita um deslize constante e necessário entre uma concepção do mito como negação dialética da *Aufklärung* e outra concepção, na qual o mito constitui muito mais um fundo originário e sangrento de brutalidade e de barbárie.

Podemos fazer duas ressalvas antes de prosseguir. Talvez essa teoria "positiva" do mito, pouco explicitada, deva ser procurada nas entrelinhas do livro. Uma primeira pista seria a relação do pensamento mítico/mágico com a transcendência, com o "fora", como o denominam os autores. "Nada mais pode ficar de fora, porque a simples ideia do 'fora' é a verdadeira fonte de angústia", dizem eles a respeito do pensamento esclarecido;[7] podemos ler *a contrario*: o pensamento mítico tem o mérito, justamente nas suas categorias mais cruéis e inflexíveis, como as de necessidade ou de destino, de reconhecer que algo escapa do seu domínio conceitual; que ele, como sistema de representações, não pode nem explicar nem representar tudo. De maneira análoga, é justamente naquilo que faz da "simpatia" mágica um procedimento tipicamente irracional e cruel, que jaz um momento de verdade possível, a saber, "a manifestação do todo no particular", que a obra de arte deverá novamente encarnar.[8]

Se a relação com a transcendência e a reabilitação do particular, dois aspectos tão essenciais da dimensão estética segundo Adorno,

[7] *Idem*, p. 29.
[8] *Idem*, p. 32.

"Após Auschwitz"

configuram momentos de verdade na inverdade mítica, por que não enfatizá-los nesse texto? Minha tentativa de resposta se apoia na leitura do livrinho polêmico de Lacoue-Labarthe e Jean-Luc Nancy, *Le mythe nazi*.[9] Haveria, nessa época, uma tal saturação do conceito de *mito*, devida à sua anexação quase completa pela ideologia nazista, que um pensamento de resistência ao nazismo não poderia ceder ao desejo perigoso de elaborar uma teoria positiva do mito, sob o risco desta ser usada em proveito da ideologia de plantão. Haveria, então, na *Dialética do Esclarecimento*, o mesmo interdito em relação a uma teoria positiva do mito como há em relação a Nietzsche: apesar de a reflexão de Adorno e Horkheimer ser impregnada pela filosofia de Nietzsche, eles não podem assumir explicitamente tal herança, porque "Nietzsche" foi anexado, enquanto emblema, pelo pensamento fascista. Assim ocorre também em relação a um conceito positivo de mito: este remeteria imediatamente aos mitologemas afirmativos de *"Blut und Boden"* ("Sangue e solo").

III

O ensaio de Lacoue-Labarthe e de Nancy nos ajuda a compreender por que o mesmo tipo de ambiguidade ressurge, segundo me parece, na discussão do conceito, central em Adorno, de *mímesis*. Segundo nossos comentadores franceses, a eficácia dos elementos míticos anexados pela ideologia nazista se deve à componente *mimética*, isto é, *identificatória*, desses elementos. Ora, o maior problema ideológico para os alemães do século XIX e, depois de Versailles, do século XX, foi construir e manter uma identidade própria, originária e duradoura, que consiga se opor à dissensão interna, inerente às variedades linguísticas, históricas e culturais, e aos modelos exteriores já firmemente estabelecidos como o racionalismo francês e o pragmatismo inglês.

Nancy e Lacoue-Labarthe interpretam a elaboração de uma *Nova mitologia* no Romantismo alemão, sua retomada e desfiguração pelo nazismo, como uma entre tantas tentativas de superar essa ausência de identidade popular e nacional — uma ausência vivida como

---

[9] Jean-Luc Nancy, *Le mythe nazi*, Paris, Éditions de l'Aube, 1992.

falta dolorosa e como enfraquecimento político. Não pretendo discutir aqui essa interpretação bastante polêmica. Interessa-me, no entanto, ressaltar a relação intrínseca que articula mito, *mímesis* e identidade:

"O mito é uma ficção no sentido forte do termo, no sentido ativo de dar uma feição, ou, como diz Platão, de 'plástica': ele é, então, um *ficcionar*, cujo papel consiste em propor, se não em impor, modelos ou tipos [...] tipos que, ao imitá-los, um indivíduo — ou uma cidade, um povo inteiro — pode usar para apreender e identificar a si mesmo. Dito de outra maneira, a questão colocada pelo mito é a do *mimetismo*, na medida em que somente o mimetismo é capaz de assegurar uma identidade." [E nossos autores observam, por fim, algo que não deixa de lembrar a problemática de Adorno e Horkheimer.] "Por aí se indica, aliás, que o problema do mito sempre é indissociável do da arte, menos porque o mito seria uma criação ou uma obra de arte coletiva, mas porque o mito, como a obra de arte que o explora, é um instrumento de identificação. Ele é mesmo o *instrumento mimético* por excelência."[10]

Essa relação entre mímesis e identificação orienta as análises da *Dialética do Esclarecimento* e articula o co-pertencer do mítico e do mimético pelo viés da identificação. Como observaram vários comentadores,[11] o conceito de *mímesis* sofre uma transformação instigante no decorrer do livro, isto é, no caminho que leva da análise da *Odisseia* aos "Elementos de antissemitismo". Ele fornece, pois, a chave para entender tanto a rejeição da magia mimética pela razão esclarecida como também a possibilidade — mais do que isso, a probabilidade — do ressurgimento de comportamentos míticos, miméticos e identificatórios, de comportamentos irracionais e acríticos, num con-

---

[10] *Idem*, pp. 34-5. Tradução de J. M. G.

[11] Ver Josef Früchtl, *Mimesis: Konstellation eines Zentralbegriffs bei Adorno*, Königshaus und Neumann, 1986. Pode-se consultar também, da autora, "Do conceito de mímesis em Adorno e Benjamin", *in Sete aulas sobre linguagem, memória e história*, Rio de Janeiro, Imago, 1997.

texto histórico tão "evoluído" quanto a Alemanha da República de Weimar. Vejamos mais de perto. Nos dois primeiros capítulos ("Conceito de Esclarecimento" e "Excurso I"), a *mímesis* integra os procedimentos mágicos que têm por alvo a defesa do sujeito fraco e amedrontado contra os poderosos inimigos exteriores. Na tentativa de escapar ao perigo, o homem "primitivo" se assimila, torna-se semelhante ao meio ambiente (assim como a borboleta sobre a folha) para abolir a diferença e a distância que permitem ao animal reconhecê-lo e devorá-lo; ou, então, veste a máscara semelhante ao deus aterrorizante para apaziguá-lo pela sua imagem e semelhança. Essa estratégia mágico-mimética não é somente ineficaz. Ela é cruel e regressiva porque implica o sujeito não enfrentar o perigo, mas desistir de sua posição de sujeito, de sua identidade própria, para salvar a si próprio, perdendo-se a si mesmo. Dialética fatal que prefigura, na interpretação de Adorno e de Horkheimer, os ardis da razão tais como Ulisses os desenvolverá, por exemplo, diante do Ciclope. Porém, essas práticas mágico-miméticas, mesmo que ineficazes e regressivas, contêm um momento essencial de prazer, ligado ao êxtase da dissolução dos limites do próprio eu. Reconhecer esse momento tão central para a reflexão de Freud e de Nietzsche (ver o papel ímpar de Dionísio em Nietzsche) é igualmente essencial para a análise de nossos autores. Sua tese é, pois, a seguinte: o pensamento esclarecido, a civilização iluminista, têm horror à mímesis não só porque esta lembra a magia e peca pela ineficácia; mas porque faz ressurgir essa ameaça imemorial do prazer ligado à dissolução dos limites claros e fixos do ego. Ou ainda: a *Aufklärung* tem horror à mímesis (às semelhanças, às afinidades, às metáforas) porque suspeita nela, não sem razão, essa polimorfia tão perversa como prazerosa que solapa as bases de sustentação de uma identidade clara, bem definida, funcional, uma identidade que aprendeu a se dobrar às imposições do trabalho e da eficiência da produção capitalista. Assistimos, portanto, a um recalque individual e social dessas tendências miméticas que nos ligam ao animal, ao barro, à sujeira, mas também à gratuidade e ao desperdício erótico e lúdico — como o tematiza, por exemplo, toda a obra de um Bataille. Esse recalque coletivo tem consequências funestas: exige um processo de constituição subjetiva duro e violento em relação aos próprios desejos mais "originários" ou "inconscientes"; pede a exclusão, igualmente violenta, daqueles outros que, por sua atitude algo nômade, descompromissada, lúdica e vagabunda, ou, simplesmente, menos clara e rigorosa, poderiam ameaçar essa lei de trabalho e identificação forçados. Cito um parágrafo-chave dos "Elementos de antissemitismo":

> "O rigor com que os dominadores impediram no curso dos séculos a seus próprios descendentes, bem como às massas dominadas, a recaída em modos de viver miméticos — começando pela proibição social dos atores e dos ciganos e chegando, enfim, a uma pedagogia que desacostuma as crianças de serem infantis — é a própria condição da civilização. A educação social e individual reforça nos homens seu comportamento objetivo enquanto trabalhadores e impede-os de se perderem nas flutuações da natureza ambiente. Toda diversão, todo abandono tem algo de mimetismo. Foi se enrijecendo contra isso que o ego se forjou."[12]

Ora, esse "enrijecimento do eu", cuja imagem primeira é o corpo de Ulisses atado sem movimento ao mastro do seu navio — e em decorrência da própria vontade —, esse enrijecimento é o modelo de uma outra forma de *mímesis*, oriunda do recalque da primeira, uma "mímesis da *mímesis*". Para se proteger dos perigos e dos encantos da *mímesis* originária, o sujeito se assemelha a um modelo rígido e seguro, um ideal tanto mais infalível quanto ele, o eu, se sente fraco e desamparado. Nesse mecanismo de identificação, mais precisamente, nessa *vontade* de identificação, jazem, segundo Adorno e Horkheimer, as sementes do fascismo e do totalitarismo. O nazismo as faz amadurecer pela ideologia racista que cristaliza os medos latentes diante da dissolução do quadro tradicional de orientação e de identificação do sujeito. A definição das causas do mal, dos portadores do perigo, tem de ser simples (simplista) para ser eficiente. Assim designa os judeus como os culpados, como uma raça parasita e hedionda que suja a pureza do povo autêntico e deve, portanto, ser erradicada como uma epidemia ou como piolhos, com gás Ziklon B, por fim. Insisto nessas metáforas de higiene, de limpeza sim, de dedetização, porque elas são a contrapartida dessa construção, denunciada por Adorno e Horkheimer, de um ideal pseudonatural e originário de

---

[12] *Dialética do Esclarecimento, cit.*, p. 169.

pureza, de nitidez, de determinação viril unívoca, sem deslizes, dúvidas ou desvios, com uma sexualidade higiênica e familiar.[13] Enfim, um ideal de "disciplina ritual" e de identificação ao *Führer* que se encarrega de liberar seus seguidores tanto de seus medos como de suas hesitações, isto é, que os alivia do peso e das penas da *autonomia*. Com esse conceito de *autonomia* fecha-se o círculo infernal da *Dialética do Esclarecimento*: ao tentar se livrar do medo, ao rejeitar os feitiços e os encantos (*Zauber*) da magia, da religião e do mito, o homem fortalece seu domínio sobre a natureza, sobre seus semelhantes e sobre si mesmo. Mas só consegue se constituir como sujeito, no sentido forte da autonomia ilustrada, pelo recalque dessa dimensão mortífera *e* prazerosa, ligada a Eros *e* a Thanatos, que as práticas mágicas e miméticas encarnam. Essa (de)negação se vinga com o retorno violento do recalcado, ou seja, com a necessidade de uma identificação muito mais absoluta que as encenações primitivas, pois tem agora como tarefa assegurar e manter uma identidade sem fraquezas nem angústias nem recaídas nas delícias do infantil e do indeterminado. Assim, a mímesis recalcada volta sob a forma perversa e totalitária da identificação ao chefe único. Para ser mais eficaz, esse processo também deve se dirigir contra um inimigo facilmente *identificável* (daí a necessidade do porte da estrela amarela, pois a raça nem sempre se deixa diagnosticar à primeira vista!) e, igualmente, suficientemente *numeroso para que seu aniquilamento* possa se transformar numa verdadeira indústria, gerar ofícios, empregos, hierarquias, fábricas e usinas, enfim, assegurar um longo empreendimento de destruição renovada dos outros e de fortalecimento duradouro do eu. A autonomia do sujeito não se estabelece apenas pela dominação do diferente; ela também "compra" sua manutenção pela identificação a um paradigma alheio e rígido, desistindo de si mesma em troca de sua segurança. O sujeito esclarecido cumpre, uma segunda e perversa vez, o mecanismo originário de defesa mimética de que zombava nos rituais primitivos: *para se manter em vida, faz de conta que está morto*, "a vida paga o tributo de sua sobrevivência, assimilando-se ao que é mor-

---

[13] A vertente dita médica da ideologia nazista é essencial. Ela condena tanto os homossexuais quanto os deficientes mentais, tanto os ciganos quanto os judeus: formas múltiplas de "desvios" da norma rígida. Ver a esse respeito o belo filme de Peter Cohen, *Arquitetura da destruição*, 1989.

to".[14] A vida abdica de sua vitalidade e de sua vivacidade em favor de sua conservação, a vida se assemelha à morte e a morte contamina o vivo.

IV

Façamos uma pequena pausa para tentar reunir alguns fios soltos. O que obtivemos nesses meandros através dos densos enredos desse texto? No mínimo, dois conceitos-chave da estética de Adorno, dois conceitos que já se encontram aqui, nesse texto de 1944/47, mas entremesclados com análises filosófico-políticas, com uma autorreflexão crítica da tradição metafísica e iluminista: os conceitos de *autonomia* e de *mímesis*. Nessa exposição, gostaria de defender a seguinte hipótese: a reflexão posterior de Adorno, tanto ética como estética, consiste numa longa discussão, numa longa confrontação, numa longa briga com esses dois conceitos oriundos da tradição filosófica clássica, para tentar livrá-los dos seus componentes de dominação e destruição, componentes evidenciados pela experiência da Segunda Guerra Mundial. Mais precisamente, pela experiência de que a razão iluminista emancipada possa ser reduzida com sucesso à mera racionalidade instrumental da lógica da aniquilação; e que a reflexão filosófica contemporânea desse desastre não soube encontrar forças efetivas de resistência contra a promessa de emancipação que o esclarecimento continha — e ainda contém. Segundo minha leitura, portanto, toda a filosofia posterior de Adorno tentaria, fundamentalmente, responder a uma única questão: como pode o pensamento filosófico ajudar a evitar que Auschwitz se repita? Ou ainda: como pode a filosofia ser uma força de resistência contra os empreendimentos totalitários, velados ou não, que também são partes integrantes do desenvolvimento da razão ocidental?

As pesquisas sociológicas e psicológicas de Adorno e de Horkheimer, sua revisão crítica da tradição metafísica assim como suas críticas sempre novas do positivismo, todas essas atividades se inscrevem nesse horizonte. Mas e a reflexão estética? Talvez a frase mais conhecida de Adorno seja justamente aquela que cito no título desta

---

[14] *Dialética do Esclarecimento, cit.*, p. 168.

"Após Auschwitz" 71

conferência, essa afirmação peremptória de um ensaio de 1949: "escrever um poema após Auschwitz é um ato bárbaro, e isso corrói até mesmo o conhecimento de por que hoje se tornou impossível escrever poemas".[15] Uma frase polêmica, cuja recepção foi bastante infeliz, como se ela significasse uma condenação pura e simples da poesia contemporânea. Detlev Claussen observa que hoje, num contexto de "bom senso" neoliberal, usa-se muitas vezes essa citação também para denegrir a radicalidade crítica de intelectuais tachados de pessimismo e de intolerância.[16] Ora, no contexto do ensaio sobre "Crítica à cultura e à sociedade", que é concluído por esta frase, tal sentença ressalta muito mais a urgência de um pensamento não harmonizante, mas impiedosamente crítico — isto é, a necessidade da cultura enquanto instância negativa e utópica, contra sua degradação a máquina de entretenimento e de esquecimento (esquecimento, sobretudo, do passado nazista recente nessa Alemanha em reconstrução).[17] Adorno retomará, por duas vezes e explicitamente, essa polêmica afirmação: em 1962, no ensaio intitulado "Engagement"[18] e, em 1967, na última parte da *Dialética negativa*.[19] Nos dois casos, ele não trata de amenizá-la, pedindo desculpas aos poetas, mas, ao contrário, radicaliza e amplia seu alcance. Não é somente a beleza lírica que se transforma em injúria à memória dos mortos da Shoah, mas a própria cultura, na sua pretensão de formar uma esfera superior que exprima a nobreza humana, revela-se um engodo, um compromisso covarde, um "documento da barbárie", como disse Walter Benjamin.[20] Cito a passagem bastante provocativa da *Dialética negativa*:

---

[15] T. W. Adorno, "Crítica cultural e sociedade", *in Prismas*, tradução de Augustin Wernet e Jorge Mattos Brito de Almeida, São Paulo, Ática, 1998, p. 26. Note-se que a segunda parte dessa afirmação, uma autorreflexão de Adorno sobre sua própria atividade crítica, quase sempre é esquecida.

[16] Detlev Claussen, "Nach Auschwitz kein Gedicht?", *in* G. Schweppenhäuser e M. Wischke (orgs.), *Impuls und Negativität*, Hamburgo, Argument, 1995, p. 45.

[17] *Idem*, pp. 47 ss.

[18] *Noten zur Literatur III*, Frankfurt/Main, Suhrkamp, 1965, pp. 125-7.

[19] *Negative Dialektik*, Frankfurt/Main, Suhrkamp, 1970, pp. 353-9.

[20] Vários comentadores ressaltam a influência decisiva das teses "Sobre o conceito de História", de Walter Benjamin, na visão radicalmente crítica da esfe-

"Que isso [Auschwitz] possa ter acontecido no meio de toda tradição da filosofia, da arte e das ciências do Esclarecimento, significa mais que somente o fato desta, do espírito, não ter conseguido empolgar e transformar os homens. Nessas repartições mesmas, na pretensão enfática à sua autarquia, ali mora a não-verdade. Toda cultura após Auschwitz, inclusive a crítica urgente a ela, é lixo."[21]

"Cultura como lixo", essa expressão poderia gerar muito mais mal-entendidos do que aquela sentença sobre a impossibilidade da escrita poética. Minha tentativa de compreensão se atém à definição, a menos polêmica possível, daquilo que constitui o "lixo": não é somente o que fede e apodrece, mas antes de mais nada é o que sobra, o de que não se precisa, o que pode ser jogado fora porque não possui plena existência independente. A *inverdade da cultura*, portanto, estaria ligada à sua pretensão de "autarquia", de existência e soberania. Não que ela seja perfumaria inútil, como o afirmam tanto comunistas obtusos quanto positivistas de várias proveniências. Mas ela tão pouco constitui um reino separado, cuja ordem se deveria a uma verdade intríseca. Quando a cultura consagra a separação entre "espírito e trabalho corporal", quando se fortalece pela "oposição à existência material" — em vez de acolher dentro dela esse fundo material, bruto, animal, no duplo sentido de bicho e de vivo, esse fundo não--conceitual que lhe escapa — então, segundo Adorno, a cultura se condena à "ideologia".[22]

ra da cultura em Adorno; por exemplo, Detlev Claussen, *op. cit.*, p. 49. Rolf Wiggershaus (*Die Frankfurter Schule*, DTV, 1998, pp. 348-9) insiste, no seu excelente livro, sobre a proximidade da dialética da cultura e da barbárie em Benjamin e a "dialética do Esclarecimento" em Adorno e Horkheimer; ver também Irving Wohlfarth, *Das Unerhörte hören. Zum Gesang der Sirenen*, manuscrito, pp. 5-8.

[21] *Negative Dialektik*, *cit.*, p. 357, tradução de J. M. G. Observe-se que Adorno ressalta que a atividade crítica — mesmo que imprescindível — não escapa desse veredito severo. A expressão *"samt der dringlichen Kritik daran"* [inclusive a crítica urgente a ela] retoma o segundo termo da frase de 1949: *"und das frisst auch die Erkenntnis an, die anspricht, warum es unmöglich ward, heute Gedichte zu schreiben"* [isso corrói até mesmo o conhecimento de por que hoje se tornou impossível escrever poemas].

[22] Todas as expressões entre aspas são de Adorno na sequência imediata de

"Após Auschwitz"

Não é simples compreender essa condenação da *autarquia* da esfera cultural em Adorno se lembramos que ele, simultaneamente, sempre defendeu a possibilidade e mesmo a necessidade da arte *autônoma*, em oposição ao entretenimento da "indústria cultural". Tentemos pensar essa aparente incoerência. Proponho lançar mão de uma dimensão essencial nesse texto, a dimensão *ética*, que não pode se subordinar, segundo Adorno, nem a uma postura estética nem a uma sistemática especulativa, mas que deve se afirmar como exigência incontornável, inscrevendo uma ruptura no fluxo argumentativo. Assim como o conceito de autonomia da arte reenvia, antes de mais nada, à necessidade de *resistência* (e não a uma suposta independência da criação artística), assim também a recusa da autarquia em relação à esfera cultural remete ao corte que o *sofrimento*, em particular o sofrimento da tortura e da aniquilação física, o sofrimento provocado, portanto, pelo *mal humano*, instaura dentro do próprio pensar. Podemos nos arriscar a dizer que "Auschwitz", como emblema do intolerável, isto é, daquilo que fundamenta a "filosofia moral negativa de Adorno",[23] domina, com sua sombra de cinzas, a reflexão estética. A instância ética, que nasce da indignação diante do horror, comanda, pois, sua elaboração estética. O segundo parágrafo das "Meditações sobre metafísica", onde encontramos essa polêmica definição da cultura como lixo, começa, não por acaso, com a famosa transformação adorniana do imperativo categórico:

> "Hitler impôs um novo imperativo categórico aos homens em estado de não-liberdade: a saber, direcionar seu pensamento e seu agir de tal forma que Auschwitz não se repita, que nada de semelhante aconteça. Esse imperativo é tão resistente à sua fundamentação como outrora o ser-dado [*die Gegebenheit*] do imperativo kantiano. Querer tratá-lo de maneira discursiva é blasfemo: nele se deixa sen-

nossa citação. Essa página da *Dialética negativa* consegue mesclar com maestria o vocabulário freudiano do recalque e o marxista da crítica à ideologia para denunciar as ilusões de pureza e de independência da esfera cultural.

[23] Segundo o título de Gerhard Schweppenhäuser, *Ethik nach Auschwitz. Adornos negative Moralphilosophie* (Hamburgo, Argument, 1993). Empresto vários argumentos desse livro precioso.

74   Lembrar escrever esquecer

tir de maneira corpórea [*leibhaft*] o momento, no ético, de algo que vem por acréscimo [*des Hinzutretenden*]."[24]

Sem entrar numa análise detalhada dessa citação,[25] gostaria, porém, de fazer algumas observações. Esse novo imperativo categórico não é mais fruto de nossa livre decisão prática-moral, sendo ao mesmo tempo a condição transcendental dessa liberdade, como o era o imperativo de Kant. Ele nos foi *aufgezwungen* (imposto por coerção) por Hitler, por uma figura histórica precisa, manifestação da crueldade e da contingência históricas. Como Schweppenhäuser ressalta,[26] "Auschwitz" instaura na reflexão moral uma ruptura essencial (e, para Adorno, definitiva) com a tradição ética clássica em busca de princípios universais e trans-históricos. Agora devemos nos contentar com as sobras dessa bela tradição — que provou sua impotência em relação ao nazismo como já afirmava a *Dialética do Esclarecimento*. Devemos, antes de mais nada, construir éticas históricas e concretas orientadas pelo dever de *resistência*, a fim de que "Auschwitz não se repita, que nada de semelhante aconteça"; a ressalva é essencial: não há repetições idênticas na história, mas sim retomadas e variações que podem ser tão cruéis quanto, ainda que diferentes (ver Srebrenica etc.).

Uma segunda observação: assim como não há mais possibilidade, depois de Auschwitz, de um imperativo categórico que transcenda a história, assim também, segundo Adorno, não há possibilidade de uma fundamentação discursiva última do dever moral de resistência. Não que não se possa argumentar racionalmente a respeito. Mas o "blasfemo" consiste em querer, por assim dizer, calar os gritos dos agonizantes sob a tagarela e complacente disputa entre especialistas a respeito da fundamentação primeira. O conceito (bastante vago co-

---

[24] *Negative Dialektik, cit.*, p. 356, tradução de J. M. G. O belo artigo de Adorno, "Educação após Auschwitz" (*in Palavras e sinais. Modelos críticos 2*, Petrópolis, Vozes, 1995, tradução de Maria Helena Ruschel), desenvolve as implicações pedagógicas desse "imperativo".

[25] Para isso remeto ao livro citado de G. Schweppenhäuser e ao belo artigo de Gunzlin Schmid Noerr, "Adornos Verhältnis zur Mitleidsethik Schopenhauers", *in* G. Schweppenhäuser e M. Wischke (orgs.), *Impuls und Negativität*, Hamburgo, Argument, 1995, pp. 13-27.

[26] *Ethik nach Auschwitz, cit.*, pp. 185-6.

mo o reconhecem os comentadores citados) de *"das Hinzutretende"*[27] (o que vem por acréscimo) indica esse momento necessário de humildade (não de abdicação!) da razão raciocinante frente à realidade da dor, em particular, da dor física da tortura e da aniquilação, como o diz a sequência do texto:

"De maneira corpórea porque ele [o novo imperativo] é o horror, que se tornou prático, diante do sofrimento físico, mesmo depois que a individualidade, enquanto forma de reflexão intelectual, esteja em via de desaparecimento. A moral somente sobrevive no motivo descaradamente materialista."[28]

A insistência dada à corporeidade do sofrimento e do impulso de indignação que lhe responde é notável. Adorno retoma vários elementos da *"ética da compaixão"* (*Mitleidsethik*) de Schopenhauer, isto é, de uma ética cujo fundamento não se encontra em uma norma racional abstrata, mesmo que consensual, mas sim em um impulso pré-racional em direção ao outro sofredor.[29] Simultaneamente, porém, esses motivos são transformados materialisticamente, numa tentativa de despojá-los de qualquer elemento de condescendência ou de aceitação do dado, elemento facilmente presente na categoria da "compaixão". Assim, a ideia de "impulso moral" é reinterpretada à luz de uma "teoria materialista da experiência do sofrer",[30] onde *sofrer* remete ao corpo (*Leib*) no seu sentido mais originário de orga-

---

[27] O termo *"das Hinzutretende"* remete à expressão kantiana *"Also die blosse Form eines Gesetzes, welches die Materie einschränkt, muss zugleich ein Grund sein, diese Materie zum Willen hinzuzufügen, aber sie nicht vorauszusetzen"* (*Kritik der praktischen Vernunft*, A 61). Na tradução brasileira: "Portanto a simples forma de uma lei, que limita a matéria, tem que ser ao mesmo tempo uma razão para acrescentar esta matéria à vontade, mas não para pressupô-la", *in Crítica da Razão Prática* (tradução de Valerio Rohden, São Paulo, Martins Fontes, 2002, p. 57). Agradeço a Marcos Lutz Müller essa indicação que também elucida por que Adorno introduz esse conceito na terceira parte da *Dialética negativa*, a propósito da liberdade em Kant.

[28] *Negative Dialektik*, cit., p. 356, tradução de J. M. G.

[29] Ver Gunzlin Schmid Noerr, *op. cit.*

[30] Expressão de Schweppenhäuser, *Ethik nach Auschwitz, cit.*, p. 190.

nicidade viva, bruta, pré-individual e pré-reflexiva.[31] Se a tradição filosófica analisou inúmeras vezes a experiência da dor e do sofrimento, ela o fez geralmente no contexto de uma meditação sobre nossa finitude essencial enquanto mortais, de Platão a Heidegger, passando por Nietzsche; ou, então, de uma reflexão sobre a arbitrariedade da infelicidade, das catástrofes naturais, dos acidentes etc., como no caso do terremoto de Lisboa que levou Voltaire a recusar a teodiceia de Leibniz. O pensamento de Adorno sobre Auschwitz o leva a tematizar uma dimensão do sofrer humano pouco elaborada pela filosofia, mas enfaticamente evocada nos relatos dos assim chamados sobreviventes: essa corporeidade primeira, no limiar da passividade e da extinção da consciência, que uma vontade de aniquilação, esta sim clara, precisa, operacional, se esmera em pôr a nu para melhor exterminá-la. Forma-se aqui esse pacto sinistro entre uma racionalidade rebaixada à funcionalidade da destruição e uma corporeidade reduzida à matéria passiva, sofredora, objeto de experiências nos campos da morte como ratos ou sapos nos laboratórios da ciência.[32] E a violação desse corpo primeiro (*Leib*), passivo e tenaz, vivo e indeterminado, acarreta a violação do corpo como configuração física singular de cada sujeito individual (*Körper*).

Como nos livros de Primo Levi ou de Robert Antelme, uma afirmação radical nasce nessas páginas de Adorno: a mais nobre característica do homem, sua razão e sua linguagem, o *logos*, não pode, após Auschwitz, permanecer o mesmo, intacto em sua esplêndida autonomia. A aniquilação de corpos humanos nessa sua dimensão originária de corporeidade indefesa e indeterminada como que contamina a dimensão espiritual e intelectual, essa outra face do ser humano. Ou ainda: a violação da dignidade humana, em seu aspecto primevo de pertencente ao vivo, tem por efeito a destituição da soberba soberania da razão.

No domínio mais especificamente estético, esse abalo da razão e da linguagem tem consequências drásticas para a produção artística.

---

[31] A palavra *Leib* reenvia ao mesmo radical que *Leben* (vida), enquanto o vocábulo *Körper* remete à forma singular de cada corpo determinado.

[32] Analogia já presente na crítica à ciência contemporânea que Horkheimer e Adorno desenvolvem, de maneira muito polêmica, na *Dialética do Esclarecimento* (ver em particular p. 25).

"Após Auschwitz"   77

Criar em arte — como também em pensamento — "após Auschwitz" significa não só rememorar os mortos e lutar contra o esquecimento, tarefa por certo imprescindível mas comum a toda tradição artística desde a poesia épica. Significa também acolher, no próprio movimento da rememoração,[33] essa presença do sofrimento sem palavras nem conceitos que desarticula a vontade de coerência e de sentido de nossos empreendimentos artísticos e reflexivos. Adorno analisa essa exigência paradoxal de uma rememoração estética sem figuração nem sentido numa passagem-chave do ensaio de 1962, "Engagement". O trecho em questão é tanto mais instigante na medida em que discute uma ópera de Arnold Schönberg — compositor que Adorno admirava profundamente —, *Der Überlebende von Warschau* (O sobrevivente de Varsóvia), uma peça escrita justamente em homenagem à memória dos mortos da Shoah. Escreve Adorno:

> "A afirmação de que continuar a escrever lírica após Auschwitz seja bárbaro, essa frase não quero suavizá-la; nela se diz negativamente o impulso que anima a poesia engajada. [...] Mesmo *O sobrevivente de Varsóvia* permanece preso à aporia, à qual se entrega sem reserva, como figuração autônoma da intensificação até o inferno da heteronomia. Algo de constrangedor acompanha a composição de Schönberg. De jeito nenhum aquilo que incomoda na Alemanha porque não permite que se recalque o que se quer recalcar a todo preço. Mas, apesar de toda dureza e irreconciabilidade, que isso seja transformado em imagem, provoca uma sensação constrangedora como se se ferisse a vergonha/o pudor[34] diante das vítimas. [...] Graças ao princípio de estilização artística, e mesmo através da reza solene do coro, parece que esse destino, que o pensamento não consegue pensar, tivesse tido algum sentido."[35]

---

[33] "Rememoração" muito mais no sentido do *Eingedenken* benjaminiano do que no sentido da *Erinnerung* hegeliana, portanto!

[34] A palavra *Scham*, "vergonha", que volta inúmeras vezes nos relatos dos sobreviventes, remete a essa esfera da corporeidade primeira cuja integridade os nazistas conseguiram destruir em suas vítimas.

[35] *Noten zur Literatur III, op. cit.*, pp. 125-7, tradução de J. M. G.

Proibição do consolo, proibição da imagem, impossibilidade do sentido, desmoronamento dos princípios de formação e de estilo artísticos. Essas descrições da impossibilidade da descrição nos remetem à tradição da teologia negativa e da estética do sublime. Aliás, toda discussão de uma estética do irrepresentável, do indizível, ou do sublime, está muito presente nas pesquisas atuais sobre a literatura dos campos de concentração. Mas o sublime não designa mais o elã para o inefável que ultrapassa nossa compreensão humana. Ele aponta para cinzas, cabelos sem cabeça, dentes arrancados, sangue e excrementos. Agora, ele não mora só num *além* do homem, mas habita também um território indefinível e movediço que pertence ao humano, sim, pois homens sofreram o mal que outros homens lhe impuseram, e que, simultaneamente, delineia uma outra região, escura e ameaçadora, que gangrena o belo país da liberdade e da dignidade humanas. Um "sublime" de lama e de cuspe, um sublime por baixo, sem enlevo nem gozo.

Adorno tenta pensar juntas as duas exigências paradoxais que são dirigidas à arte depois de Auschwitz: lutar contra o esquecimento e o recalque, isto é, lutar igualmente contra a repetição e pela rememoração; mas não transformar a lembrança do horror em mais um produto cultural a ser consumido; evitar, portanto, que "o princípio de estilização artístico" torne Auschwitz representável, isto é, com sentido, assimilável, digerível, enfim, transforme Auschwitz em mercadoria que faz sucesso (como fazem sucesso, aliás, vários filmes sobre o Holocausto, para citar somente exemplos oriundos do cinema). A transformação de Auschwitz em "bem cultural" torna mais leve e mais fácil sua integração na cultura que o gerou, afirma Adorno algumas linhas abaixo.[36] Desenha-se assim uma tarefa paradoxal de transmissão *e* de reconhecimento da irrepresentabilidade daquilo que, justamente, há de ser transmitido porque não pode ser esquecido. Um paradoxo que estrutura, aliás, as mais lúcidas obras de testemunho sobre a Shoah (e também sobre o Gulag), perpassadas pela necessidade absoluta do testemunho e, simultaneamente, por sua impossibilidade linguística e narrativa.

---

[36] "*Indem noch der Völkermord in engagierter Literatur zum Kulturbesitz wird, fällt es leichter, weiter mitzuspielen in der Kultur, die den Mord gebar*", diz Adorno no mesmo texto, p. 127. Essa ressalva incita a própria filosofia à autorreflexão crítica!

"Após Auschwitz"

V

Esse paradoxo rege a obra do grande poeta que Adorno homenageia no fim da *Teoria estética*: Paul Celan. As observações sobre Celan retomam várias reflexões que se encontram nas páginas centrais desse livro, reflexões intituladas "Mímesis e racionalidade", "Mímesis do/ao mortal e reconciliação", "*Methexis*/Participação no sombrio".[37] Nessa que é sua última obra, Adorno volta à questão da *mímesis*, que já ocupava lugar de destaque na *Dialética do Esclarecimento*, como analisamos rapidamente. Seu pensamento luta por formular uma dimensão verdadeira desse conceito, por algo que escape tanto da magia, denunciada em sua crueldade na *Dialética do Esclarecimento*, quanto de seu recalque social perverso, analisado nos "Elementos do antissemitismo". Também rechaça as doutrinas da Estética clássica, quando baseadas numa concepção não-dialética da imitação da natureza. "O comportamento mimético" autêntico, escreve Adorno, visa o próprio "*telos* do conhecimento", um fim muitas vezes ofuscado pelas categorias mesmas do conhecer.[38] Ele instaura uma relação redimida entre "sujeito" e "objeto" na qual conhecer não significa mais dominar, mas muito mais atingir, tocar, e ser atingido e tocado de volta. Essas metáforas de uma tatilidade feliz, simultaneamente estética e erótica, são desenvolvidas nas últimas páginas da *Teoria estética*.[39] Implicam uma dialética da distância e da proximidade que se desvencilha da ideia de posse para dar lugar ao reconhecimento do *não-idêntico*, segundo o termo de Adorno, retomado por Wellmer.[40] A descrição da lírica celaniana retoma essa ideia de um comportamento mimético verdadeiro porque tenta se aproximar, com sobriedade e respeito, daquilo que lhe escapa e que, simultaneamente, se configura nas bordas da ausência: o sofrimento e a morte sem nome nem sentido.

---

[37] *Ästhetische Theorie*, Frankfurt/Main, Suhrkamp, 1970. Respectivamente: "Mimesis und Rationalität", pp. 86 ss.; "Mimesis ans Tödliche und Versöhnung", pp. 201 ss.; "Methexis am Finsteren", pp. 203 ss.

[38] *Ästhetische Theorie*, cit., p. 87.

[39] *Idem*, pp. 489-90.

[40] Albrecht Wellmer, "Adorno, Anwalt des Nicht-Identischen", *in Zur Dialektik von Moderne und Postmoderne*, Frankfurt/Main, Suhrkamp, 1985.

"Esta lírica", assim escreve Adorno, "está atravessada pela vergonha[41] da arte em relação ao sofrimento que se subtrai tanto à experiência quanto à sublimação. Os poemas de Celan querem dizer o assombro extremo pelo silenciar. Seu teor de verdade mesmo se torna um negativo. Eles se assemelham a uma língua debaixo das línguas desamparadas dos homens, sim, de todas as línguas orgânicas, à língua do morto de pedra e de estrela. [...] A língua dos sem-vida se transforma no último consolo diante da morte que perdeu qualquer sentido."[42]

Os poemas de Celan se assemelham a uma língua inorgânica e morta, uma língua sem vida, "de pedra e de estrela" (duas imagens do reino inanimado que, em Celan, aludem aos judeus mortos). Ressurge aqui essa figura tão discutida na *Dialética do Esclarecimento* de uma *mímesis da morte*, de uma assimilação ao morto. Mas não se trata mais de preservar a própria vida como acontecia na paralisia pelo medo, no ritual mágico, ou, então, na rigidez do sujeito racional que garante sua dominação pela renúncia à vivacidade da vida. A *mímesis* não serve mais aos fins de autopreservação do sujeito, mas indica seu movimento de entrega[43] à morte do outro, uma morte que lhe escapa e de que deve, porém, dar testemunho. Não há mais aqui nem representação nem identificação, mas somente uma aproximação atenta daquilo que foge tanto das justificações da razão quanto das figurações da arte, mas que deve, porém, por elas ser lembrado e transmitido: a morte sem sentido algum, morte anônima e inumerável que homens impuseram a outros homens — e ainda impõem.

---

[41] "*Scham*", ver nota 34.

[42] *Ästhetische Theorie, cit.*, p. 477, tradução de J. M. G.

[43] O par conceitual autopreservação *versus* entrega (*Selbsterhaltung Hingabe*) está presente em cada filigrana do texto da *Dialética do Esclarecimento*.

6.
SOBRE AS RELAÇÕES ENTRE ÉTICA E ESTÉTICA
NO PENSAMENTO DE ADORNO

Ao Ernani, distante e próximo

I

No ensaio anterior tentei trabalhar a partir da polêmica afirmação de Adorno: *"escrever um poema após Auschwitz é um ato bárbaro"*. As reflexões de Adorno sobre "Auschwitz", isto é, sobre a ruptura que esse acontecimento instaura em nossa linguagem, em nosso pensamento e em nossa ação, levaram-nos a um emaranhado de questões éticas e estéticas, em cujo centro situamos o conceito-chave de *mímesis*. Esse conceito tem, pois, uma função essencial tanto para uma teoria da identificação e da projeção, base da análise adorniana do antissemitismo, quanto para uma elaboração da experiência estética, na *Ästhetische Theorie* em particular, como experiência da proximidade *e* da distância.

Gostaria de retomar aqui algo que foi então apenas esboçado. A hipótese de que a reflexão posterior de Adorno, tanto ética quanto estética, consiste numa longa discussão, numa longa confrontação, numa longa briga com esses dois conceitos oriundos da tradição filosófica clássica, para tentar livrá-los dos seus componentes de dominação e de destruição, componentes evidenciados pela experiência da Segunda Guerra. Mais precisamente, pela experiência que a razão iluminista emancipada possa ser reduzida com sucesso à mera racionalidade instrumental da lógica da aniquilação; e que a reflexão filosófica contemporânea desse desastre não tenha sabido encontrar forças efetivas de resistência contra a promessa de emancipação que o esclarecimento continha — e ainda contém. Segundo minha proposta de leitura, portanto, toda filosofia posterior de Adorno tentaria, fundamentalmente, responder a uma única questão: como pode o pensamento filosófico ajudar a evitar que Auschwitz se repita? Ou ainda: como pode filosofia ser uma força de resistência contra os empreendimentos totalitários, velados ou não, que também são partes integrantes da razão ocidental?

Sobre as relações entre ética e estética   83

Podemos, então, reter esses três conceitos-chave do pensamento de Adorno nos domínios da ética e, também, da estética: *mímesis, autonomia, resistência.*

II

Gostaria de propor, num primeiro momento, uma breve releitura dos dois parágrafos centrais dos "Elementos do antissemitismo/ Limites do Esclarecimento", no fim da *Dialética do Esclarecimento*, os parágrafos V e VI.[1] O parágrafo V é, como vocês sabem, uma análise dos mecanismos de recalque e de projeção que caracterizam a gênese da mentalidade fascista e antissemita. Relembro rapidamente a magistral argumentação de Adorno e Horkheimer. Quando quer se desculpar, o antissemita descreve sua intolerância militante como tendo sua fonte numa reação idiossincrática espontânea e irresistível, comparável a uma alergia que acometeria a pele na proximidade dos gatos ou do enxofre. Essa naturalização de um processo socio-histórico de rejeição e de aniquilamento tem lá, dizem os autores, a sua verdade escondida. Ela nos lembra que a civilização humana também se edifica graças à repressão de tendências naturais e animalescas no homem. Ora, um dos elementos essenciais que devem ser reprimidos, mesmo esquecidos e recalcados, é o medo primevo[2] perante o mundo ameaçador, medo que se traduz por reações corporais involuntárias tais como o calafrio, o suor, e por respostas miméticas originárias de transformação física para escapar do perigo. Essas transformações miméticas afetam a identidade do sujeito (que já se sentia ameaçado na sua integridade), pois o tornam semelhante ao meio ambiente ou ao inimigo, isto é, apagam a delimitação clara entre o sujeito e o resto do mundo, até fazê-lo desaparecer na paisagem como nesses livros de brincadeiras para crianças onde se procura a figura do herói em meio a uma multitude de figuras e personagens. Na assimilação mimética coexis-

---

[1] Releitura na qual os trabalhos de Douglas Garcia Alves Júnior muito me ajudaram.

[2] Lembremos da famosa frase de abertura da *Dialética do Esclarecimento* na tradução de Guido de Almeida: "o esclarecimento tem perseguido sempre o objetivo de livrar os homens do medo e de investi-los na posição de senhores".

tem, portanto, de modo inseparável, o risco do desaparecimento (o sujeito se *confunde* com outro) e o júbilo, o êxtase da transgressão dos limites da individualidade (o sujeito se *une* com outro). É precisamente essa estreita relação entre perda (da identidade) e gozo (da união) que torna, segundo Adorno e Horkheimer, a experiência mimética tão perigosa, tão ameaçadora para a reta edificação de uma sociedade regrada e de uma civilização luminosa.

Numa sociedade de classes organizada pelo lucro, os indivíduos não podem se permitir nenhuma vacilação identificatória; têm por obrigação seguir as leis da produção capitalista, a lei do trabalho em vista da mais-valia (e não da realização pessoal ou coletiva), a lei da sexualidade familiar e higiênica com papéis sexuais bem determinados. Essa identidade rígida e civil se constitui, segundo Adorno e Horkheimer, por meio de um duplo processo: repressão e recalque da mímesis originária, de um lado; identificação ao modelo do chefe duro e invencível, de outro. Essa identificação/projeção significa, portanto, o retorno cruel e eficaz do recalcado: a mímesis primeira, prazerosa e perigosa, dispersiva, lúdica e barrenta, volta na figura paradigmática do *líder/Führer* único (*le nom de l'Un*, o nome do Um, diria La Boétie), intransigente, limpo e puro (*rein*). Para se tornar realmente eficaz, essa projeção não precisa só de herói(s), mas sobretudo de inimigos: os não-autênticos, os bastardos, os malcheirosos, aqueles que são próximos dos bichos (e das bichas), os piolhos; e todos aqueles que não trabalham direitinho: os nômades, os preguiçosos, os vagabundos. Assim, cada sociedade constrói e escolhe seus negros, seus judeus, seus travestis, segundo suas angústias e necessidades.

III

A análise de Adorno e Horkheimer é muito instigante. Às explicações que tentam elucidar como ou por que os judeus "provocaram" o antissemitismo, ela substitui uma questão radical, isto é, situada na *raiz* do funcionamento psíquico e social humano: por que tal sociedade, este grupo determinado de indivíduos históricos, precisa edificar esses arcabouços de exclusão e ódio? A resposta segue moldes freudianos claramente indicados na primeira nota do mesmo parágrafo V: "*Was als Fremdes abstöbt, ist nur allzu vertraut*" — "o que repele por sua estranheza é, na verdade, demasiado familiar", traduz Guido de

Sobre as relações entre ética e estética

Almeida (em *Dialética do Esclarecimento*, p. 170), de maneira um pouco literária demais. Proporia: "O que repugna no estranho é íntimo demais", para assinalar a brutalidade da breve frase alemã. A nota de Adorno e Horkheimer, claro, cita o texto de Freud, *"Das Unheimliche"* (O estranho, O estrangeiro, O sinistro, O inquietante) termo que provém de *Heimliche*, do familiar, do íntimo, daquilo que tem a ver com o lar (*Heim*) e com o país natal (*Heimat*); enfim, com o corpo da mãe, nosso lugar/não-lugar originário e irrepresentável. Cito Freud, conforme Luís Hanns:[3]

> "Em segundo lugar, se é essa, na verdade, a natureza secreta do estranho (*Unheimliches*), pode-se compreender por que o uso linguístico estendeu 'o familiar' (*das Heimliche*) para seu oposto, 'o estranho' (*das Unheimliche*), pois esse estranho (*Fremdes*) não é nada novo ou alheio, porém algo que é familiar (*Heimlich*) e há muito estabelecido na mente, e que somente se aliena (*entfremdet*) desta através do processo de repressão."

A partir dessa citação, gostaria de ressaltar dois motivos que me parecem ligados à reflexão de Freud e que serão determinantes para a compreensão de Adorno e Horkheimer do fenômeno do antissemitismo. São os motivos do sofrimento/sofrer (*leiden*) e do corpo (*Leib*). Notemos que ambos desempenharão, mais tarde, papel essencial na reflexão ética *e* estética de Adorno.

O tema do *sofrer* não é introduzido, como poderia se esperar, pelo lado das vítimas. Aliás, esse texto "Elementos do antissemitismo" inaugura a grande tradição de não-vitimização dos mortos da Shoah (mas sim de sua exigente rememoração). Provocativamente, este tema abre o parágrafo V pela voz do herói alemão Siegfried (isto é, por metonímia, pela boca dos algozes): *"Ich kann Dich ja nicht leiden — Vergiss das nicht so leicht."* Traduzido literalmente: "Não posso mesmo te sofrer — não esqueça isso tão facilmente". Há aqui uma exploração da ambiguidade do verbo *leiden*: sofrer, suportar (como traduz Guido de Almeida). A frase remete à desculpa dos antissemitas: eles não suportam o outro (no caso, o judeu) por idiossincrasia, por uma

---

[3] *Dicionário comentado do alemão de Freud*, Rio de Janeiro, Imago, 1996.

espécie de alergia tão espontânea como particular que justificaria, por seu caráter natural incontrolável, a aversão. Ora, tal desculpa remete a algo muito mais profundo e inquietante, algo *Unheimlich*, algo que Adorno e Horkheimer chamam de "nossa proto-história biológica":

"'Não se esqueça de que não suporto você', diz Siegfried a Mime, que solicita seu amor. A velha resposta de todos os antissemitas é o apelo à idiossincrasia [...]. Os motivos a que responde a idiossincrasia remetem às origens. Eles reproduzem momentos da proto-história biológica: sinais de perigo cujo ruído fazia os cabelos se eriçarem e o coração cessar de bater."[4]

A reação idiossincrática remete, então, à nossa origem orgânica, a essa corporeidade primeira, ainda não determinada e não individuada, essa "nossa pobre vida" primeira e corporal (*leibhaft*) no sentido do corpo orgânico (*Leib*) não estruturado pela linguagem e pela individuação, antes de qualquer sujeito que possa dizer "eu". Corporeidade quase vegetativa, passiva — *leidend* — no limiar da vida, no recém-nascido, nessa primeira in-fância (de *infans*, literalmente, sem fala), sem palavras; mas também no limiar da morte, no agonizante, quando individuação e fala novamente se perdem.

Não sofrer, não suportar o outro, significaria assim, mais profundamente, não suportar a lembrança desse *leiden* primeiro, dessa passividade e dessa indiscriminação originárias que nosso corpo estruturado e individualizado (*Körper*, não *Leib*) ainda vagamente recorda quando é surpreendido, invadido, por reações involuntárias, expressões miméticas dessa corporeidade indiferenciada e viva (*Leibhaftigkeit*) que também nos constitui, mas que não controlamos, que nos é simultaneamente íntima e estranha, *unheimlich*. Todos esses conceitos — *mímesis*, *unheimlich*, *Leib* e *leiden* — se juntam neste parágrafo V para descrever a raiz do comportamento fascista e antissemita, do comportamento de exclusão e de aniquilação do outro a partir dessa componente antropológica originária de nossa corporeidade. Nós a reencontramos, essa passividade e essa corporeidade, na hora de morrer, enquanto tentamos nos esquecer dela, ou melhor,

---

[4] *Dialética do Esclarecimento, cit.*, p. 168.

Sobre as relações entre ética e estética

recalcá-la por completo, na nossa vida de indivíduo adulto, ativo e trabalhador, consciente e sujeito de si. Para garantir o êxito do recalque e bom funcionamento da exclusão, faz-se necessário a violência. Cito:

"Os proscritos despertam o desejo de proscrever. No sinal que a violência deixou neles inflama-se, sem cessar, a violência. Deve-se exterminar aquilo que se contenta em vegetar. As reações de fuga caoticamente regulares dos animais inferiores, a formigação das multidões de insetos, os gestos convulsivos dos martirizados exibem aquilo que, em nossa pobre vida, apesar de tudo, não se pode dominar inteiramente: o impulso mimético. É na agonia da criatura, no polo extremo oposto à liberdade, que aflora irresistivelmente a liberdade enquanto determinação contrariada da matéria. É contra isso que se dirige a idiossincrasia que serve de pretexto ao antissemita."[5]

Esse impulso mimético é, aqui, destituído de qualquer aura estética. Ele remete aos gestos desordenados do torturado e aos espasmos dos agonizantes. Mímesis e passividade estão assim estreitamente ligadas tanto no início quanto no fim de nossa vida orgânica, tanto nas tentativas de assimilação desesperada ao meio ambiente quanto na fuga caótica para sobreviver. Contra essa indiferenciação cega da tenacidade orgânica se constrói, aliás, a duras penas, o sujeito determinado e consciente da *Aufklärung*. Sua figura mais extremada e perversa será o protótipo do paranoico, outra herança freudiana neste texto. A reflexão do parágrafo VI lhe é consagrada. Passo, então, a ele.

IV

Não encontramos aqui uma denúncia fácil do caráter "monstruoso" dos antissemitas pelo viés de um diagnóstico psiquiátrico, como se todos os nazistas fossem paranoicos que se ignoram como tais. A paranoia é aqui analisada de maneira notável como o perigo que ronda, desde sempre, a mais nobre faculdade humana: "A para-

[5] *Idem*, p. 171.

noia é a sombra do conhecimento"[6] porque ela acompanha, como possibilidade remota ou próxima, a luz que o sujeito racional lança sobre o mundo.

Este, o sujeito racional, se libera da magia e do medo quando percebe que a organização da realidade também depende de sua atividade, tanto prática como teórica. Pode, porém, incorrer no risco oposto: o objeto — o mundo que está diante dele — se vê desprovido de qualquer independência, já que é ele, o sujeito, que constitui o objeto em objeto. As descrições do caráter paranoico — caráter que culmina na "loucura" nazista — seguem neste parágrafo os caminhos trilhados nos capítulos iniciais da *Dialética do Esclarecimento*. Contra a crença mágica em ações dos deuses ou da natureza tramadas contra ou em favor dos pobres humanos, o Iluminismo promove a soberania do sujeito autônomo que conhece e age graças à espontaneidade da razão e à legislação do entendimento. Mas o fim dos deuses se reverte na adoração de um novo ídolo, o sujeito soberano, mestre de si mesmo, dono da natureza e senhor dos seus semelhantes. É a crítica a essa hipostasiação do sujeito iluminista que leva Adorno, em sua reflexão filosófica posterior, a defender a "primazia do objeto": não para voltar a um realismo pré-kantiano, mas sim para operar a crítica, isto é, traçar os limites desse sujeito absoluto. Ora, a expressão patológica dessa hipostasiação, dessa auto-idolatria do sujeito, é, justamente, a paranoia. Cito:

"O paranoico no antissemitismo não é o comportamento projetivo enquanto tal, mas a ausência de reflexão que o caracteriza. Não conseguindo mais devolver ao objeto o que dele recebeu, o sujeito não se torna mais rico, porém, mais pobre. Ele perde a reflexão nas duas direções: como não reflete mais o objeto, ele não reflete mais sobre si e perde assim a capacidade de diferenciar."[7]
"Na medida em que o paranoico só percebe o mundo exterior da maneira como ele corresponde a seus fins cegos, ele só consegue repetir seu eu alienado numa mania abstrata. O puro esquema do poder enquanto tal, que do-

---

[6] *Idem*, p. 182.
[7] *Idem*, p. 176.

Sobre as relações entre ética e estética

mina totalmente tanto os outros quanto o próprio eu rompido consigo mesmo, agarra o que se lhe oferece e insere-o em seu tecido mítico, com total indiferença por suas peculiaridades. O ciclo fechado do que é eternamente idêntico torna-se o sucedâneo da onipotência."[8]

Adorno e Horkheimer observam com agudez que o paranoico é altamente sedutor: sua interpretação do mundo é completa, exaustiva e fantasticamente coerente, ela oferece, portanto, uma segurança e uma firmeza altamente atraentes em tempos de desorientação moderna ou pós-moderna. O paranoico é o grande arquiteto dos sistemas perfeitos, sem contradições nem falhas, já que nada resiste à sua voracidade semântica. Cito novamente:

> "É como se a promessa, feita pela serpente aos primeiros homens, de se tornarem iguais a Deus houvesse sido resgatada com o paranoico, que cria o mundo todo segundo sua imagem. Ele não parece precisar de ninguém e, no entanto, exige que todos se ponham a seu serviço. Sua vontade penetra o todo, nada pode deixar de ter uma relação com ele. Seus sistemas não têm lacunas. [...] Como louco consumado ou como ser absolutamente racional, ele aniquila a vítima predestinada, seja mediante um ato de terror individual, seja mediante uma estratégia de extermínio cuidadosamente planejada. É assim que tem êxito. Assim como as mulheres têm adoração pela paranoide impassível, assim também os povos caem de joelhos frente ao fascismo totalitário."[9]

O brilho da loucura e da racionalidade extrema, unidas no sonho comum de uma totalidade absoluta e sem rasgos, esse brilho ilumina o rosto do paranoico. Como escapar à sedução dessa totalidade; e mais, como resistir à sua atração mortífera? Essa questão determina, segundo Adorno, a tarefa simultaneamente política e ética do pensamento: lutar contra os sonhos (que se transformam rapidamen-

---

[8] *Idem*, p. 177.

[9] *Idem*, pp. 177-8.

te em pesadelos) de uma apropriação sem restos do mundo pelo sujeito onipotente.

V

A importância decisiva da reflexão estética na filosofia de Adorno me parece se situar aí, nesta renovação do pensamento por aquilo que não foi ainda pensado nem previsto, por aquilo que ameaça o pensamento, mas também o estimula; enfim, por algo que não lhe pertence, que lhe é estrangeiro, mas de que pode se aproximar para inventar novas configurações de sentido. Acabei, com essa descrição, de aludir novamente ao estranho, ao inquietante, ao *Unheimliche*. É, pois, a grandeza da experiência estética e da arte o fato de que ambas vivem do confronto com este estrangeiro/familiar que nos constitui e nos assusta. Enquanto o paranoico (que pode se esconder em cada sujeito autônomo do conhecimento) não deixa nada lhe escapar e, no seu delírio, edifica sistemas onde tudo tem seu devido lugar, é a mudança de lugar(es) habitual(is), o *deslocamento*, que marca a experiência estética. À "paixão taxonômica"[10] do fascismo e do xenófobo a arte opõe, pois, o reconhecimento feliz *ou* angustiado, feliz *e* angustiado, da independência do mundo — cosmos ou caos — e da multiplicidade sensível na sua exuberância.

Se o conceito de *mímesis* desempenha um papel essencial e positivo na *Teoria estética* de Adorno é porque ele resguarda, justamente, traços de um conhecimento sem dominação nem violência. Isso não significa, porém, que a dimensão mimética possa ser assimilada a um consenso suave no qual sujeito e objeto encontrar-se-iam novamente numa fusão pretensamente originária. Retomo aqui muitas das observações provocativas de Konrad Paul Liessmann, cujo livro traz o título significativo de *Ohne Mitleid. Zum Begriff der Distanz als ästhetische Kategorie mit ständiger Rücksicht auf Theodor W. Adorno*[11] (Sem compaixão. Do conceito de distância como categoria estética

---

[10] Segundo a expressão feliz de Marcelo Viñar, "O reconhecimento do próximo. Notas para pensar o ódio ao estrangeiro", *in* Caterina Koltai (org.), *O estrangeiro*, São Paulo, Escuta/Fapesp, p. 182.

[11] Ulm, Passagen, 1991.

Sobre as relações entre ética e estética

com referência constante a Theodor W. Adorno). As teses principais deste grosso volume encontram-se resumidas num artigo recente do autor, "*Zum Begriff der Distanz in der 'Ästhetischer Theorie'*"[12] (Do conceito de distância na *Teoria estética*), artigo que tomo por base nesta exposição. Liessmann polemiza com a interpretação que transforma a *mímesis* adorniana, em particular a concepção manifesta na *Teoria estética*, no "modelo de um conhecimento sem conceitos" que conseguiria, em oposição à distância sempre mantida pelo conhecimento racional, abolir a separação entre sujeito e objeto. A tese, muito forte, de Liessmann é a seguinte: a arte não abole a distância, mas, ao contrário, até a aumenta — porque a imagem artística vive de seu afastamento em relação à realidade concreta, comum e trivial, que ela transfigura mesmo que a "imite". Esse afastamento já era enfatizado por Platão para condenar os artistas como falsários que copiavam o paradigma ideal; esta distância pertence essencialmente à arte que também é, sempre, *artifício*. Segundo Liessmann, ela culmina na relação muito específica que une atividade artística e morte; a arte não consistiria, pois, numa reprodução calorosa do vivo, mas muito mais num constrangimento da multiplicidade infinita do vivo nas formas finitas e fixas das obras.

Sem entrar nos detalhes da argumentação de Liessmann, apenas quero ressaltar o que suas teses têm de instigante em relação à *Teoria estética* de Adorno. Elas permitem evitar uma leitura bem-intencionada, mas que corre o risco da pieguice ao transformar Adorno num gentil apóstolo da proximidade e da suavidade contra os mandos da racionalidade. Um Adorno *soft*, por assim dizer. Ora, segundo Adorno, lido por Liessmann, dois perigos maiores ameaçam o pensamento: a sedução da dominação e do controle (a paranoia), mas também a sedução oposta, a sedução da abolição da distância, a complacência, a tentação da indistinção fusional. Reconhecemos aqui os perigos que espreitam Ulisses na sua viagem formadora: os simpáticos lotófagos, estes *hippies* da *Odisseia*, cujas doces refeições floridas trazem o esquecimento e a dissolução da identidade subjetiva; e o canibalismo do Ciclope que devora crus os estrangeiros que atracaram na sua ilha, porque desconhece as leis da hospitalidade, isto é, o esforço de conviver com o estrangeiro em vez de eliminá-lo e devorá-lo. Reco-

---

[12] G. Schweppenhäuser e Mikro Wischke (orgs.), *Impuls und Negativität. Ethik und Ästhetik bei Adorno*, Viena, Argument, 1995.

nhecemos também — e aqui a leitura de Liessmann é muito convincente — o *leitmotiv* constante da crítica adorniana à "indústria cultural": esta não apenas manipula os indivíduos; ela consegue esta manipulação porque os impede sistematicamente de criarem uma distância, um espaço imprescindível, por mínimo que seja, à eclosão de um olhar crítico. A vida banal e alienada é reafirmada pelo espetáculo midiático da sua repetição glamourosa, o *status quo* confirmado no falso brilho da projeção. Liessmann cita esta passagem exemplar da *Teoria estética*:

"A experiência pré-artística necessita de projeção, mas a experiência estética — justamente por causa do primado apriórico da subjetividade nela — é movimento contrário [*Gegenbewegung*] ao sujeito. Ela exige algo como a autonegação do espectador, a sua capacidade de abordar ou de perceber o que os objetos estéticos dizem ou calam por si mesmos. A experiência estética estabelece primeiro uma distância entre o espectador e o objecto. É o que se quer dizer quando se pensa na contemplação desinteressada. Beócios são aqueles cuja relação com as obras é dominada pela sua possibilidade de se porem mais ou menos no lugar das personagens que aí ocorrem; todos os ramos da indústria cultural se baseiam neste facto e reforçam esta ideia na sua clientela. Quanto mais a experiência estética possuir objectos, tanto mais próxima lhes está, em certo sentido, e tanto mais também deles se afasta; o entusiasmo pela arte é estranho à arte. É aí que a experiência estética, como Schopenhauer sabia, desfaz o sortilégio da estúpida autoconservação [*sturer Selbsterhaltung*], modelo de um estado de consciência em que o eu deixaria de ter a sua felicidade nos seus interesses, por fim, na sua reprodução."[13]

Esta longa citação de Adorno não tem relevância somente para a estética, mas se articula a uma ética da distância e do reconhecimento da alteridade, no contexto de uma crítica maior à empatia e à

---

[13] Theodor W. Adorno, *Ästhetische Theorie, Frühe Einleitung*, Gesammelte Schriften, vol. VII, Frankfurt/Main: Suhrkamp, 1970, pp. 514-5. Tradução portuguesa de Artur Moura, *Teoria estética*, São Paulo, Martins Fontes, 1982, p. 382.

projeção narcísica. Diz Liessmann a este respeito: "Poder-se-ia concluir que somente a intrusão do estranho/estrangeiro, que não deixa lugar à identificação, é salutar. Não a frase: somos todos um, mas sim: somos todos estrangeiros uns aos outros — esta seria uma frase de humanidade."[14] Só haveria, assim, proximidade verdadeira, quando há reconhecimento da estranheza e da alteridade em sua radicalidade não camuflada. Talvez um eco da *Fernenliebe* (o amor pelo distante) nietzschiana contra os consolos pseudorreligiosos e ideológicos que vedam os rasgos e escondem os conflitos. A experiência estética, experiência da distância do real em relação a nós, experiência também da distância entre o real tal como é e qual poderia ser, essa experiência pode configurar um caminho privilegiado para o aprendizado ético por excelência, que consiste em não recalcar o estranho e o estrangeiro, mas sim em ser capaz de acolhê-lo na sua estranheza.

Neste contexto, tentemos precisar melhor as relações entre a ética negativa (após Auschwitz) de Adorno e a ética da compaixão (*Mitleidsethik*) de Schopenhauer. Lembro que o livro de Liessmann se chama, precisamente, "*Ohne Mitleid*" (Sem compaixão). É claro que Adorno se inscreve numa tradição filosófica, à qual Schopenhauer também pertence, que não situa a raiz do ético na construção de um consenso racional, mas sim num *impulso* quase físico-mimético, neste sentido pré-verbal e pré-lógico, um impulso em direção àquele que sofre. Reaparecem aqui, com toda força, os temas do corpo (*Leib*) na sua passividade primeira e do sofrer (*leiden*) na dupla acepção da palavra. Simultaneamente, porém, Adorno não endossa a ética da compaixão schopenhaueriana porque nela suspeita não só *compaixão* pelo sofrimento alheio, mas também aceitação desse sofrimento, uma certa complacência para com este "existente" (*das Bestehende*) que pede por consenso e reconforto. Ora, aqui não cabem nem consenso nem reconforto, mas sim crítica e denúncia. Se o sofrimento ocupa um lugar essencial na reflexão de Adorno, sua ética não será uma ética da compaixão, mas muito mais, nas pegadas do melhor anticristianismo nietzschiano (e da dialética marxista), uma ética da resistência.

Tal ética não é, por natureza, nem popular nem fácil de ser traduzida em ação prática. Aqui também o pensamento de Adorno con-

---

[14] Liessmann, "Heilsam, so könnte gefolgert werden, ist der Einbruch des Fremden, das Identifikation gar nicht zulässt. Human wäre nicht der Satz: wir sind alle eins, sondern: wir sind einander Fremde", *cit.*, p. 109. Tradução de J. M. G.

tinua "elitista", pois é muito mais complicado resistir ao mal e à burrice do que ter piedade dos infelizes e querer "ajudá-los". Também é menos gratificante, já que não pode contar com a gratidão de ninguém. Não busquemos, pois, receitas de ajuda ou de autoajuda nas páginas difíceis deste autor, pois não as encontraremos.

VI

Se não encontramos conselhos práticos nestes textos exigentes, gostaria de evocar, porém, a título de indicação, algumas observações sobre aquilo que proporia chamar, *faute de mieux*, de ética do pensamento em Adorno. Penso, em particular, em dois textos: "Observações sobre o pensamento filosófico" (*Anmerkungen zum philosophischen Denken*), de 1965, e "Educação após Auschwitz" (*Erziehung nach Auschwitz*),[15] de 1967. Dois textos do último Adorno, portanto. Ambos insistem na virtude (*Tugend*) do pensar. Em "Educação após Auschwitz", essas virtudes são esboçadas de modo mais concreto. Trata-se ali da construção de um sujeito autônomo, inscrito na reta linha da emancipação iluminista; só que essa autonomia não se confunde com o ideal de uma soberania absoluta, com um delírio de onipotência. Ela se enraíza, pelo contrário, no reconhecimento daquilo que parece a contradizer: o medo, a angústia que habita o sujeito. Cito: "Em outras palavras, a educação deveria levar a sério uma ideia que de nenhum modo é estranha à filosofia: a angústia não deve ser reprimida".[16] Saber conviver com a angústia e o estranho dentro de si mesmo, portanto. O sujeito que não precisa mais recalcar a angústia pode se tornar *verdadeiramente autônomo*, num sentido preciso: ele tampouco precisa de projeções e identificações tranquilizantes. Não precisa mais nem de heróis nem de chefes. Porque sabe de sua fragilidade primeira, tem força suficiente para resistir aos apelos totalitários das ilusões identificatórias e securitárias. Ele "não se deixa levar", ele "não vai junto" (*Nicht mitmachen*), ele não se torna cúmplice.

No texto mais especulativo, *Observações sobre o pensamento filosófico*, Adorno reúne, de maneira ousada, duas virtudes do pen-

---

[15] *In Stichworte*, Frankfurt/Main, Suhrkamp, 1969. Tradução brasileira de Maria Helena Ruschel, *Palavras e sinais*, Petrópolis, Vozes, 1995.

[16] *Palavras e sinais, cit.*, p. 114.

sar aparentemente opostas: a paciência (*Geduld*) e a resistência (*Widerstand*). Contra a voracidade e o ativismo embrutecedores, o pensamento filosófico acolhe o objeto antes de querer subjugá-lo. Neste sentido, o pensamento é preciosamente passivo e mimético, paciente, porque espera sem impor. Lembremos que o termo alemão *Geduld* (paciência) remete a *Dulden* (sofrer, suportar). Tal paciência é a fonte secreta da resistência do pensamento à violência do existente (*das Bestehende*); só dela, dessa paciência e dessa espera (dessa não-pressa) nascem a coragem e a aceitação do risco. "Pensar filosoficamente é como que pensar por intermitências, ser perturbado [*gestört werden*: se deixar perturbar] por aquilo que o pensamento [*der Gedanke*] não é [...]. A força do pensar [...] é a força da resistência contra o previamente pensado."[17]

Somente um pensar que saiba de sua passividade primeira, que tenha a virtude da paciência, um pensar que reconheça essa dimensão de sofrimento e de corporeidade até no próprio pensamento, somente este pensar paciente poderá também, sem falso orgulho, sem *hybris*, como diz Adorno no mesmo ensaio, resistir ao existente e correr os riscos do desconhecido.

---

[17] Ver *Dialética do Esclarecimento, cit.*, p. 186: "A reconciliação é o conceito supremo do judaísmo, e todo o seu sentido consiste na espera (*Erwartung*): é da incapacidade de esperar que surge a forma de reação paranoica".

7.
O QUE SIGNIFICA ELABORAR O PASSADO?

Existe hoje grande preocupação com a questão da memória: assistimos a um *boom* de estudos sobre memória, desmemória, resgate, tradições. Nos cursos de História estuda-se uma história dos lugares de memória — *Les lieux de mémoire*[1] —, dos usos da memória, da relação entre memória e história. Em literatura comparada não se contam mais os colóquios organizados sobre as relações entre escrita e memória, autobiografia e memória, trauma e memória. Belos livros, cheios de erudição, são publicados sob a égide de Mnemosyne.[2] Na história, na educação, na filosofia, na psicologia o cuidado com a memória fez dela não só um objeto de estudo, mas também uma tarefa ética: nosso dever consistiria em preservar a memória, em salvar o desaparecido, o passado, em resgatar, como se diz, tradições, vidas, falas e imagens.

Por suas reflexões filosóficas e políticas, Walter Benjamin e Theodor W. Adorno contribuíram sobremaneira para tais empreendimentos. Cabe notar, entretanto, que a preocupação com a memória, mesmo que seja tão antiga como a poesia homérica, assume hoje traços muito específicos. É justamente porque não estamos mais inseridos em uma tradição de memória viva, oral, comunitária e coletiva, como dizia Maurice Halbwachs,[3] e temos o sentimento tão forte da caducidade das existências e das obras humanas, que precisamos inventar estratégias de conservação e mecanismos de lembrança. Criamos, assim, centros de memória, organizamos colóquios, livros, números especiais, recolhemos documentos, fotografias, restos e, simultaneamente, jogamos fora quilos e quilos de papel, não lembramos de mui-

---

[1] Título da coletânea organizada por Pierre Nora (Paris, Gallimard, 1984).

[2] Um trabalho recente e dos mais belos: Aleida Assmann, *Erinnerungsräume. Formen und Wandlungen des kulturellen Gedächtnisses* (Munique, Beck, 1999).

[3] Ver Maurice Halbwachs, *La mémoire collective*, Paris, PUF, 1950.

tos nomes e perdemos a conta de outros tantos acontecimentos ditos importantes.

No fim do século XIX, Nietzsche já descrevia essas transformações culturais dos usos e do valor da memória; denunciava, em particular, a acumulação obsessiva e a erudição vazia do historicismo cujo efeito maior não consistia numa conservação do passado, mas numa paralisia do presente.[4] Recentemente, o linguista e ensaísta Tzvetan Todorov também escreveu um pequeno panfleto, intitulado *Os abusos da memória*,[5] no qual denuncia, nas pegadas de Nietzsche, a complacência em demorar-se na celebração, na comemoração do passado em detrimento do presente — da ação e da intervenção no presente. Estas exigem uma certa forma de esquecimento, um virar a página, uma não-permanência no ressentimento e na queixa. "Sacralizar a memória", diz Todorov, "é uma outra maneira de torná-la estéril."[6]

Ora, esse pequeno panfleto de Todorov foi, originalmente, uma conferência pronunciada em Bruxelas, em 1992, num colóquio a respeito da Shoah, intitulado "História e memória dos crimes e genocídios nazistas". Não sei quais foram as reações do público. Só sei que até hoje o nome de "Auschwitz", símbolo da Shoah, continua sendo o emblema daquilo que *não pode, não deve ser esquecido*: daquilo que nos impõe um "dever de memória". No seu belo livro, traduzido para o português, *Lete. Arte e crítica do esquecimento*,[7] Harald Weinrich descreve, de maneira positiva, várias figuras do esquecimento, em particular na tradição filosófica e poética. O nono capítulo do livro traz, de maneira exemplar, o seguinte título: "Auschwitz e nenhum esquecimento".

Nos dias de hoje, quando os raros sobreviventes dos campos de concentração nazistas morrem, um depois do outro, de morte dita

---

[4] Friedrich Nietzsche, *Zweite unzeitgemässe Betrachtung. Vom Nutzen und Nachteil der Historie für das Leben*, edição crítica Colli-Montinari, Berlim, DTV, 1988, vol. I, pp. 243 ss. Edição brasileira: *Segunda consideração intempestiva*, tradução de Marco Antônio Casanova, Rio de Janeiro, Relume-Dumará, 2003.

[5] *Les abus de la mémoire*, Arlea, 1995.

[6] *Idem*, p. 33.

[7] *Lethe. Kunst und Kritik des Vergessens*, Munique, Beck, 1997. Edição brasileira: *Lete. Arte e crítica do esquecimento*, Rio de Janeiro, Civilização Brasileira, 2001.

natural, a injunção à lembrança assume uma conotação bastante diferente do trabalho de memória tal como se desenvolveu no fim da Segunda Guerra Mundial. Os sobreviventes, aqueles que ficaram e não se afogaram definitivamente,[8] não conseguiam esquecer-se nem que o desejassem. É próprio da experiência traumática essa impossibilidade do esquecimento, essa insistência na repetição. Assim, seu primeiro esforço consistia em tentar dizer o indizível, numa tentativa de elaboração simbólica do trauma que lhes permitisse continuar a viver e, simultaneamente, numa atitude de testemunha de algo que não podia nem devia ser apagado da memória e da consciência da humanidade. Meio século depois, a situação mudou. Dito brutalmente: conseguimos muito bem, se quisermos, esquecermo-nos de Auschwitz. Aliás, dadas a distância histórica e geográfica que separa o Brasil da Europa do pós-guerra, muitas pessoas entre nós nem precisam esquecer: simplesmente ignoram; ignoram, por exemplo, o que essa estranha palavra "Auschwitz" representa.[9] E mesmo na velha Europa surge, muitas vezes, certa impaciência quando se insiste na rememoração da Shoah (sobretudo tendo em vista os conflitos presentes na Palestina).

Quando, nos anos de 1950 e 60, Adorno escreve vários ensaios sociológicos e filosóficos sobre a necessidade de não se esquecer Auschwitz,[10] ele o faz num contexto histórico muito preciso: o da reconstrução da Alemanha e da progressiva instauração de um modelo capitalista triunfante na República Federal Alemã durante os "anos Adenauer". Neste ambiente de afirmação de uma nova identidade alemã, Adorno retoma, na sua filosofia moral, o imperativo categórico kantiano, mas o transforma radicalmente. Diz ele na *Dialética negativa*:

> "Hitler impôs um novo imperativo categórico aos homens em estado de não-liberdade: a saber, direcionar seu

[8] Sigo o título de Primo Levi, *Os afogados e os sobreviventes* (São Paulo, Paz e Terra, 1990).

[9] Tempos atrás li uma reportagem a esse respeito na *Folha de S. Paulo*: a porcentagem de brasileiros que não sabiam o que era o Holocausto era altíssima.

[10] Em particular: "Kulturkritik und Gesellschaft", 1949; "Was bedeutet Aufarbeitung der Vergangenheit?", 1959; "Erziehung nach Auschwitz", 1966.

O que significa elaborar o passado? 99

pensamento e seu agir de tal forma que Auschwitz não se repita, que nada de semelhante aconteça."[11]

Gostaria de fazer três observações a respeito dessa citação bastante famosa:

Este imperativo categórico é novo, sobretudo, porque ele nos foi imposto (*aufgezwungen*) historicamente por ninguém menos que Hitler. Isto é: não o escolhemos. Parece que não existe mais a possibilidade de formular uma legislação universal do imperativo categórico, homenagem à autonomia e à responsabilidade moral da humanidade esclarecida. Somente pode haver imperativos singulares e tanto mais imperativos ou necessários quanto não foram escolhidos. Imperativos nascidos da violência histórica, não da escolha livre do idealismo.

É importante observar que Adorno não diz que devemos nos *lembrar* sempre de Auschwitz; mas sim que devemos fazer tudo para que algo semelhante não aconteça, para que Auschwitz não se repita. Essa dupla formulação é significativa, porque não pode haver na história nenhuma repetição idêntica; só existem horrores recorrentes e semelhantes (não iguais, mas semelhantes). A distinção entre idêntico e semelhante tem o mérito de ressaltar a singularidade dos acontecimentos históricos; a Shoah é singular sim e, nesse sentido restrito, única — mas não é o único acontecimento na longa cadeia de horrores, de aniquilações, de genocídios; há muitos outros acontecimentos diferentes, mas *semelhantes* no horror e na crueldade — a lista é longa e continua se alongando, de Srebrenica a Jenin. Nesse sentido, o novo imperativo categórico não foi cumprido já que as ruínas continuam crescendo até o céu, como aos olhos do anjo da história benjaminiano.[12]

Adorno não afirma que devemos nos lembrar sempre de Auschwitz; ou seja, ele não defende incessantes comemorações. Não considero nuance irrisória de vocabulário o fato de que Adorno, em outros artigos já citados, fale muito mais de *uma luta contra o esquecimento* que de atividades comemorativas, solenes, restauradoras, de

---

[11] Theodor W. Adorno, *Negative Dialetik*, Frankfurt/Main, Suhrkamp, 1970, p. 356. Tradução de J. M. G.

[12] Walter Benjamin, "Thesen über den Begriff der Geschichte", tese IX, *Gesammelte Werke I-2*, Frankfurt/Main, Suhrkamp, 1974, pp. 697-8.

"resgate", como se fala tanto hoje. Se essa luta é necessária, é porque não só a tendência a esquecer é forte, mas também a vontade, o desejo de esquecer. Há um esquecer natural, feliz, necessário à vida, dizia Nietzsche. Mas existem também outras formas de esquecimento, duvidosas: não saber, saber mas não querer saber, fazer de conta que não se sabe, denegar, recalcar. E por que os alemães dos anos 50 e 60 desejavam tanto esquecer, segundo Adorno? Porque o peso do passado era tão forte que não se podia mais viver no presente; esse peso era insuportável porque era feito não apenas (!) do sofrimento indizível das vítimas, mas também, e antes de tudo, da culpa dos algozes, da *Schuld* alemã.

No ensaio que inspira o título desta comunicação, "Was bedeutet Aufarbeitung der Vergangenheit?", texto escrito em 1959, Adorno estabelece uma relação muito clara entre culpabilidade e vontade de esquecimento. Ele escreve:

> "Antes de tudo, o esclarecimento a respeito do acontecido deve trabalhar contra um esquecimento que, de maneira demasiado fácil, se torna sinônimo da justificação do esquecido; por exemplo, quando pais, obrigados a ouvir seus filhos levantarem a desagradável pergunta a respeito de Hitler, reagem a isso, já para inocentar a si mesmos, falando dos bons lados e dizendo que, na verdade, não foi tão ruim assim."[13]

Mesmo quando Adorno fala nesse ensaio da "destruição da lembrança" (*Zerstörung der Erinnerung*) e da necessária resistência a essa destruição, devemos ressaltar novamente que, aqui, a palavra-chave não é memória ou lembrança, mas *Aufklärung*, esclarecimento. Lembro que essa palavra também é usada no sentido cotidiano, comum, de explicação, explicitação, clarificação ou atividade pedagógica racional de colocar claramente um problema (por exemplo, quando se fala em "*sexuelle Aufklärung*", educação sexual). Enfim, *Aufklärung* designa o que fala com clareza à consciência racional, o que ajuda a compreensão clara e racional — contra a magia, o medo, a supersti-

---

[13] Theodor W. Adorno, "O que significa a elaboração do passado?", *in Gesammelte Schriften*, vol. 10-2, Frankfurt/Main, 1997, p. 568. Tradução de J. M. G.

O que significa elaborar o passado?

ção, a denegação, a repressão, a violência. Em outras palavras: não há, da parte de Adorno, nenhuma sacralização da memória, mas uma insistência no esclarecimento racional que se torna ainda mais evidente na página seguinte:

> "A mim me parece muito mais que o consciente nunca pode trazer consigo tanto desastre como o semi e o pré-consciente. O que, sem dúvida, importa realmente é a maneira pela qual o passado é tornado presente; se se permanece na mera recriminação ou se se resiste ao horror através da força de ainda compreender o incompreensível."[14]

Essa defesa do poder esclarecedor da consciência racional, esse belo gesto iluminista por parte de um filósofo que, melhor que qualquer outro, soube denunciar os limites do Esclarecimento, tem um alvo certeiro. Não se trata de lembrar o passado, de torná-lo presente na memória para permanecer no registro da queixa, da acusação, da recriminação. O filho que recrimina o pai coloca-se a si mesmo, desde o início, numa posição superior, de juiz, e o outro, na de réu; assim, ele se poupa um esforço doloroso de explicitação ou de esclarecimento — *Aufklärung* — a respeito do passado, esforço que deve se transformar num gesto de explicitação, igualmente, a respeito do próprio presente, do presente do filho.

Justamente porque vai além dos papéis de juiz e de acusado, essa exigência iluminista visa separar, pelo menos conceitualmente, a questão da culpabilidade da questão da elaboração do passado. Como já o ressaltou Nietzsche (que Adorno leu muito bem), quando há um enclausuramento fatal no círculo vicioso da culpabilidade, da acusação a propósito do passado, não é mais possível nenhuma abertura em direção ao presente: o culpado continua preso na justificação, ou na denegação, e quer amenizar as culpas passadas; e o acusador, que sempre pode gabar-se de não ser o culpado, contenta-se em parecer honesto, já que denuncia a culpa do outro. Mas a questão candente, a única que deveria orientar o interrogatório ou a pesquisa, a saber, evitar que "algo semelhante" possa acontecer agora, no presente comum ao juiz e ao réu, não é nem sequer mencionada.

[14] *Idem, ibidem.*

Devemos lembrar o passado, sim; mas não lembrar por lembrar, numa espécie de culto ao passado. No texto de Adorno, que é judeu e sobrevivente, a exigência de não-esquecimento não é um apelo a comemorações solenes; é, muito mais, uma exigência de análise esclarecedora que deveria produzir — e isso é decisivo — instrumentos de análise para melhor esclarecer o presente. Um parêntese: Adorno sabe (talvez melhor que nós!) dos limites de uma "pedagogia iluminista", de uma *aufklärende Pädagogik*.[15] É a ordem econômica injusta que leva os indivíduos a aderir a ideologias racistas e fascistas, mais do que disposições subjetivas individuais, ressalta ele. Noutro ponto, diz ele, uma pedagogia emancipadora geralmente só atinge aqueles que já estão abertos a ideais emancipatórios, isto é, aqueles que não precisam, para sobreviver, "se identificar" a qualquer custo "com o existente", com o dado.[16] A defesa da necessidade e do poder da *Aufklärung* não significa que ela seja onipotente para lutar contra o racismo e o fascismo. Mas ela continua imprescindível.

Gostaria, antes de concluir, de falar rapidamente de um texto de Freud que, como um palimpsesto, habita o ensaio de Adorno, mesmo que não explicitamente citado. É um pequeno escrito de 1914 intitulado "Erinnern, wiederholen und durcharbeiten".[17] Palavras e conceitos freudianos são reencontrados no ensaio de Adorno — em particular os conceitos de *Arbeit*, *Durcharbeitung* e *Aufarbeitung* — respectivamente de trabalho; elaboração, perlaboração ou travessia; retomada do passado. O contexto freudiano é clínico; são observações ligadas a técnicas terapêuticas a partir de observações práticas. Mas essas preciosas observações foram, diversas vezes, usadas para pensar também, por analogia, processos coletivos: de memória, de esquecimento, de repetição. Aliás, os próprios textos freudianos de análise cultural permitem, se não justificam inteiramente, tal analogia. Assim, no seu último livro, *La mémoire, l'histoire, l'oubli*,[18] Paul Ricoeur propõe apoiar-se nas "propostas terapêuticas" de Freud[19] para melhor

---

[15] *Idem, ibidem.*

[16] *Idem*, pp. 568-9.

[17] "Lembrar, repetir, elaborar". Cito a edição de Freud em alemão, *Studienausgabe*, Ergänzungsband, Frankfurt/Main, Fischer, 1975, pp. 207-15.

[18] Paris, Seuil, 2000.

[19] *Op. cit.*, p. 85.

O que significa elaborar o passado?

compreender os processos coletivos e políticos de elaboração do passado: políticas de anistia, de perdão, de graça, instauração de comissões de pesquisa ou de investigação sobre os acontecimentos passados; processos, igualmente, de não-elaboração, de recusa ou de recalque coletivo: "repetições", denegações e volta(s) violenta(s) do recalcado. Uma observação terapêutica de Freud, em particular, merece a atenção de Ricoeur. Para que o paciente consiga alcançar o processo de "perlaboração", para que consiga sair da repetição compulsiva, isto é, da queixa incessante que se baseia na lembrança infeliz, sempre reencenada, deve ele, diz Ricoeur citando Freud,

> "adquirir a coragem de fixar sua atenção sobre as manifestações de sua doença. Sua própria doença não pode mais ser para ele algo de vergonhoso, ela deve se tornar um adversário digno, uma parte de sua essência, cuja presença tem boas motivações e da qual poderá extrair elementos preciosos para sua vida posterior."[20]

Estabelecer uma analogia entre essa recomendação clínica de Freud e os processos da memória coletiva encontra, naturalmente, alguns limites: sobretudo porque é difícil não ver no racismo, no fascismo ou na tortura, algo de vergonhoso e desprezível (*verächtlich*). Mas o que é instigante aqui é o apelo, tipicamente iluminista, de Freud para *criar coragem* — "*Mut gefasst!*", dizia já Kant —, de enfrentar a doença, o passado, para esclarecê-los; para, afinal, compreendê-los, mesmo que tal compreensão não passe por uma cadeia de argumentos lógicos e deduções meramente racionais. *Mutatis mutandis*, o paciente deve ousar fazer uso do seu próprio entendimento para sair de sua menoridade autoculpada, sair da complacência na queixa, isto é, sair do registro da queixa e da acusação, da *Klage* e da *Anklage*, que Freud relaciona num outro texto, "Luto e melancolia" (*"Trauer und Melancholie"*), igualmente citado por Ricoeur.

Em outra passagem de *La mémoire, l'histoire, l'oubli*,[21] o filósofo francês estabelece uma relação entre esses dois ensaios de Freud,

---

[20] Tradução de J. M. G. Para o texto em francês, ver Ricoeur, *op. cit.*, p. 85. Para a passagem de Freud, *op. cit.*, p. 212.

[21] *Op. cit.*, p. 86.

mesmo que este não o tenha feito. Essa ligação instigante se baseia na importância, em ambos os textos, do conceito de "trabalho" (*Arbeit*), seja nos conceitos de "elaboração" ou de "perlaboração" (*Durcharbeitung*), seja no de "trabalho de luto" (*Trauerarbeit*). Segundo Freud, a distinção entre "trabalho de luto" e "melancolia" remete a um sentimento anterior à perda concreta, o *sentimento do eu* (*Ichgefühl*). Na compleição melancólica, esse sentimento é o de desvalorização, de empobrecimento, de esvaziamento: enquanto, no luto, é o mundo que se torna vazio devido à ausência da pessoa amada, na melancolia é o próprio eu que se esvazia, que não tem mais a força de se recompor, de viver novamente. Ainda segundo Freud, as críticas que o sujeito melancólico endereça a si mesmo, suas incessantes queixas (*Klagen*) contra si são, no fundo, acusações (*Anklagen*) contra o objeto perdido e amado porque perdido: haveria, então, uma complacência narcísica na melancolia, que fornece ao sujeito a grande "vantagem" de desistir do trabalho de luto, isto é, de novos investimentos libidinosos e vitais, para se instalar na tristeza e na queixa infinitas, reino onde o eu pode reinar incontestado.

A aproximação operada por Ricoeur entre o trabalho de elaboração, que permite sair da repetição, e o trabalho de luto, que possibilita uma nova ancoragem na vida, sugere que haja muitas afinidades entre a compleição melancólica e a "obsessão comemorativa" que descreve Pierre Nora,[22] obsessão denunciada por Todorov no seu pequeno panfleto citado no início deste texto. Uma obsessão que também pode reinstalar, infinitamente, os sujeitos sociais no círculo da culpabilidade, da autoacusação e da autojustificação, que permite, em suma, permanecer no passado em vez de ter a coragem de ousar enfrentar o presente.

Em oposição a essas figuras melancólicas e narcísicas da memória, Nietzsche, Freud, Adorno e Ricoeur, cada um no seu contexto específico, defendem um lembrar ativo: um trabalho de elaboração e de luto em relação ao passado, realizado por meio de um esforço de compreensão e de esclarecimento — do passado e, também, do presente. Um trabalho que, certamente, lembra dos mortos, por piedade e fidelidade, mas também por amor e atenção aos vivos.

---

[22] *Les lieux de mémoire, cit.*, p. 110.

O que significa elaborar o passado?

8.
O RASTRO E A CICATRIZ:
METÁFORAS DA MEMÓRIA

> *Na noite em que terminei de escrever este artigo, Antônio da Costa Santos, prefeito de Campinas pelo PT, foi assassinado. Dedico estas linhas à sua memória.*

"A velha, que tomara na palma da mão a perna de Ulisses, ao apalpá-la, reconheceu a cicatriz; largou o pé, que caiu dentro da bacia, o bronze ecoou, o vaso oscilou e a água derramou-se pelo solo. Então, seu coração, a um tempo, foi tomado de tristeza e de alegria, os olhos se lhe encheram de lágrimas, a voz se lhe tolheu na garganta. E tocando no queixo de Ulisses, disse: 'sem dúvida, tu és Ulisses, meu filho querido! E eu não te reconhecia! Foi preciso primeiro ter tocado no corpo do meu amo!'"[1]

O leitor terá certamente reconhecido os famosos versos da *Odisseia* que contam a volta de Ulisses a seu palácio, disfarçado de velho mendigo sujo, e seu reconhecimento pela ama Euricleia, quando esta, ao lhe banhar os pés, toca a cicatriz de sua perna. Erich Auerbach inicia seu clássico estudo *Mímesis*[2] por este episódio e ressalta a peculiar estrutura temporal da escritura homérica. Com efeito, não devem ter decorrido dez segundos entre a primeira apalpada de Euricleia e seu grito de susto e de alegria. Homero, porém, encaixa um longo episódio de 73 versos (v. 393-466) entre o primeiro toque da velha escrava e sua exclamação de regozijo; Homero quebra, por assim dizer, o suspense provocado pela narração da cena de reconhecimento.

---

[1] Homero, *Odisseia*, Canto XIX, versos 467-75, tradução de Antônio Pinto de Carvalho, São Paulo, Abril, 1978.

[2] Erich Auerbach, *Mímesis*, Berna, Francke, 1946. Edição brasileira: São Paulo, Perspectiva, 1998.

O rastro e a cicatriz: metáforas da memória   107

Mas não me interessa tanto aqui o problema da interrupção da ação e da concepção de tempo subjacente, segundo Auerbach, à escritura homérica. Prefiro antes ressaltar alguns elementos da lógica narrativa que a descrição da caça ao javali — que feriu o jovem Ulisses, deixando uma cicatriz em seu corpo — introduz nesses 73 versos. Essa descrição traz alguns elementos instigantes para entendermos as condições de transmissão da narrativa da *Odisseia*, as condições de sua *tradição*.

Há, em primeiro lugar, a relação entre Ulisses e seu avô materno, em cujo reino acontece a caça; mais precisamente, a relação entre o *nome* do herói e o ancião, pois é este último que, ao conhecer seu neto recém-nascido, escolhe para ele o nome de Ulisses (isto é, de Odysseus). Em seguida, há o fato de que a caçada foi o resultado de um convite formal feito pelo avô ao menino na infância: quando este crescesse, deveria visitar seu avô, receber presentes e, também, mostrar seu valor de herdeiro varão numa caça. Enfim, um último motivo essencial: a ferida sofrida então pelo jovem Ulisses é, sem dúvida, grave, não é mais um arranhão de menino; mas ela é rapidamente curada, não só graças à atadura benfeita, mas também, e sobretudo, graças às encantações, às "palavras mágicas", que fazem o sangue estancar rapidamente — palavras que possibilitam o retorno de Ulisses, são e salvo, para a casa de seus pais em Ítaca. Estes, assim diz Homero, "alegraram-se com o regresso do filho, e quiseram ser informados de todos os pormenores relativos ao acidente e à cicatriz. Ele contou-lhes como, durante a caçada, um javali o feriu com sua alva defesa, no Parnaso, aonde fora acompanhado pelos filhos de Atólico [seu avô]".[3] Receamos que Homero conte a história da caçada uma segunda vez, mas ele nos poupa e a narrativa volta à sala do palácio e a Euricleia assustada e feliz.

Essa — para nosso gosto moderno — longa descrição, considerada por alguns comentadores uma interpolação, interrompe a ação do Canto XIX para realçar dois elementos que me parecem essenciais no contexto sociopoético da *Odisseia*. O primeiro consiste na continuidade das gerações, no tema da filiação, por meio do motivo do avô que dá nome ao neto e assim o reconhece, simbolicamente, como seu herdeiro. A aliança estabelecida pelo convite ao palácio e pelos pre-

---

[3] *Odisseia*, versos 462-7 *cit.*

sentes oferecidos reforça este motivo da filiação — como se o laço de sangue não fosse, por si só, suficiente e devesse ser assegurado enfaticamente em público.

O segundo elemento consiste na afirmação da força da palavra: da palavra dada pelo avô ao neto no nome e no convite, das palavras mágicas que curam a ferida e, também, da palavra enquanto narração — o jovem Ulisses volta para casa e conta suas aventuras aos pais, impacientes em saber o que aconteceu. Nesta passagem ele faz uma narrativa que prefigura a outra longa narrativa que fará mais tarde, na corte dos Feácios e, em sua volta, a Penélope, quando tiver regressado mais uma vez à pátria, mas desta vez herói feito e rei desconhecido. No episódio da caça ao javali, Ulisses, jovem, narra, por assim dizer, uma mini-odisseia dentro da *Odisseia*.

Na história da ferida que vira cicatriz encontramos, então, as noções de filiação, de aliança, de poder da palavra e de necessidade da narração. Encontramos também o motivo da viagem de provações e do regresso feliz à pátria, depois da errância. Todos esses temas culminam no reconhecimento pleno, mesmo que postergado por ele mesmo, do herói. Essa conjunção feliz marca até hoje as narrativas do Ocidente, desde os contos de fada até as novelas de televisão, sem esquecer a tragédia e o romance. Quando Walter Benjamin fala do fim da narração e o explica pelo declínio da *experiência (Erfahrung)*,[4] ele retoma exatamente os mesmos motivos: a continuidade entre as gerações, a eficácia da palavra compartilhada numa tradição comum e a temática da viagem de provações, fonte da experiência autêntica — mesmo que seja para afirmar que estes motivos perderam suas condições de possibilidade na nossa (pós)modernidade. A cicatriz de Ulisses nos prometia, então, que a história, apesar de todos os sofrimentos, terminaria bem e parece que ainda hoje escutamos ressoar o barulho da bacia que Euricleia derruba, vemos a água esparramar-se no chão da sala escura e gostaríamos de acreditar nessa bela, mesmo que diferida, promessa de reconhecimento e de realização.

* * *

[4] Ver, em particular, os textos "Experiência e pobreza" e "O narrador. Reflexões sobre a obra de Nicolai Leskov", em Walter Benjamin, *Obras escolhidas I* (tradução de Sérgio Paulo Rouanet, São Paulo, Brasiliense, 1985. Nova edição: São Paulo, Livraria Duas Cidades/Editora 34, no prelo).

O rastro e a cicatriz: metáforas da memória

Em seu livro sobre os "espaços do lembrar",[5] Aleida Assmann estuda aquilo que chama de "formas" e "transformações" da memória cultural. Na primeira parte, ela expõe as transformações históricas por que passaram, e passam, a memória (*Gedächtnis*) e a lembrança (*Erinnerung*) humanas. São mudanças de função, de meio (*Medium*) e de modo de armazenamento (*Speicher*). De Mnemosyne à tecla *save* do computador, Assmann desenrola uma pluralidade de figuras que nos obriga a matizar nossas oposições básicas entre memória coletiva e memória individual, entre memória e história, entre memória e esquecimento. A segunda parte do livro, sob o título geral de "Meios" (*Medien*) se compõe de cinco capítulos: "Das metáforas do lembrar"; "Escrita"; "Imagem"; "Corpo"; "Lugares".[6] No quarto capítulo, "Corpo", a temática do trauma chama a atenção. O *trauma* é a ferida aberta na alma, ou no corpo, por acontecimentos violentos, recalcados ou não, mas que não conseguem ser elaborados simbolicamente, em particular sob a forma de palavra, pelo sujeito. Ora, depois das duas Guerras Mundiais e, sobretudo, depois da Shoah, a temática do trauma torna-se predominante na reflexão sobre a memória. Ao que parece, as feridas dos sobreviventes continuam abertas, não podem ser curadas nem por encantações nem por narrativas. A ferida não cicatriza e o viajante, quando, por sorte, consegue voltar para algo como uma "pátria", não encontra palavras para narrar nem ouvintes dispostos a escutá-lo. O sonho paradigmático de Primo Levi em Auschwitz,[7] — ao voltar para casa, ele começa a contar seus sofrimentos, mas seus familiares mais próximos não o escutam, levantam e vão embora —, este sonho de uma narração simultaneamente necessária e impossível substituiu a longa narrativa de Ulisses, na corte atenta dos Feácios, durante reiteradas noites de vigília e de vinho, ou, então, o relato feito a Penélope, na cama nupcial reencontrada, fincada no tronco secular de uma oliveira. Depois da Segunda Guerra Mundial não se reconhece mais o forasteiro pela cicatriz da infância — ele continua estrangeiro a si mesmo e a seus familiares, em seu próprio país.

[5] Aleida Assmann, *Erinnerungsräume. Formen und Wandlungen des kulturellen Gedächtnisses*, Munique, Beck, 1999.

[6] Respetivamente: "Zur Metaphorik der Erinnerung"; "Schrift"; "Bild"; "Körper"; "Orte".

[7] Primo Levi, *É isto um homem?*, Rio de Janeiro, Rocco, 1988.

Aleida Assmann se detém ainda numa outra metáfora-fundadora de nossa concepção de memória e de lembrança: a da escrita, este rastro privilegiado que os homens deixam de si mesmos, desde as estelas funerárias até os e-mails efêmeros que apagamos depois do uso — sem esquecer, naturalmente, os papiros, os palimpsestos, a tábua de cera de Aristóteles, o bloco mágico de Freud, os livros e as bibliotecas: metáforas-chave das tentativas filosóficas, literárias e psicológicas de descrever os mecanismos da memória e do lembrar. Embora sempre tivesse havido uma outra imagem para dizer esses mecanismos, a imagem da *imagem* justamente, parece que até hoje, e apesar da tão comentada preponderância contemporânea das imagens sobre o texto, continuamos falando de *escrita*, *escritura*, *inscrição* quando tentamos pensar em memória e lembrança.[8]

Por que a dominância dessa metáfora da escrita? Talvez por ser mais arbitrária que a imagem, pelo menos em nossos alfabetos europeus, a escrita escape com mais facilidade da problemática da aparência e da realidade, problemática fatal quando se tenta aferir o grau de fidelidade ao real de uma lembrança. Como pode traduzir — transcrever — a linguagem oral, a escrita se relaciona essencialmente com o fluxo narrativo que constitui nossas histórias, nossas memórias, nossa tradição e nossa identidade. Hoje, aliás, escrita, letras, fragmentos de texto e rascunhos invadem as artes plásticas como se o gesto de gravar, rabiscar, bordar caracteres escritos ajudasse a reinventar os gestos miméticos tradicionais, como os de desenhar e pintar, por sua vez colocados totalmente sob suspeita. E, como observou uma amiga curadora, a crítica especializada, quando tenta refletir a respeito das práticas artísticas contemporâneas, muitas vezes *decifra*, *traduz*, *lê* as obras, usando um vocabulário hermenêutico, até mesmo filológico, tomado de empréstimo às ciências da escrita e do texto.

Aleida Assmann observa que os conceitos de *escrita* e de *rastro* foram empregados, muitas vezes, como se fossem sinônimos — o que não são necessariamente, como veremos no final desta exposição. Apesar das críticas de Platão, para quem os caracteres escritos se asseme-

---

[8] Sobre a importância decisiva dos conceitos de escrita/escritura — e de sua recusa — na constituição do discurso metafísico ocidental, remeto o leitor à obra de Jacques Derrida, particularmente, *Gramatologia* (tradução de Miriam Schnaiderman e Renato Janine Ribeiro, São Paulo, Perspectiva, 2004, 2ª edição).

O rastro e a cicatriz: metáforas da memória   111

lham demais à pintura, à "zoographia",[9] e caem, portanto, sob a suspeita maior que afeta toda atividade mimética — cujos produtos são, simultaneamente, mortos e sedutores —, a escrita foi, durante muito tempo, considerada o rastro mais duradouro que um homem pode deixar, uma marca capaz de sobreviver à morte de seu autor e de transmitir sua mensagem. Contemporâneo de Platão, Tucídides critica a transmissão oral e escreve, com rigor e paixão, a *Guerra do Peloponeso*, apostando no leitor da posteridade. Ele lhe lega um *ktèma eis aei*,[10] isto é, uma aquisição, um tesouro para sempre, mais seguro que a fama oral dos poetas, os monumentos de pedra ou as imagens de mármore. Essa aura de duração ainda hoje impregna as grandes bibliotecas em que penetramos, na ponta dos pés e em silêncio, como nos santuários da memória universal. E, às vezes, quando alguém escreve um livro, ainda nutre a esperança de que deixa assim uma marca imortal, que inscreve um rastro duradouro no turbilhão das gerações sucessivas, como se seu texto fosse um derradeiro abrigo contra o esquecimento e o silêncio, contra a indiferença da morte. Desde a *Ilíada*, o poeta tenta erguer um pequeno túmulo de palavras, orais e decoradas, depois escritas e recopiadas, em homenagem à glória dos heróis mortos. Jean-Pierre Vernant[11] lembra que a palavra *sèma* tem como significação originária a de "túmulo" e, só depois, a de "signo". Pois o túmulo é signo dos mortos; *túmulo, signo, palavra, escrita*, todos lutam contra o esquecimento.

Tal confiança na escrita como rastro duradouro e fiel começa a ser abalada, diz Aleida Assmann,[12] no século XVIII. Já no século XIX, com o historiador Thomas Carlyle, por exemplo, as fontes escritas não são mais consideradas documentos integrais e confiáveis, mas sim documentos aleatórios, fragmentos de um passado desconhecido, farrapos de um tecido que se rasgou. Acentua-se a consciência da fragilidade e da caducidade das criações humanas, e não mais em oposição

---

[9] Platão, *Fedro*, 275d; ver a este respeito, de Jacques Derrida, *A farmácia de Platão* (São Paulo, Iluminuras, 1991).

[10] Tucídides, *A guerra do Peloponeso*, Livro I, 22, tradução de Ana Lia Amaral de Almeida Prado, São Paulo, Martins Fontes, 1999.

[11] Ver *L'individu, la mort, l'amour*, Gallimard, Paris, 1989, pp. 70-3.

[12] Aleida Assmann, *op. cit.*, pp. 204-5. A outra refere-se, em particular, ao poeta William Wordsworth (1770-1840).

à criação divina — como no Barroco, por exemplo —, mas em oposição à soberana indiferença dos ciclos naturais. O motivo da caducidade, decisivo até hoje, ecoa na sabedoria de Dionísio e de Zaratustra em Nietzsche e nas alegorias de um Baudelaire, como observou Walter Benjamin. O que nos importa aqui é que tal consciência da fragilidade e do efêmero altera profundamente a significação da metáfora mnemônica da escrita, especificamente do traço escrito como *rastro*. Agora a escrita não é mais um rastro privilegiado, mais duradouro do que outras marcas da existência humana. Ela é rastro, sim, mas no sentido preciso de um signo ou, talvez melhor, de um sinal aleatório que foi deixado sem intenção prévia, que não se inscreve em nenhum sistema codificado de significações, que não possui, portanto, referência linguística clara.[13] Rastro que é fruto do acaso, da negligência, às vezes da violência; deixado por um animal que corre ou por um ladrão em fuga, ele denuncia uma presença ausente — sem, no entanto, prejulgar sua legibilidade. Como quem deixa rastros não o faz com intenção de transmissão ou de significação, o decifrar dos rastros também é marcado por essa não-intencionalidade. O detetive, o arqueólogo e o psicanalista, esses primos menos distantes do que podem parecer à primeira vista,[14] devem decifrar não só o rastro na sua singularidade concreta, mas também tentar adivinhar o processo, muitas vezes violento, de sua produção involuntária. Rigorosamente falando, rastros não são criados — como são outros signos culturais e linguísticos —, mas sim deixados ou esquecidos.

Num contexto bastante diverso, Emmanuel Levinas ressalta com agudez as semelhanças e as diferenças importantes entre *signo* e *rastro*.

"O rastro não é um signo como outro. Mas exerce também o papel de signo. Pode ser tomado por um signo. O detetive examina como signo revelador tudo o que ficou marcado nos lugares do crime, a obra voluntária ou involuntária do criminoso; o caçador anda atrás do rastro da caça; o rastro reflete a atividade e os passos do animal que

---

[13] *Idem*, p. 209.

[14] Sobre este parentesco, ver, de Carlo Ginzburg, *Mitos, emblemas, sinais*; em particular, o ensaio "Sinais: raízes de um paradigma indiciário" (São Paulo, Companhia das Letras, 1991).

O rastro e a cicatriz: metáforas da memória   113

ele quer abater; o historiador descobre, a partir dos vestígios que sua existência deixou, as civilizações antigas como horizontes de nosso mundo. Tudo se dispõe em uma ordem, em um mundo, onde cada coisa revela outra ou se revela em função dela. Mas, mesmo tomado como signo, o rastro tem ainda isto de excepcional em relação a outros signos: ele significa fora de toda intenção de significar [de *faire signe*] e fora de todo projeto do qual ele seria a visada. [...] O rastro autêntico [...] decompõe a ordem do mundo; vem como em 'sobre-impressão'. Sua significância original desenha-se na marca impressa que deixa, por exemplo, aquele que quis apagar seus rastros, no cuidado de realizar um crime perfeito. Aquele que deixou rastros ao querer apagá-los, nada quis dizer nem fazer pelos rastros que deixou. Ele decompôs a ordem de forma irreparável. Pois ele passou absolutamente. Ser, na modalidade de *deixar um vestígio*, é passar, partir, absolver-se."[15]

Levinas enfatiza nestas linhas o caráter não-intencional do rastro. No fim do capítulo consagrado a esse conceito,[16] ele afirma a presença de uma outra esfera de realidade que a definida pelas intenções, pelos cálculos, pela organização e ordenação humanas — uma esfera de alteridade radical que, para Levinas, remete a uma figura que maquinações e significações humanas não podem apreender em sua integridade, a figura de Deus. Mas não precisamos seguir Levinas nessas conclusões teológico-filosóficas para poder concordar com sua descrição do rastro como um signo aleatório e não-intencional, um signo/sinal desprovido de visada significativa. O exemplo do ladrão

[15] Emmanuel Levinas, *Humanismo do outro homem*, tradução de Pergentino Pivato (ligeiramente modificada por J. M. G.), Petrópolis, Vozes, 1993, pp. 75-6.

[16] As análises desse capítulo foram retomadas por Paul Ricoeur, num contexto de reflexão historiográfica, em *Temps et récit*, vol. III (Paris, Seuil, 1985, pp. 175-83). A respeito do conceito de "rastro" em Levinas, Antônio Abranches me assinalou o fragmento de Heidegger, "Esquisses tirées de l'atelier" (1959), publicado no *Cahier de l'Herne* consagrado a Heidegger (Paris, 1983), no qual Heidegger estabelece uma relação entre a vontade de tudo controlar, própria da concepção técnica contemporânea, e a recusa em perceber e buscar o *rastro* de uma presença outra.

que, ao querer apagar seus rastros, deixa outros que não quis, é eloquente: enquanto os signos, sobretudo os signos linguísticos, tentam transmitir uma "mensagem" relacionada às intenções, às convicções, aos desejos do seu autor, o rastro pode se voltar contra aquele que o deixou e até ameaçar sua segurança.

Não posso deixar de lembrar aqui o famoso poema de Brecht, "*Verwisch die Spuren*" ("Apague os rastros"), citado no capítulo 4 deste livro.[17] Este poema abre o livro intitulado *Aus einem Lesebuch für Städtebewohner* (*Manual para habitantes de cidades*), um título que também assinala a transformação do cenário lírico contemporâneo.

Em "Experiência e pobreza", Walter Benjamin interpreta esse poema como o emblema da solidão e da necessária sobriedade contemporâneas. Não há mais nenhuma experiência comum, compartilhada por todos, que permita reconstruir um mundo acolhedor, depois do trauma da Grande Guerra (na época em que o texto foi escrito, 1933, ainda a Primeira...). O poema também pode ser lido como um manifesto das artes de vanguarda que, em vez de consolar o indivíduo solitário e anônimo por um *Ersatz*, um substituto, de comunidade, ressaltam sua solidão, sua pobreza, sua desorientação e tornam impossível qualquer tentativa de retorno a valores ditos seguros ou a deuses já mortos. Em vez disso, a arte deve incitar cada um a contar somente com suas próprias forças e a recomeçar a partir do zero. Segundo Brecht e Benjamin, esse gesto artístico iluminista se opõe às tentativas ilusórias de apropriação privada que deveriam compensar a desapropriação coletiva: recolher-se em sua casa, em sua família, com seus filhos, sua mulher, seu homem, seus bens, seu cachorro, seus livros etc., isto é, tentar desesperadamente ainda imprimir sua marca — deixar seu rastro — nos indivíduos próximos e nos objetos pessoais; cultivar, assim, a ilusão da posse e do controle de sua vida, quando esta escapou há tempos da determinação singular de seu dono. Tentar ainda deixar rastros seria, então, um gesto não só ingênuo e ilusório, mas também totalmente vão de resistência ao anonimato da sociedade capitalista moderna. Gesto vão porque restrito ao âmbito particular e individual, quando se trata, dizem Brecht e Benjamin, de inventar resistências coletivas ao processo coletivo de alienação, em vez de reforçá-lo por pequenas soluções privadas de consumo.

---

[17] Ver pp. 51-2 e nota correspondente.

O rastro e a cicatriz: metáforas da memória

Podemos também ler esse poema de maneira menos militante, mas não menos dramática. Com efeito, ele descreve de maneira premonitória os mecanismos de abandono e demissão da responsabilidade individual que os regimes totalitários do século XX iriam instaurar. Em particular a última estrofe, a respeito da ausência de túmulo — "Cuide, quando pensar em morrer/ Para que não haja sepultura revelando onde jaz..." —, não significa somente um desmentido radical da antiga tarefa do poeta (e do historiador), de erguer um monumento que lembrasse os mortos. Ela também enuncia, de maneira profética, a estratégia nazista de aniquilação não só dos prisioneiros nos campos, mas ainda dos rastros de sua morte em massa. Em seu último livro, *Os afogados e os sobreviventes*,[18] Primo Levi insiste na vontade explícita de aniquilação dos rastros pelos nazistas. Quando se tornou claro, depois da Batalha de Estalingrado, que o *Reich* alemão não seria o vencedor — que ele não seria, portanto, "o senhor da verdade futura", como diz Primo Levi — então deu-se início à destruição dos rastros da própria destruição. Os cadáveres já em decomposição nas fossas comuns foram desenterrados pelos prisioneiros sobreviventes e queimados; também a maior parte dos arquivos dos campos de concentração foi destruída ainda alguns dias antes da chegada dos aliados. A ausência total de túmulo e de rastros que pudessem servir de documentos ou de provas prepara assim, na lógica nazista, os raciocínios negacionistas posteriores. Em nosso continente, a luta dos familiares dos *desaparecidos* também se opõe à mesma estratégia política de aniquilação. Tortura-se e mata-se os adversários, mas, depois, nega-se a existência mesma do assassínio. Não se pode nem afirmar que as pessoas morreram, já que elas desapareceram sem deixar rastros, sem deixar também a possibilidade de um trabalho de homenagem e de luto por parte dos seus próximos.

* * *

Tais estratégias de aniquilação dos rastros apontam, de certo modo, para a sugestão, oferecida pelo belo livro de Aleida Assmann, acerca da interpretação das práticas artísticas contemporâneas. Segundo ela, assistimos hoje a mais uma transformação no conceito de *rastro*: desprovido da durabilidade que podia ligá-lo à escrita, entregue

---

[18] São Paulo, Paz e Terra, 1989.

à caducidade e mesmo à clandestinidade, o rastro se aproxima dos restos, dos detritos, da sucata, do lixo. Muitas práticas artísticas contemporâneas retomam o gesto do *chiffonier*, do *Lumpensammler*, o sucateiro, o trapeiro, essa figura heroica da poesia de Baudelaire que Benjamin realçou. Cito Benjamin:

"Os poetas encontram o lixo da sociedade nas ruas e no próprio lixo o seu assunto heroico. Com isso, no tipo ilustre do poeta aparece a cópia de um tipo comum. Trespassam-no os traços do trapeiro que ocupou Baudelaire tão assiduamente. Um ano antes de 'O vinho dos trapeiros'[19] foi publicada uma descrição em prosa dessa figura: 'Aqui temos um homem — ele tem de recolher os restos de um dia da capital. Tudo o que a grande cidade jogou fora, tudo o que ela perdeu, tudo o que desprezou, tudo o que quebrou, ele o cataloga, ele o coleciona. Compila os arquivos da devassidão, o cafarnaum da escória; ele procede a uma separação, a uma escolha inteligente; recolhe, como um avarento um tesouro, o lixo que, mastigado pela deusa da Indústria, tornar-se-á objeto de utilidade ou de gozo'. Essa descrição é uma única metáfora ampliada do comportamento do poeta segundo o coração de Baudelaire. Trapeiro e poeta — os dejetos dizem respeito a ambos; solitários, ambos realizam seu negócio nas horas em que os burgueses se entregam ao sono; o próprio gesto é o mesmo em ambos. Nadar fala do *pas saccadé* [passo intermitente] de Baudelaire; é o passo do poeta que erra pela cidade procurando a presa das rimas; deve ser também o passo do trapeiro que, a todo instante, se detém no seu caminho para recolher o lixo em que tropeça."[20]

---

[19] "Le vin des chiffoniers", poema muito conhecido das *Fleurs du Mal*, de Baudelaire.

[20] Walter Benjamin, *Paris do Segundo Império*, capítulo "A Modernidade", *in* Walter Benjamin, *Obras escolhidas III*, tradução de José Carlos Martins Barbosa, modificada pela autora (São Paulo, Brasiliense, 1989, pp. 78-9). Benjamin cita este mesmo fragmento de Baudelaire no caderno J do *Passagen-Werk*. Trata--se de uma passagem de *Paradis artificiels*: "*Voici un homme chargé de ramasser les débris d'une journée de la capitale. Tout ce que la grande cité a rejeté, tout ce*

O *chiffonier*, anota Benjamin, é a figura provocatória da miséria humana. Também é uma nova figura do artista. Com aquilo que é jogado fora, rejeitado, esquecido, com esses rastros/restos de uma civilização do desperdício e, ao mesmo tempo, da miséria, trapeiros, poetas e artistas constroem suas coleções, montam suas "instalações", seu "pequeno museu para o resto do mundo" na expressão do artista russo Ilya Kabakow, citado por Aleida Assmann.[21] Poderíamos também evocar Arthur Bispo do Rosário e suas infinitas coleções de latas usadas ou de barbantes.

Ao juntar os rastros/restos que sobram da vida e da história oficiais, poetas, artistas e mesmo historiadores, na visão de Benjamin, não efetuam somente um ritual de protesto. Também cumprem a tarefa silenciosa, anônima mas imprescindível, do narrador autêntico e, mesmo hoje, ainda possível: a tarefa, o trabalho de *apokatastasis*, essa reunião paciente e completa de todas as almas no Paraíso, mesmo das mais humildes e rejeitadas, segundo a doutrina teológica (julgada herética pela Igreja) de Orígenes, citado em mais de uma passagem por Benjamin.[22]

Hoje não existe mais nenhuma certeza de salvação, ainda menos de Paraíso. No entanto, podemos — e talvez mesmo devamos — continuar a decifrar os rastros e a recolher os restos.

---

qu'elle a perdu, tout ce qu'elle a dédaigné, tout ce qu'elle a brisé, il le catalogue, il le collectionne. Il compulse les archives de la débauche, le capharnaüm des rebuts. Il fait un triage, un choix intelligent; il ramasse, comme un avare un trésor, les ordures qui, remâchées par la divinité de l'Industrie, deviendront des objets d'utilité ou de jouissance". Baudelaire, *Oeuvres complètes*, Paris, Gallimard, 1961, p. 327.

[21] *Op. cit.*, p. 390: "Ein kleines Museum für den Rest der Welt".

[22] No ensaio já citado "O narrador" (edição brasileira, p. 216) e no trabalho inacabado do *Passagen-Werk*, *Gesammelte Schriften*, vol. V-1 (p. 573, fragmento N1a), Frankfurt/Main, Suhrkamp, 1982.

9.
ESCRITURAS DO CORPO

Quando convidada a participar deste colóquio, hesitei porque não sou nem um pouco "especialista" no assunto "corpo". Acabei aceitando por várias razões, entre elas porque gosto desse tipo de empreendimento interdisciplinar no qual contam mais as preocupações comuns do que as respectivas proveniências e especialidades; mas, sobretudo, porque associo a temática "escrituras do corpo" a uma narrativa de Kafka que sempre quis analisar melhor: *Na colônia penal*. Depois de escrever um pequeno texto sobre o rastro e a cicatriz como metáforas da memória, tendo por ponto de partida o episódio da cicatriz de Ulisses, esta novela de Kafka como que se perfilava no horizonte de rastreamento de um motivo literário e filosófico clássico: escritas da memória, memórias da escrita. Horizonte que compreende também a atual desagregação deste vínculo, na medida em que o obsessivo apego contemporâneo à memória — tal como esta se escreve e inscreve, por exemplo, nas grandes telas de Anselm Kiefer ou nos papéis translúcidos de Mira Schendel — pode ser entendido como um sinal de ameaça de seu desaparecimento.

Gostaria de aproveitar esta ocasião para reler com vocês esta narrativa, uma das mais cruéis e enigmáticas de Kafka. Vou proceder de forma quase escolar, tentando evitar assim, na medida do possível, a armadilha maior dos textos kafkianos: lê-los já os interpretando, lê-los como significando algo diferente daquilo que dizem, isto é, lê-los como grandes alegorias religiosas, políticas ou psicanalíticas. Proponho então os seguintes passos: vou resumir a narrativa e indicar seu contexto na obra de Kafka; depois citarei as interpretações mais correntes e tentarei refutar determinados pontos, analisando mais de perto alguns motivos do texto. Concluirei com algumas questões para as quais, suspeito, nem o texto nem o próprio Kafka conseguiriam encontrar uma resposta satisfatória.

Na colônia penal é uma das novelas mais extensas de Kafka, a mais longa depois de *A metamorfose*. Foi escrita em 1914, mas publi-

Escrituras do corpo   119

cada somente em 1919, portanto, ainda durante a vida do autor, mas com um intervalo de cinco anos entre a redação e a publicação (veremos algumas razões dessa demora). Em 1914, Kafka escreve também um romance inacabado, *O processo*. Narrativa e romance têm vários motivos em comum, mesmo que haja diferenças importantes no seu tratamento.

Narrada na terceira pessoa, *Na colônia penal* tem quatro personagens principais: o viajante (*der Reisende*, o explorador, traduz Modesto Carone), o oficial, o condenado e um soldado. Uma personagem também importantíssima, justamente por não ser uma pessoa, é a máquina, montada num lugar isolado da ilha da colônia, um aparelho que resplandece ao sol. A máquina foi inventada e construída pelo falecido comandante da ilha, cujo discípulo mais fiel é o oficial. Ela é, ao mesmo tempo, uma máquina de tortura e de execução. Sua descrição minuciosa — à qual o oficial se entrega com entusiasmo e com deslumbrada admiração, que só vêm temperar as exigências de um relato científico e objetivo — ocupa mais da metade da narrativa. Neste sentido, podemos afirmar que a máquina é a personagem principal do texto, como seu início deixa muito claro:

"— É um aparelho singular, disse o oficial ao explorador, percorrendo com um olhar até certo ponto de admiração o aparelho que ele no entanto conhecia bem."[1]

Devemos mencionar ainda duas personagens ausentes, mas essenciais para o desenrolar da narrativa: o antigo e o novo comandantes. Uma relação de oposição surda, mas forte, os caracteriza. Enquanto o antigo comandante se assemelha a um monarca absoluto, o novo se parece mais com um rei esclarecido. O antigo não tinha somente poder político: era, simultaneamente, juiz supremo e, também, engenheiro, inventor. Sua evocação respeitosa pelo oficial lembra, em termos histórico-antropológicos, mesmo que de maneira parodística e ridícula, as descrições de Marcel Détienne quando analisa, na Grécia arcaica, a figura do rei absoluto, juiz supremo e mestre da verdade numa

---

[1] Franz Kafka, *Na colônia penal*. Cito aqui a tradução de Modesto Carone, incluída no volume *O veredicto/ Na colônia penal* (São Paulo, Brasiliense, 1988, 2ª edição, p. 31; atualmente republicado pela Companhia das Letras).

só pessoa.[2] Assim também as sentenças judiciais instituídas pelo antigo comandante não remetem a um código de leis e de penas diferenciadas, mas a algumas poucas sentenças escritas ou desenhadas à mão (*Handzeichnungen*),[3] pelo comandante morto, que cabem numa pequena bolsa de couro que o oficial traz sobre seu peito (perto do coração, portanto):

"— Seja como for [é o oficial que fala], aliás, estou nas melhores condições de esclarecer nossos tipos de sentença, pois trago aqui — bateu no bolso do peito — os desenhos correspondentes, feitos à mão pelo antigo comandante.
— Desenhos feitos pelo próprio comandante? — perguntou o explorador. — Então ele reunia em si mesmo todas as coisas? Era soldado, juiz, construtor, químico, desenhista?
— Certamente — disse o oficial, meneando a cabeça com o olhar fixo e pensativo."[4]

Diga-se de passagem: a enumeração "soldado, juiz, construtor, químico, desenhista", ao reduzir os três poderes — do guerreiro, do rei e do juiz — a uma lista de profissões modernas especializadas, coloca em questão a autoridade e a competência do antigo comandante, ironia que o oficial não percebe.

Quanto ao novo comandante — que também só conhecemos graças às falas do oficial — ele se aproxima, como eu dizia, da figura do rei esclarecido. Ainda tem grande poder, mas não se vale dele de maneira desimpedida para se livrar de seus inimigos. Prefere manobrar, servir-se de argumentos racionais e científicos para reformar o Estado. Assim, ainda segundo o oficial, o novo comandante espera se aproveitar da visita do viajante, promovido de repente a especialista, para se livrar dos poucos discípulos remanescentes do seu antecessor

---

[2] Marcel Détienne, *Les maîtres de vérité en Grèce archaïque*, Paris, Maspero, 1981.

[3] Franz Kafka, "In der Strafkolonie", *in Ein Landarzt und andere Drucke zu Lebzeiten/Gesammelte Werke in zwölf Bänden*, Frankfurt/Main, Fischer, 1994, vol. 1, p. 166. Citado a partir de agora como *Ein Landarzt*.

[4] *Na colônia penal, cit.*, pp. 38-9.

Escrituras do corpo

e, sobretudo, das instituições caducas por ele herdadas, em particular da máquina de execução. Diz o oficial:

"— Ontem eu estava perto do senhor, quando o comandante o convidou. Ouvi o convite. Conheço o comandante. Entendi imediatamente o que pretendia com o convite. Embora o poder dele seja suficientemente grande para investir contra mim, ele ainda não ousa fazer isso, mas quer sem dúvida me expor ao julgamento de um estrangeiro ilustre como o senhor. Seus cálculos são cuidadosos; o senhor está pelo segundo dia na ilha, não conheceu o antigo comandante nem suas ideias, mantém-se preso à visão europeia das coisas, talvez seja um opositor decidido da pena de morte em geral e em particular deste tipo de execução mecânica."[5]

Além deste viés calculista, o novo comandante sempre aparece rodeado por um enxame de mulheres tagarelas e promíscuas, como, aliás, outras figurações do poder no *Processo* ou no *Castelo*. Esta curiosa vaidade sexual é, por assim dizer, contrabalançada por uma pulsão técnico-construtora, bem de acordo com sua inclinação científica: as reuniões administrativas giram sempre ao redor de "temas de discussão sem importância, ridículos — na maioria das vezes são construções portuárias, sempre as construções portuárias!", desabafa o oficial.[6]

"Construções portuárias", isto é, construções que ajudariam a ilha a sair do seu isolamento, que reforçariam o comércio, os negócios, a troca com viajantes, exploradores e empresários de outras regiões. Torna-se claro por que o novo comandante da colônia é mais benquisto pela metrópole do que o antigo: em vez de manter na ilha uma ordem arcaica, baseada em ritos tão cruéis como exóticos de uma comunidade tradicional, quer abri-la ao comércio internacional e ao turismo — pois o viajante também é um turista ao qual são mostradas as curiosidades locais. Para usar os conceitos sociológicos da época de Kafka, o comandante quer substituir os ritos da *comunidade* de ou-

[5] *Idem*, p. 57.
[6] *Idem*, p. 62.

trora pela ordem mais racional, anônima e universal da *sociedade moderna*.[7] O novo comandante é, diríamos hoje, um precursor da globalização!

Insisto na importância desses dois personagens, embora eles não apareçam no palco da narrativa; é justamente sua ausência efetiva que torna sua presença numinosa mais ameaçadora e eficaz, como acontece com muitas figuras do poder em Kafka, seja o tribunal do *Processo* ou as autoridades do *Castelo*. As duas personagens principais, em termos de ação, o oficial e o viajante, agem e reagem como representantes — um, assumido (o oficial em relação ao antigo comandante); outro, potencial (o viajante em relação ao novo comandante) — destes poderosos ausentes. O oficial se caracteriza, de maneira explícita, como o último discípulo do antigo comandante, aquele que defende sua memória e sua herança:

"— Tanto o procedimento como a execução que o senhor está tendo oportunidade de admirar não têm mais nenhum adepto declarado em nossa colônia. Sou o seu único defensor e ao mesmo tempo o único que defende a herança do antigo comandante. Não posso mais cogitar nenhuma ampliação do processo, dispendo todas as energias para preservar o que existe."[8]

"Defender a herança do antigo comandante": podemos ler essa narrativa como uma convincente ilustração do diagnóstico de Walter Benjamin sobre Kafka, a saber, que sua obra "representa uma doença da tradição".[9] A problemática da herança (*Erbe*) e dos herdeiros, aliás, domina a paisagem literária da época de Kafka, desde os debates do expressionismo alemão até as discussões dos escritores engajados de esquerda. Essa questão dá provas, antes de mais nada, do mal-estar da modernidade — caracterizada pela rapidez e pela concorrência na oferta de "novidades" que, segundo Benjamin, são im-

[7] Empresto esta observação de Ritchie Robertson, *Kafka. Judentum, Gesellschaft, Literatu* (Stuttgart, Metzler, 1988), que cita Tönnies, p. 205.

[8] *Na colônia penal, cit.*, p. 53.

[9] Walter Benjamin, *Briefe 2*, Frankfurt/Main, Suhrkamp, 1966, p. 763, carta a Scholem de 12/6/1938.

Escrituras do corpo

postas pela produção capitalista —, em relação a seu passado (já caduco) e a sua tradição. Tal problemática pode assumir uma tradução teológica — a busca pelo Deus morto — ou psicanalítica — a revolta do(s) filho(s) contra o(s) pai(s) —, duas chaves de leitura frequentemente usadas para interpretar Kafka, como veremos.

Quanto ao viajante, esse antropólogo em germe, ele é uma figura muito mais ambígua. Acabará por se declarar adversário da máquina, da tortura e da execução, mas nada faz para impedir o funcionamento do aparelho. Mesmo que julgue o oficial "limitado"[10] (*beschränkt*), ele respeita sua dedicação, sua fidelidade, admira-se ao ver sua compostura no pesado uniforme apesar do calor tropical, esforça-se para prestar atenção nas suas explicações e tenta decifrar as inscrições labirínticas traçadas pelo antigo comandante. Enfim, oficial e viajante tratam-se mutuamente como dois parceiros iguais, capazes de manter um diálogo civilizado mesmo que não concordem entre si. Esse diálogo fornece a trama principal da narrativa. Apesar das diferenças, eles falam uma língua comum, aliás, um idioma comum, o francês, símbolo, como o uniforme, da longínqua e amada pátria[11] (*Heimat*). O francês talvez seja uma alusão às numerosas colônias francesas na época; também é, pelo menos na época de Kafka, a língua da burguesia culta. Mas tem ainda outra função essencial na novela: distingue, separa de antemão o viajante e o oficial das duas outras personagens presentes, o condenado e o soldado, dois "nativos", diríamos hoje, que só falam a língua do lugar e não compreendem a conversa dos "dois senhores"[12] (*Herren*); estes, por sua vez, são naturalmente capazes de se comunicar, em particular de ordenar e de ameaçar, também no idioma local. A posição ambivalente do viajante se expressa simbolicamente nessa relação linguística: mesmo ao tomar finalmente partido contra a máquina, ao perceber a "desumanidade"[13] (*Unmenschlichkeit*) da execução — isto é, mesmo que defenda os "direitos humanos" do condenado! —, seu interlocutor natural só pode ser o oficial.

[10] *Na colônia penal*, *cit.*, p. 43.

[11] *Idem*, p. 33.

[12] *Idem*, p. 45.

[13] *Idem*, p. 51.

Como bem observa Walter Sokel,[14] soldado e condenado são descritos por Kafka como duas figuras toscas, grosseiras, primitivas, duas figuras mais animalescas do que humanas:

"Certamente o interesse pela execução não era muito grande nem na *colônia penal*. Pelo menos aqui no pequeno vale, profundo e arenoso, cercado de encostas nuas por todos os lados, estavam presentes, além do oficial e do explorador, apenas o condenado, uma pessoa de ar estúpido, boca larga, cabelo e rosto em desalinho, e um soldado que segurava a pesada corrente de onde partiam as correntes menores, com as quais o condenado estava agrilhoado pelos pulsos e cotovelos bem como pelo pescoço e que também se uniam umas às outras por cadeias de ligação. Aliás o condenado parecia de uma sujeição tão canina que a impressão que dava era a de que se poderia deixá-lo vaguear livremente pelas encostas, sendo preciso apenas que se assobiasse no começo da execução para que ele viesse."[15]

Temos uma descrição semelhante mais à frente, quando o condenado já está deitado na máquina:

"O soldado havia terminado o trabalho de limpeza na máquina e agora despejava papa de arroz de uma lata na tigela.[16] Mal percebeu isso, o condenado, que já parecia ter se recuperado plenamente, começou a apanhar papa de arroz com a língua. O soldado o repelia sempre, pois sem dúvida a papa estava prevista para mais tarde, mas era igualmente impróprio que o soldado enfiasse as mãos sujas na comida para comê-la na frente do condenado ávido."[17]

---

[14] Walter H. Sokel, *Franz Kafka, Tragik und Ironie*, Frankfurt/Main, Fischer, 1976, pp. 147 ss.

[15] *Na colônia penal, cit.*, pp. 31-2.

[16] Note-se: "tigela" (*Napf*) e não "prato", como seria adequado a um ser humano!

[17] *Na colônia penal, cit.*, pp. 55-6.

Escrituras do corpo

O condenado foi condenado porque cedeu ao sono em vez de se levantar a cada hora e bater continência na frente da porta do seu superior, porque não obedeceu à disciplina militar, mas ao impulso corporal, portanto; porque ameaçou seu superior, que o chicoteava, dizendo que iria devorá-lo — em alemão *"fressen"*, verbo usado para distinguir a ação de comer dos animais da dos homens, *"essen"*. A determinação animalesca do condenado e do soldado é reforçada pelo papel passivo que lhes cabe. Eles somente obedecem a ordens e sofrem o castigo, não tomam nenhuma iniciativa. Assim, a ação mesma da novela é fruto das deliberações do oficial e do explorador e, igualmente, dos movimentos da própria máquina ou do aparelho, personagem central da narrativa, que, uma vez "ligado", funciona sozinho, de maneira autônoma.[18] A trama consiste, então, na descrição do aparelho, nas questões do viajante a seu respeito e na demonstração do seu funcionamento pelo oficial.

Composto de três partes principais — uma "parte de baixo" que "tem o nome de cama", uma "de cima", chamada de "desenhador" e a "do meio, que oscila entre as duas" e que "se chama de rastelo"[19] — o aparelho é um precursor dos futuros grandes robôs. Na parte de cima, no desenhador, se introduz um dos rabiscos do antigo comandante como se fosse um tipo de "cartão perfurado"; este desencadeia o movimento do rastelo que, graças a um sistema complicado de agulhas (umas furam o corpo, outras têm pequenos canais de água que vão limpando o sangue) vai inscrevendo nas costas do condenado, deitado e amarrado na cama, sua sentença. O processo inteiro dura doze horas, tempo necessário, segundo o oficial, para a sentença se inscrever definitivamente no corpo da vítima e provocar sua morte. Agora, a característica essencial da máquina, pelo menos na descrição entusiasta do oficial, parece ser sua virtude pedagógica. Não se trata simplesmente de uma tortura lenta que leva à morte. O processo de agonia também é, simultaneamente, um processo de aprendizado: com seu corpo, o condenado aprende a sentença que ele não conseguiu, durante a vida, realizar. A escrita interior, essas palavras inscritas na

---

[18] Vale lembrar que o oficial emprega, preferencialmente, o termo "aparelho". Segundo observações da linguista feminista Marina Yaguello em *Les mots et les femmes* (Paris, Payot, 1978), a palavra masculina indicaria, via de regra, maior complexidade e nobreza!

[19] *Na colônia penal, cit.*, p. 34.

alma ou no coração, que a tradição filosófica chamou de consciência, tinha falhado no decorrer de sua vida; agora, na agonia, essa escrita se exterioriza e se revela nas feridas do suplício. Mesmo o mais obtuso dos homens consegue decifrá-la:

"Compreende o processo? [É o oficial falando.] O rastelo começa a escrever; quando o primeiro esboço de inscrição nas costas está pronto, a camada de algodão rola, fazendo o corpo virar de lado lentamente, a fim de dar mais espaço para o rastelo. Nesse ínterim as partes feridas pela escrita entram em contato com o algodão, o qual, por ser um produto de tipo especial, estanca instantaneamente o sangramento e prepara o corpo para novo aprofundamento da escrita. Então, à medida que o corpo continua a virar, os dentes na extremidade do rastelo removem o algodão das feridas, atiram-no ao fosso e o rastelo tem trabalho outra vez.[20] Assim ele vai escrevendo cada vez mais fundo durante as doze horas. Nas primeiras seis o condenado vive praticamente como antes, apenas sofre dores. Depois de duas horas é retirado o tampão de feltro, pois o homem já não tem mais força para gritar. Aqui nesta tigela aquecida por eletricidade, na cabeceira da cama, é colocada papa de arroz quente, da qual, se tiver vontade, o homem pode comer o que consegue apanhar com a língua. Nenhum deles perde a oportunidade. Eu pelo menos não conheço nenhum, e minha experiência é grande. Só na sexta hora ele perde o prazer de comer. Nesse momento, em geral eu me ajoelho aqui e observo o fenômeno. Raramente o homem engole o último bocado, apenas o revolve na boca e o cospe no fosso. Preciso então me abaixar, senão o recebo no rosto. Mas como o condenado fica tranquilo na sexta hora! O entendimento ilumina até o mais estúpido. Começa em volta dos olhos. A partir daí se espalha. Uma visão que poderia seduzir alguém a se deitar junto embaixo do rastelo. Mas nada acontece, o homem simplesmente começa

---

[20] Como observou meu amigo Edson Luis André de Souza, todo o processo é muitíssimo *limpo*; aliás, o oficial também sempre quer *lavar as mãos*!

Escrituras do corpo

a decifrar a escrita, faz bico com a boca como se estivesse escutando. O senhor viu como não é fácil decifrar a escrita com os olhos; mas o nosso homem a decifra com seus ferimentos. Seja como for, exige muito trabalho; ele precisa de seis horas para completá-lo. Mas aí o rastelo o atravessa de lado a lado e o atira no fosso, onde cai de estalo sobre o sangue misturado à água e ao algodão. A sentença está então cumprida e nós, eu e o soldado, o enterramos. O explorador tinha inclinado o ouvido para o oficial e, as mãos no bolso da jaqueta, observava o trabalho da máquina. O condenado também olhava, mas sem entender."[21]

Depois desta longa descrição, o oficial passa à ação. Ordena ao soldado que tire as roupas do condenado e o estique na "cama" do aparelho. Dito e feito. Mas uma correia, gasta demais, arrebenta. O soldado deve consertá-la, já que o novo comandante, para desgosto do oficial, não substitui peças antigas. Há, portanto, uma pequena interrupção não prevista no funcionamento do aparelho — e no desenrolar do suplício. Somente nesse intervalo, como se pudesse aproveitar a ocasião para tecer algumas reflexões que o bom funcionamento da máquina teria tornado supérfluas, o viajante começa a se perguntar se deve ou não intervir. Notemos: não intervém quando sabe da condenação sem julgamento, embora a ache injusta; não intervém quando entende melhor o processo da tortura; não intervém quando o suplício tem início, isto é, quando o condenado é deitado, nu, no aparelho. O que o impede de agir? Suas dúvidas não dizem respeito à injustiça do processo e à crueldade do castigo, mas suas hesitações nascem do seu estatuto de *estrangeiro* e de observador imparcial (deveria ser ele um "observador participante", como dizem os antropólogos?). Cito suas reflexões que me parecem instigantes:

"O explorador pensou consigo: é sempre problemático intervir com determinação em assuntos estrangeiros. Ele não era membro [cidadão/*Bürger*] da colônia penal nem cidadão do Estado a que ela pertencia. Se quisesse condenar esta execução ou mesmo tentar impedi-la, poderiam lhe di-

---

[21] *Na colônia penal, cit.*, pp. 47-9.

128   Lembrar escrever esquecer

zer: você é um estrangeiro, fique quieto [*Du bist ein Fremder, sei still*]. A isso ele não poderia replicar nada, apenas acrescentar que não compreendia sua própria situação neste caso, pois estava viajando com o único intuito de observar e não, de forma alguma, para mudar procedimentos judiciais estrangeiros. Seja como for, porém, as coisas aqui se colocavam de maneira muito tentadora. A injustiça do processo e a desumanidade da execução estavam fora de dúvida. Ninguém poderia supor qualquer benefício em causa própria [*Eigennützigkeit*] por parte do observador, pois o condenado era uma pessoa estranha [*fremd*] a ele, não era seu compatriota e não demandava nenhuma compaixão [*Mitleid*]. O explorador tinha recomendações de altos funcionários, fora recebido aqui com grande cortesia e o fato de ter sido convidado para esta execução parecia até sugerir que solicitavam a sua opinião sobre este julgamento. Isso era tanto mais provável porque o comandante, conforme tinha ouvido agora de maneira mais clara, não era adepto desse procedimento e se comportava quase com hostilidade em relação ao oficial."[22]

Vejamos mais de perto as dúvidas morais do nosso viajante: seu estatuto de estrangeiro é definido por um não-pertencer de ordem jurídica; ele não é cidadão nem da metrópole nem da colônia. Sendo estrangeiro, ele deve calar-se por respeito aos usos e costumes de outra nação; mesmo que estes últimos sejam injustos e desumanos, o respeito pela lei local deve falar mais alto (o que implica que leis podem ser injustas e desumanas). O viajante só pode ser um mero *observador*. Ao mesmo tempo, já que é estrangeiro, ele não pode incorrer na suspeita de querer falar em benefício próprio, pois o outro, o condenado, também lhe é *estranho* (em alemão, "estrangeiro" e "estranho" são uma mesma palavra: *fremd*). Assim, se quisesse interferir, ninguém poderia denunciá-lo por interesse. Mas tampouco pode ele agir por compaixão, já que o outro lhe é *indiferente*, pois, justamente, são estranhos um ao outro. Kafka alude aqui a dois conceitos

---

[22] *Na colônia penal*, *cit.*, pp. 51-2. Texto alemão: *Ein Landarzt*, *cit*, pp. 175-6.

oriundos da filosofia moral do idealismo alemão: o interesse próprio (*Eigennützigkeit*) que, segundo Kant, não pode orientar nossas ações morais; e a compaixão (*Mitleid*), fundamento pré-discursivo da relação com o outro, de Rousseau a Schopenhauer (e, talvez, Adorno). Ora, sendo definido e se autodefinindo como "estrangeiro" (porque cidadão de outro país) em relação a outros estrangeiros, o viajante escapa das atitudes interesseiras; mas não pode recorrer à compaixão: esta só é possível numa relação com o outro que não é definida primeiramente pelo pertencer jurídico de um e outro a uma cidadania específica. Em outras palavras, somente é possível sentir compaixão (*Mit-leid*) por um outro que não é definido só como cidadão de um outro país, mas também como um outro homem (*Mit-mensch*). Quando a primeira definição de uma relação entre dois sujeitos remete a seus estatutos jurídicos respectivos (no caso, de cidadãos de países diferentes), uma certa falta de interesse, uma certa *imparcialidade* é garantida; mas também uma certa falta de interesse no sentido de *indiferença*. Já que o viajante não pode recorrer nem à comunidade de interesses nem à compaixão, só lhe resta, então, esperar que os altos funcionários que o enviaram à ilha, e o novo comandante, que parece mais esclarecido, isto é, que as *autoridades superiores* tomem a decisão que ele, por estar neste lugar atópico, não consegue tomar. Continua, portanto, a observar, a pensar e a calar.

Entretanto, a correia já foi consertada e o processo vai, enfim, poder começar, quando acontece mais um imprevisto:

> "Nesse momento o explorador ouviu um grito de raiva do oficial. Ele tinha acabado de enfiar, não sem esforço, o tampão de feltro na boca do condenado, quando este, num acesso irresistível de náusea, fechou os olhos e vomitou. Para afastá-lo do tampão, o oficial o ergueu rapidamente, enquanto tentava virar sua cabeça para o fosso; mas era tarde demais, a sujeira[23] já escorria pelo aparelho."[24]

Enganei-me quando disse que o condenado era sempre passivo e não desencadeava nenhuma ação decisiva. Não é uma iniciativa

---

[23] Ver nota 20.

[24] *Na colônia penal*, *cit.*, p. 52.

consciente, mas uma reação orgânica, seu vômito, que vai atrapalhar toda a sequência. Notemos: o "processo" atrasa novamente não porque a técnica do aparelho falha; também não porque o viajante intervém e argumenta. O que impede o bom (!) funcionamento é algo corporal, primitivo, asqueroso, algo que não tem a ver com a nobreza do espírito humano ou com as conquistas da técnica, mas sim algo ligado à má digestão, algo sujo e vergonhoso *resiste* e não funciona. Nova interrupção: o aparelho deve ser limpado, tarefa do soldado.

Enquanto se limpa a máquina, o oficial exasperado perde seu autocontrole e se deixa levar por uma evocação saudosista e grandiloquente dos tempos passados. Descreve a festa, simultaneamente política, civil e religiosa, do suplício e da execução públicos quando todos os moradores da ilha se amontoavam no vale para assistir ao martírio. A evocação desse passado glorioso só faz parecer mais deserto e abandonado o lugar atual da execução. Emocionado e indignado por essa discrepância, o oficial acredita ler no olhar vago do viajante os mesmos sentimentos; ele lhe propõe, então, uma aliança. Já que suspeita que o novo comandante quer se aproveitar da presença do viajante, de sua observação imparcial, de sua competência internacional, para ter argumentos decisivos — um parecer científico de fora — que permitam a supressão do aparelho e deste tipo de pena, e que ele, o viajante, certamente será chamado na corte para dar sua opinião, para depor a favor ou contra a máquina, a ordem antiga, a herança sagrada do comandante morto. Que ele vá, então, no dia seguinte, à reunião e, quando perguntado pelo soberano, que dê sua opinião, com ênfase ou com simplicidade, mas que diga o quanto o procedimento antigo é digno de admiração, que diga de maneira clara, mesmo que não entusiasta, que tudo merece continuar assim. Ele, o oficial, também estará na assembleia e saberá acrescentar as palavras necessárias no momento oportuno para ajudar a resgatar o antigo esplendor do aparelho negligenciado.

O explorador, diretamente interpelado, tenta ainda ser evasivo, não quer responder, contesta o peso de sua influência, enfim, não quer tomar posição nem se comprometer. Mas, finalmente, pressionado pelo oficial ofegante, é obrigado a responder:

> "Para o explorador estava desde o início fora de dúvida a resposta que precisava dar; na sua vida havia experimentado coisas demais para que pudesse vacilar aqui; era

Escrituras do corpo

um homem basicamente honesto e não tinha medo. Apesar disso hesitou um instante à vista do homem e do soldado.[25] Mas finalmente disse o que tinha de dizer:

— Não."[26]

Quando ouvimos este simples "não", todos nós, leitores esclarecidos, honestos e covardes como o próprio explorador, respiramos aliviados: enfim tomou posição, enfim o bem vai prevalecer sobre o mal, a civilização sobre a barbárie (e a democracia americana sobre o terrorismo árabe!).

E, com efeito, esse pequeno "não", acrescido de algumas explicações que o viajante expõe com muito respeito ao oficial, produz efeitos inesperados e decisivos, efeitos que as dúvidas morais do nosso observador estrangeiro não deixavam prever. O oficial não tenta continuar a discussão. Reconhece que "o procedimento não convenceu" o viajante e conclui, de maneira enigmática, que "chegou a hora". Liberta o condenado. Procura uma nova folha na carteira de couro que contém as instruções do antigo comandante. Escolhe com cuidado um rabisco e o dá a ler ao viajante. Apesar de toda sua boa vontade e de muitos esforços, este não consegue decifrar nada. O oficial, então, soletra solenemente a seguinte sentença: "Seja justo". Sobe em cima do aparelho. Troca a folha de papel com a sentença antiga pela nova. Desce, despe-se totalmente, dobra com cuidado suas roupas, deita-se ele mesmo na cama da máquina e pede ao soldado para ser amarrado. A partir desse momento, tudo se precipita. O aparelho, subitamente silencioso (antes rangia bastante), começa a funcionar. O soldado e o ex-condenado olham muito excitados, o viajante quer expulsá-los, mas não consegue. Aí, escuta um ruído esquisito e percebe, então, que o desenhador da parte de cima do aparelho está se abrindo. Pouco a pouco, uma engrenagem é expulsa pela tampa aberta, depois uma outra, depois uma terceira e assim por diante. Todas

[25] Não ouso interpretar essa última frase; ela me parece abissal. Reforça uma suspeita: o viajante dirá finalmente "Não", muito mais porque não quer se envolver com nada, isto é, porque se sente desagradavelmente pressionado pelo oficial e não quer se comprometer com ele, que por firme convicção pessoal.

[26] *Na colônia penal, cit.*, p. 64. Tomei a liberdade de alterar aqui alguns detalhes da tradução.

as peças despencam aos pés do soldado e do condenado, totalmente fascinados. O desmanche rápido da máquina também absorve a atenção do viajante; quando se volta para cuidar do oficial, percebe que é tarde demais. A máquina havia ficado totalmente fora de ritmo; trabalhara rapidamente demais e já havia massacrado o oficial, "já não era mais uma tortura, como pretendia o oficial, e sim assassinato direto".[27] O oficial, sem nenhuma inscrição mas atravessado pelas agulhas do rastelo, está pendurado sem vida. O viajante ainda tenta desprendê-lo da máquina, porém, sem êxito. E vê:

> "Nesse ato viu quase contra a vontade o rosto do cadáver. Estava como tinha sido em vida; não se descobria nele nenhum sinal da prometida redenção; o que todos os outros haviam encontrado na máquina, o oficial não encontrou; os lábios se comprimiam com força, os olhos abertos tinham uma expressão de vida, o olhar era calmo e convicto, pela testa passava atravessada a ponta do estilete de ferro."[28]

A narrativa poderia, penso, terminar aqui, para nosso alívio. Um *happy end* relativo: o condenado de maneira injusta foi salvo, o viajante tomou uma posição firme, o oficial torturador morreu. Venceu a razão.

Kafka, no entanto, escreve ainda três páginas muito esquisitas, como se não conseguisse concluir ali. Essas três páginas, aliás, não cessarão de atormentá-lo (mas ele não cogita a possibilidade de concluir a novela sem elas, somente com a cena da morte do oficial). Seu descontentamento em relação a elas explica por que a novela só foi publicada em 1919, vários anos depois de sua redação. A respeito dessas três últimas páginas, Kafka escreve a seu editor Kurt Wolff, que queria publicar a narrativa:

> "As duas ou três páginas um pouco antes do seu fim são fajutas, sua presença indica uma falta mais profunda,

---

[27] *Idem*, p. 74.

[28] *Idem*, p. 75.

Escrituras do corpo

há aqui em alguma parte um verme, que torna oco mesmo o pleno da história."[29]

Ainda em 1917, em seu diário, Kafka esboça várias outras possibilidades de conclusão da narrativa. Numa delas o novo comandante exorta seus concidadãos a preparar tudo para a chegada de uma gigantesca serpente, nova forma feminina (deve ser chamada "Madame"!) de poder; numa outra, o viajante, exausto, desfalece ao lado da máquina e, quando encontrado por dois funcionários, começa a andar de quatro e a latir como um cão (ver o fim do *Processo*?); numa terceira, o viajante ainda tenta enterrar o oficial, mas não consegue, fica tonto por causa do calor tropical e, finalmente, não entende como o condenado traz suas bagagens para o navio enquanto é o oficial que está morto.[30] Por insistência dos amigos e do editor de Kafka, a novela foi finalmente publicada com sua primeira conclusão. O que diz ela? Descreve o viajante voltando para a colônia, para a cidade, acompanhado pelo soldado e pelo condenado. Chegam a uma casa simples, conhecida como "a casa de chá", da qual lhe havia falado o oficial. Apesar de suas dimensões modestas, parece ser um lugar sagrado. O viajante ali entra e respira o sopro do passado. Cito essa passagem:

> "Embora a casa de chá se distinguisse pouco das demais casas da colônia, que estavam muito deterioradas até onde começavam as construções do palácio do comando, ela causou no explorador a impressão de uma recordação histórica, e ele sentiu a força dos velhos tempos. Aproximou-se mais e, à frente dos seus acompanhantes, passou pelo meio das mesas desocupadas que se achavam na rua diante da casa de chá, aspirando o ar frio e pesado[31] que vinha do interior.

[29] Carta de 4/9/1917, citada por Walter H. Sokel, *op. cit.*, p. 1. Tradução de J. M. G.

[30] Franz Kafka, *Tagebücher 1914-1923/Gesammelte Werke in swölf Bänden*, Frankfurt/Main, Fischer, 1994, vol. 3, pp. 152-5.

[31] Isto é, parecido com o ar de catacumbas ou de um grande edifício mortuário.

— O velho está enterrado aqui — disse o soldado. [...]
— Onde está o túmulo? — perguntou o explorador, que não podia acreditar no soldado."[32]

Alguns homens simples, fortes e pobres, provavelmente trabalhadores do porto, levantam, empurram umas mesas e murmuram: "É um estrangeiro [...] — Ele quer visitar o túmulo". Descobrem, então, uma lápide simples, escondida embaixo de uma mesa. O viajante precisa se ajoelhar para conseguir ler a inscrição, gravada em letras "muito miúdas". Diz ela:

"Aqui jaz o antigo comandante. Seus adeptos, que agora não ousam trazer nenhum nome, cavaram-lhe o túmulo e assentaram a lápide. Existe uma profecia segundo a qual o comandante, depois de determinado número de anos, ressuscitará e chefiará seus adeptos para a reconquista da colônia. Acreditai e esperai!"[33]

O viajante ergue-se de volta, distribui alguns trocados, como o fazem os turistas, e sai apressadamente para o porto. Quer ir embora o mais rapidamente possível. Quando chega na escadaria perto dos barcos, percebe que o soldado e o condenado, que haviam ficado na casa de chá com uns conhecidos, correm atrás dele como se quisessem embarcar junto. O viajante apressa-se mais ainda, entra num barco menor que deve levá-lo ao navio. Condenado e soldado correm, quase o alcançam, mas o viajante se recusa a levá-los consigo. Leio as últimas frases da narrativa:

"Enquanto o explorador negociava com um barqueiro a travessia até o navio a vapor, os dois desceram a escada a toda pressa, sem dizer nada, pois não ousavam gritar. Mas quando chegaram em baixo, o explorador já estava no barco e o barqueiro acabava de soltá-lo da margem. Ainda teriam podido saltar dentro da embarcação, mas o explorador ergueu do fundo do barco uma pesada

[32] *Na colônia penal, cit.*, pp. 75-6.
[33] *Idem*, p. 77.

Escrituras do corpo

amarra, ameaçou-os com ela e desse modo impediu o seu salto."[34]

Com certeza, eis um fim muito estranho, sem dúvida nenhum *happy end.*

* * *

Imagino que não fui uma observadora suficientemente imparcial e que minha releitura desse texto já aponta para algumas hipóteses de interpretação. Gostaria de mencionar rapidamente duas chaves de leitura frequentemente usadas quando se trata de Kafka e, em particular, desta narrativa. A primeira é a religiosa, ou melhor, a teológica. Um dos seus eminentes representantes é o amigo de Kafka, Max Brod. Gershom Scholem, o grande pesquisador da mística judaica, também a defende, de maneira mais sutil.[35] Essa interpretação se apoia na seguinte hipótese: a obra de Kafka representaria, através dos temas da culpa, da justiça e da redenção, como uma versão secularizada do processo de justiça divina. Essa interpretação soteriológica se desdobra, em particular na leitura de Scholem, numa teologia negativa: é justamente porque, na nossa modernidade, Deus se tornou ausente, não se manifesta mais no esplendor de sua verdade, que processo e justiça se tornaram tão enigmáticos. Tudo anunciaria, então, na obra de Kafka, a presença paradoxal de uma "transcendência morta". O deus morto não foi vencido; pelo contrário, ele só se tornou mais temível e mais invulnerável porque não está mais a nosso alcance. Maurice Blanchot, certamente um dos leitores mais perspicazes de Kafka, escreve:

> "É com uma transcedência morta que estamos lutando, é um imperador morto que é representado pelo funcionário da *Muralha da China*, é, na *Colônia penal*, o antigo comandante defunto que a máquina de tortura ainda torna presente."[36]

[34] *Idem*, p. 78. Modifiquei as últimas palavras da tradução por razões que veremos no fim.

[35] Sobre a interpretação de Kafka por Scholem e a discussão com Benjamin, ver Stéphane Mosès, *L'ange de l'histoire* (Paris, Seuil, 1992).

[36] Maurice Blanchot, *De Kafka à Kafka*, Paris, Gallimard, 1981, p. 70. Tradução de J. M. G.

Esse motivo do deus morto, mas sufocante, se desdobra numa outra vertente de interpretação, mais ligada à psicanálise: como a figura de Deus, para Freud, pode ser derivada da figura paterna, fonte de proteção *e* fonte de terror, assim também os textos de Kafka elaboram o *luto* paterno e divino, isto é, uma *luta* contra Deus e contra o pai todo-poderoso e, simultaneamente, uma despedida do pai e de Deus. Essa leitura, que a famosa *Carta ao pai* vem reforçar, é, porém, matizada por um certo consenso entre os pesquisadores. Com efeito, se os primeiros textos de Kafka, como *O veredicto* e *A metamorfose*, podem ser lidos segundo a grade do modelo familiar e edípico,[37] os grandes romances inacabados como *O processo* e *O castelo* já mostrariam que Kafka soube transpor a análise da repressão e do poder paternos para uma análise da repressão e do poder burocrático-administrativos. A obra de Kafka assinala, assim, um processo típico da modernidade: a saber, um processo de secularização e de disseminação anônima do poder. A figura do *Deus* supremo como que se retira e se transforma na figura do *pai* tirânico que, por sua vez, desaparece em proveito de um *aparelho* burocrático anônimo e todo-poderoso — e os fiéis crentes se tornam filhos e funcionários obedientes e aterrorizados! Já nos anos 1930, Walter Benjamin anotava que os pais e os funcionários kafkianos eram irmãos na sujeira, na arbitrariedade e no poder.[38]

Nessa linha de interpretação, *Na colônia penal* ocupa um lugar de destaque. A novela se situa entre as narrativas de juventude mais explicitamente familiares (*O veredicto* e *A metamorfose*) e o grande romance da administração assassina, *O processo*. Aliás, o próprio Kafka quis, no início, publicar as três novelas em conjunto, depois

---

[37] Mas essa grade não pode ser exclusiva como Deleuze o ressalta em *Kafka. Pour une littérature mineure* (Paris, Minuit, 1975).

[38] Walter Benjamin, "Franz Kafka. Zur zehnten Wiederkehr seines Todestages", *in Gesammelte Schriften*, vol. II-2, Frankfurt/Main, Suhrkamp, 1977, p. 411: "Viel deutet darauf hin, dass die Beamtenwelt und die Welt der Väter für Kafka die gleiche ist. Die Ähnlichkeit ist nicht zu ihrer Ehre. Stumpfheit, Verkommenheit, Schmutz macht sie aus". Tradução de Sérgio Paulo Rouanet: "Há muitos indícios de que o mundo dos funcionários e o mundo dos pais são idênticos para Kafka. Essa semelhança não os honra. Ela é feita de estupidez, degradação e imundice." (Walter Benjamin, *Obras escolhidas I*, Brasiliense, São Paulo, 1985, p. 139. Nova edição: São Paulo, Livraria Duas Cidades/Editora 34, no prelo.)

Escrituras do corpo

desistiu em razão da hesitação na publicação da terceira. Podemos observar ainda, nesse contexto, que a figura do comandante morto, resquício do monarca/pai todo-poderoso feito à imagem de Deus, não consegue mais, *Na colônia penal*, sobreviver no seu único filho fiel, no oficial, filho também morto no final. As várias alusões intertextuais ao relato da Paixão de Jesus (as doze horas de agonia, a promessa de ressurreição inscrita na lápide do túmulo, o mandamento "Acreditai e esperai")[39] confirmam essa vertente interpretativa. Enfim, o motivo tão central da escrita parece também aludir à escrita sagrada, à Escritura. Quando lemos a descrição das linhas labirínticas rabiscadas pelo antigo comandante nas folhas preciosamente guardadas pelo oficial, podemos também nos perguntar se não haveria aqui uma descrição parodística da escrita hebraica, em particular dos comentários talmúdicos: uma página coberta de signos escritos que rodeiam um único versículo central, que quase desaparece sob a profusão dos comentários posteriores:

"— Muito engenhoso — disse evasivamente o explorador. — Mas não consigo decifrar nada.

— Sim — disse o oficial rindo e guardando de novo a carteira. — Não é caligrafia para escolares. É preciso estudá-la muito tempo. Sem dúvida o senhor também acabaria entendendo. Naturalmente não pode ser uma escrita simples, ela não deve matar de imediato, mas em média só num espaço de tempo de doze horas; o ponto de inflexão é calculado para a sexta hora. É preciso portanto que muitos floreios rodeiem a escrita propriamente dita; esta só cobre o corpo numa faixa estreita; o resto é destinado aos ornamentos. O senhor consegue agora apreciar o trabalho do rastelo e de todo o aparelho? Veja!"[40]

A respeito desse tema da escrita e da escritura, gostaria, porém, de fazer a seguinte observação: se esses motivos remetem à tradição religiosa, em particular à teologia judaica, o tratamento parodístico

---

[39] "Glaubet und wartet!" lembra o título de uma cantata de Bach: "Glaubet und wachet!".

[40] *Na colônia penal, cit.*, pp. 46-7.

lhes confere muito mais um caráter de esquisitice que de saudade sagrada. Kafka insiste nas ínfimas precauções que o oficial toma para manusear essas velhas folhas de papel que, aos olhos do viajante, só trazem desenhos caóticos, rabiscos labirínticos nos quais nada há para ser decifrado. Lembro aqui que Kafka usava a mesma palavra "rabisco", "Gekritzel",[41] para descrever seus próprios textos, aliás, muitas vezes acompanhados por pequenos desenhos de figuras humanas que ele depois rasgava e jogava fora (como um aluno que não toma notas, mas rabisca figurinhas durante uma palestra!). Como se quisesse dizer que quem quer ter algo a decifrar, sempre encontrará um hieróglifo desconhecido e um sentido escondido, mas que talvez não haja nem sentido oculto nem signo sagrado, somente rascunhos. Ou ainda: quem quiser crer numa mensagem sagrada, sempre encontrará algo a ser decifrado — mas isso não prova que haja mensagem sagrada (essa desconfiança cortês poderia, aliás, ajudar a ler os textos do próprio Kafka). Ouso mesmo arriscar uma hipótese de leitura que, até agora, não encontrei em nenhum comentário da *Colônia penal* — não seriam as sentenças decifradas nas folhas rabiscadas pelo antigo comandante somente fruto da imaginação do oficial, ou melhor, fruto do seu desejo em encontrar sentenças, isto é, justiça e redenção? Por que pressupor com ele que há realmente algo escrito aí?

A escrita do comandante morto deveria encontrar sua realização na inscrição da sentença no próprio corpo do condenado, trazendo, simultaneamente, morte e redenção. Esse motivo pode ser lido também como uma irônica variação do velho adágio, segundo o qual, para aprender, é necessário sofrer. A sabedoria grega já proclamava: "*ho mè dareis anthrôpos ouk paideuetai*".[42] E várias religiões retomam esta ideia de um sofrimento na carne necessário à purificação da alma. Na *Genealogia da moral*, Nietzsche denuncia esta ligação entre dor e aprendizado, escritura e memória. Como o observa Aleida Assmann no seu belo livro,[43] Nietzsche desloca a antiga e serena re-

---

[41] Ver G. Janouch, *Gespräche mit Kafka*, Frankfurt/Main, Fischer, 1968, p. 48.

[42] Uma sentença (!) que minha professora de grego antigo escreveu no primeiro dia de aula na lousa, atitude verdadeiramente pedagógica! Significa: "o homem que não foi esfolado não é educado/formado"!

[43] Aleida Assmann, *Erinnerungsräume. Formen und Wandlungen des kulturellen Gedächtnisses*, Munique, Beck, 1999, p. 245.

Escrituras do corpo

lação da memória e da escritura. Com efeito, uma das metáforas prediletas para descrever os processos mnemônicos sempre foi a da inscrição na alma: esta última podendo ser uma tábua de cera ou um bloco mágico. Por sua vez, Nietzsche chama a atenção para a violência imanente ao processo de inscrição:

> "'Como fabricar no animal-homem uma memória? Como imprimir algo que continue presente nesse entendimento do instante, simultaneamente obtuso e distraído?' [...] Esse problema muito antigo não foi resolvido, como se pode imaginar, com respostas e meios muito suaves; talvez não haja nada de mais terrível e de mais sinistro em toda pré-história do homem que sua *mnemotécnica*. 'Grava-se algo a ferro e fogo, para que fique na memória: somente o que não cessa de *doer* fica guardado na memória'."[44]

Os mandamentos morais que transformam os "homens-animais" em seres dotados de memória e de obediência devem ser inscritos, com dor incessante, na alma — e no corpo —, afirmam juntos, mesmo que com intenções diferentes, Nietzsche (Freud, Foucault) e o oficial da *Colônia penal* de Kafka.

Com essa ressalva sobre a escritura como forma de inscrição violenta e cruel, chego à segunda grande hipótese hermenêutica na leitura da obra de Kafka. Desde Hannah Arendt, que gostava de Kafka, e Bertolt Brecht, que não gostava dele, até George Steiner, e passando por Günter Anders e Theodor W. Adorno, a obra de Kafka é lida como uma descrição profética dos mecanismos cruéis e anônimos dos totalitarismos modernos, em particular do nazismo. Num livro intitulado *L'histoire déchirée*,[45] o cientista político Enzo Traverso retoma e reforça essas leituras; ele lembra, com proveito, que Kafka conhecia as teorias de Max Weber sobre o desencantamento do mundo e o crescimento da burocracia na modernidade. Kafka foi, aliás, aluno, na faculdade de direito de Praga, do irmão de Max Weber, Alfred Weber;

---

[44] Friedrich Nietzsche, *Zur Genealogie der Moral*, Ed. Colli-Montinari (Kritische Studienausgabe), vol. V, Munique/Berlim, DTV/Gruyter, 1988, p. 295, citado por A. Assmann, *op. cit.*, p. 245. Tradução de J. M. G.

[45] Enzo Traverso, *L'histoire déchirée. Essai sur Auschwitz et les intellectuels*, Paris, Cerf, 1997, pp. 50 ss.

ele certamente leu o ensaio deste último, *Der Beamte* (O funcionário), de 1910, ensaio apontado por vários pesquisadores como uma das prováveis fontes de nossa novela (ao lado de uma obra "pornográfica sádico-anarquista"[46] de Octave Mirbeau, *Le jardin des supplices*, de 1899). Toda interpretação da *Colônia penal*, proposta por Traverso, retoma e reforça essa visão profética do nazismo em Kafka:

> "O caráter premonitório desta novela de Kafka reside sobretudo na sua descrição de um procedimento de destruição s e m s u j e i t o, no qual a execução da pena cabe a uma máquina, sem que a vítima possa olhar para seu algoz. Escrita no início da Primeira Guerra Mundial, *Na colônia penal* parecia anunciar os massacres anônimos do Século XX, nos quais a matança se torna uma operação técnica cada vez mais subtraída à intervenção direta dos homens. [...] A descrição técnica do funcionamento dessa engenhoca, dada pelo oficial com minúcia detalhada ao visitante da colônia penal, lembra a *Amtsprache* [língua do ofício] pela qual se designavam as diferentes fases da execução nos campos nazistas. O 'rastelo' imaginado por Kafka, que gravava na pele de suas vítimas sua sentença de morte, remete de maneira impressionante à tatuagem dos *Häftlinge* [presos] em Auschwitz, este número indelével que fazia sentir, segundo Primo Levi, 'sua condenação escrita na sua carne'."[47]

Algumas linhas depois, Traverso afirma que a execução descrita na *Colônia penal* também lembra uma variante da "sombria festa

---

[46] Segundo os termos de Modesto Carone no seu posfácio à tradução da *Colônia penal*, p. 84.

[47] Enzo Traverso, *op. cit.*, p. 53; tradução de J. M. G. (a grafia do termo "sem sujeito" segue o original). Traverso cita *Os afogados e os sobreviventes*, de Primo Levi. O comentário, igualmente político, de Hans Dieter Zimmermann, num pequeno volume de vários autores sobre Kafka (*Interpretationen. Franz Kafka. Romane und Erzählungen*, Stuttgart, Reclam, 1994, pp. 166-7), me parece mais apropriado: "Pela primeira vez veio à existência esta ligação entre racionalidade técnica e barbárie extrema que louva o oficial na *Colônia penal*. Essa narrativa, que não trata da guerra, apresenta a constelação que determina a guerra moderna: o acoplamento entre técnica e barbárie, diante do qual a humanidade europeia sucumbiu" (tradução de J. M. G.).

Escrituras do corpo

punitiva" antiga, tal como a descreve Foucault em *Vigiar e punir*. Haveria, portanto, não só elementos "premonitórios" (do nazismo) nesta narrativa, mas também a lembrança de procedimentos arcaicos. Devo, por minha parte, confessar que essas interpretações político--proféticas não me convencem; consigo aceitar melhor tal leitura quando se trata da descrição da engrenagem burocrática infinita do *Processo* ou mesmo do *Castelo*. A famosa cena do espancamento, num quarto de despejo do escritório no qual K. trabalha, no quinto capítulo do *Processo*, a resposta do espancador ("Fui empregado para espancar, por isso espanco") e a reação temerosa de K. que fecha a porta para ninguém escutar os gritos (e descobrir que as vítimas são os funcionários que vieram prendê-lo de manhã, portanto que ele, K., é tido como culpado), essa cena me lembra, sem dúvida, demissões e torturas cotidianas futuras. Agora, *Na colônia penal*, há uma personagem essencial que não existe em Auschwitz: o visitante, esse viajante europeu bem-educado, imbuído de multiculturalismo, ciente do seu lugar, temeroso e honesto, e, neste sentido sim, exemplar de nossas covardias cotidianas. Mas chama a atenção que seu "Não" finalmente arrancado pelo oficial — pois o viajante resiste o maior tempo possível a tomar posição ou a se intrometer — desencadeia tanto a destruição da máquina como a do seu servidor-algoz. Poderíamos, então, concluir com a vitória das luzes sobre as trevas da barbárie? O texto de Kafka não parece permitir essa esperança. Algo, pois, continua incomodando a ele, Kafka, que reescreve várias vezes as últimas páginas da narrativa, e a nós, leitores, que gostaríamos de poder achar um pouco mais simpático esse viajante/explorador/estrangeiro/cientista social/pesquisador; enfim, a nós que gostaríamos de poder nos identificar melhor com ele, com o poder da razão e da tolerância.[48]

O que incomoda, então? Em primeiro lugar, o fato dessa palavrinha "Não" ter tido tanta eficácia assim, enquanto o viajante literalmente não mexia nenhum dedo até aí; ficava com "as mãos no bolso da jaqueta"[49] e não pretendia interferir. Exprimo uma dúvida: e se o "Não" pronunciado pelo viajante não fosse nenhuma palavra de corajosa resistência, mas somente aquilo por que o oficial, último

---

[48] A falta de simpatia para com a personagem do viajante é comum à maioria dos intérpretes da novela; ver Zimmermann, *op. cit.*

[49] *Na colônia penal*, *cit.*, p. 47-9.

discípulo de um comandante morto e representante de uma ordem caduca, secretamente sempre esperou para ver confirmada sua dolorosa suspeita: "chegou a hora",[50] acabou, não há mais crença — e, portanto, tampouco *justiça* e *redenção*.

Em segundo lugar, incomoda a distância que separa o explorador culto e educado do soldado e do condenado, assim também como dos trabalhadores portuários da casa de chá, a quem só sabe distribuir uns trocados. Eles são seres humanos descritos como animais e percebidos como tais pelo viajante, esse representante dos "direitos humanos". Com a morte do oficial e a destruição da máquina, essa separação não diminui, mas continua inalterada. Aliás, o próprio viajante se esforça, com irritação e violência, em conservá-la: ameaça os dois comparsas com uma "pesada amarra"[51] quando querem alcançá-lo e embarcar no mesmo navio: isto é, quando quase conseguem deixar a ilha. Com todas as suas luzes, o viajante só deseja fugir desse lugar sombrio e, também, impedir algo realmente decisivo: que outros homens, esses "homens-animais" como diz Nietzsche, possam dar o *salto (*"Sprung*")*[52] para fora da colônia penal.

---

[50] *Idem*, p. 65.

[51] *Idem*, p. 78; trata-se da última frase da novela.

[52] *"Sprung"*, *"Ursprung"*, *"Tigersprung"*..., ver as famosas teses "Sobre o conceito de História", de Walter Benjamin.

10.
O RUMOR DAS DISTÂNCIAS ATRAVESSADAS

Para Mônica

Marcel Proust é conhecido demais pela sua "madeleine". Mesmo quem não leu *Em busca do tempo perdido* conhece o famoso episódio: voltando para casa numa noite fria de inverno, o escritor aceita a oferta de sua mãe de lhe preparar um chá. Ele é servido com um bolinho seco, tipo nossa broa de milho, cujo nome é "madeleine". O primeiro gole de chá, misturado ao sabor desse bolo bastante comum na França, produz uma impressão como que mágica na alma do narrador, há pouco ainda submersa pela melancolia e pela escuridão de uma triste tarde chuvosa. De repente, ele vê luz, sente calor, alegria, um prazer intenso o atravessa cuja causa ele ignora. Percebe, então, depois de um longo esforço de atenção espiritual, que a "madeleine" ressuscitou uma lembrança, esquecida no fundo da memória: o sabor do mesmo bolinho misturado ao chá que ele tomava enquanto criança, na casa de veraneio de sua família, aos Domingos, quando ia cumprimentar sua tia-avó, a Tante Léonie. Esse episódio, situado no fim do primeiro capítulo do primeiro livro de *Em busca do tempo perdido*, desencadeia uma avalanche de lembranças que vão constituir a matéria-prima dessa imensa obra. Proust opõe a ressurreição casual e involuntária dessas lembranças autênticas, vivas, frescas como o olhar da criança de outrora, ao vão esforço voluntário e inteligente do adulto que tentava lembrar de sua infância e só encontrava detalhes insignificantes e mortos. O episódio da "madeleine" oferece, portanto, uma das chaves da estética proustiana.

Um dos grandes perigos da interpretação dessa passagem é transformar *Em busca do tempo perdido* num longo romance constituído pela procura e pela descrição desses reencontros felizes entre sensação presente e sensação passada. Ora, Proust já havia escrito esse romance: um livro inacabado de mais de oitocentas páginas, *Jean Santeuil*. Como Maurice Blanchot já fez[1] (sendo retomado por vários intérpretes, em particular por Paul Ricoeur), devemos nos perguntar sobre o

---

[1] Maurice Blanchot, *Le livre à venir*, Paris, Gallimard, 1959, pp. 31 ss.

que separa e diferencia esse primeiro romance inacabado do romance "definitivo" da *Busca* (*Jean Santeuil* data dos anos 1896/8; Proust começa a versão "definitiva" da *Busca* em 1909, e o primeiro volume, *No caminho de Swann*, é publicado em 1913). Devemos, sobretudo, ficar atentos para não reduzir a *Busca* a um novo *Jean Santeuil*, isto é, reduzir *Em busca do tempo perdido* a um belo romance que enumera e descreve vários instantes privilegiados e felizes que chegam ao acaso e pegam o herói de surpresa. Um romance "impressionista" por assim dizer, um romance que captura e transcreve esses momentos de felicidade — como o fazem as telas luminosas e despreocupadas de Renoir, por exemplo. Ou, como dizia uma aluna minha ao ler Proust, um romance de "climas". Tentarei mostrar aqui, nesta breve apresentação, que há muito mais nesse livro. Trata-se, no fundo, de lutar contra o tempo e contra a morte através da escrita — luta que só é possível se morte e tempo forem reconhecidos, e ditos, em toda a sua força de esquecimento, em todo o seu poder de aniquilamento que ameaça o próprio empreendimento do lembrar e do escrever.

Um primeiro ponto a ser ressaltado: a experiência da "madeleine" não foi inventada, literariamente falando, por Proust. Ele mesmo nos indica, em passagens do último volume, *O tempo redescoberto*, que vários outros autores antes dele descreveram a mesma experiência: Chateaubriand, Nerval, Baudelaire (o editor Jean-Yves Tadié, da Pléiade, também cita um texto de Ernest Renan, de 1906, muito próximo).[2] Podemos observar que as últimas páginas da *Busca* foram escritas na mesma época em que as primeiras: a "madeleine" e a calçada desigual do pátio do hotel de Guermantes (que provoca no narrador a mesma experiência de felicidade) se respondem e se correspondem mutuamente. Falo em *corresponder* porque o grande modelo explícito de Proust é o poema de Baudelaire, as "Correspondences", ou melhor, a experiência privilegiada de tempo que elas traduzem: contra a morosidade mortífera do tempo cronológico devorador (cf. os poemas "L'Horloge" ou "L'Ennemi", em *Flores do Mal*), a alegria de curtos momentos de graça, de instantes quase místicos nos quais os diversos tempos se condensam na intensidade da sensação presente.[3]

[2] Marcel Proust, *A la recherche du temps perdu*, vol. I, *Du côté de chez Swann*, Jean-Yves Tadié (org.), Paris, Gallimard, 1987, ver notas 1 da p. 46 e da p. 1123, respectivamente.

[3] Ver as análises de Walter Benjamin a este respeito em "Sobre alguns te-

Assim, temos não apenas várias descrições de vários autores desses instantes de felicidade, nascidos de ressurreições sensíveis, mas também o próprio Proust nos dá páginas muito parecidas num outro texto, no "Prefácio" do livro que devia ser, antes de tudo, um ensaio de crítica literária, o *Contre Sainte-Beuve*, redigido em 1908. Leio o trecho decisivo deste prefácio:

"*L'autre soir, étant rentré glacé par la neige, et ne pouvant me réchauffer, comme je m'étais mis à lire sous la lampe, ma vieille cuisinière me proposa de me faire une tasse de thé, breuvage dont je ne prends jamais. Et le hasard fit qu'elle m'apporta quelques tranches de pain grillé. Je fis tremper le pain grillé dans la tasse de thé, et au moment où je mis le pain grillé dans la bouche et où j'eus la sensation de son amollissement pénetré d'un goût de thé contre mon palais, je ressentis un trouble, des odeurs de géraniums, d'orangers, une sensation d'extraordinaire lumière, de bonheur; je restai immobile, craignant par un seul mouvement d'arrêter ce qui se passait en moi et que je ne comprenais pas, et m'attachant toujours à ce bout de pain trempé qui semblait produire tant de merveilles, quand soudain les cloisons ébranlées de ma mémoire cédèrent, et ce furent les étés que je passais dans la maison de campagne que j'ai dite qui firent irruption dans ma conscience, avec leurs matins [...]*"

"Outra noite, tendo retornado congelado pela neve, e não conseguindo me aquecer, como tinha começado a ler sob a luz da lâmpada, minha velha cozinheira me propôs preparar uma xícara de chá, bebida que nunca tomo. E o acaso fez com que ela trouxesse junto algumas torradas. Molhei uma torrada na xícara de chá, e, no momento em que coloquei a torrada na boca e tive a sensação de seu amolecimento impregnado de um gosto de chá contra meu palato, senti uma perturbação, odores de gerânios, de laranjeiras, uma sensação de luz extraordinária, de felicida-

mas em Baudelaire", Coleção Os Pensadores, *Benjamin, Adorno, Horkheimer, Habermas*, São Paulo, Abril, 1980, pp. 29-56.

O rumor das distâncias atravessadas

de; permaneci imóvel, temendo, por um único movimento, parar aquilo que acontecia em mim e que não entendia, e me apegando sempre a este pedaço de pão molhado que parecia produzir tantas maravilhas, quando, de repente, as paredes trêmulas de minha memória cederam, e foram os verões que eu passava na casa de campo de que falei que irromperam na minha consciência, com suas manhãs [...]"[4]

Este pequeno trecho corresponde, na obra máxima de Proust, ao longo episódio da "madeleine", contado por mais de três páginas. Proponho abordar tal passagem pelo viés privilegiado das diferenças entre ambas as versões. Ou seja, podemos tentar entender *Em busca do tempo perdido* como um texto que difere do ensaio crítico *Contre Sainte-Beuve* e do mero romance de sensações *Jean Santeuil*, textos anteriores e inacabados; difere de ambos, mas, simultaneamente, os reúne, misturando em sua composição os gêneros literários do ensaio e do romance, da autobiografia e da ficção, criando uma unidade nova e essencial para a literatura contemporânea, na qual reflexão estética, invenção romanesca e trabalho de lembranças confluem e se apoiam mutuamente.

Vamos, pois, a um breve confronto entre as duas versões do episódio: a "madeleine", na *Busca*, a torrada, no *Contre Sainte-Beuve*. Não me aprofundo na diferença entre a "madeleine" e a torrada, entre a Tante Léonie e o avô. No seu livro sobre Proust,[5] Júlia Kristeva disserta longamente a esse respeito. Segundo sua interpretação, essas diferenças, à primeira vista menores, remetem ao amor pela mãe, e à problemática do incesto — pois a "madeleine" tem o mesmo nome que a mãe de *François le Champi*, romance de George Sand, lido em voz alta pela mãe do narrador, algumas páginas anteriores a nosso episódio, na descrição da famosa noite em que ela acaba ficando no quarto do menino nervoso (em *François le Champi* trata-se do amor de um filho, adotivo, por sua mãe). A problemática do incesto seria ressaltada, segundo Kristeva, pelo deslocamento, na *Busca*, da aten-

[4] Marcel Proust, *Contre Sainte-Beuve*, Paris, Gallimard/Folio, 1954, p. 44. Tradução de J. M. G.

[5] Julia Kristeva, *Le temps sensible. Proust et l'expérience littéraire*, Paris, Gallimard, 1994, cap. 1.

ção para a tia-avó, menos proibida que a mãe, e em substituição do avô do *Contre Sainte-Beuve*. Tudo isso pode ser muito provável. Indicaria, em última instância, o lugar privilegiado da figura da mãe na obra de Proust, ou, dito de maneira menos amena, o enigma que cerca a relação entre a morte da mãe, em 1905, e o início da redação do romance, como se o evento da morte maternal liberasse, por assim dizer, as fontes da escritura proustiana.

Ao comparar ambas as passagens, observamos que, na versão "definitiva" de *Em busca do tempo perdido*, ao redor do núcleo central que descreve a experiência propriamente dita, temos uma introdução muito maior sobre a miséria da memória voluntária, do esforço consciente de lembrar o passado (em oposição à felicidade da memória involuntária que o episódio da "madeleine" ilustra), assim como alguns desenvolvimentos, também muito maiores, a respeito da morte do passado para nós. Depois da descrição da emoção suscitada pelo bolo e pelo chá, temos, enfim, em franca oposição ao que ocorre em *Contre Sainte-Beuve*, vários longos parágrafos que ressaltam a extrema dificuldade de identificação da lembrança que se diz por meio dessa sensação. Em outros termos — e é assim que me proponho a ler esse episódio — temos, na versão de *Em busca do tempo perdido*, não somente a descrição de uma sensação repentina e da felicidade que ela provoca, mas também a expressão dos dois maiores obstáculos a essa felicidade: o poder da morte e, em palavras freudianas usadas por Proust, a força da resistência a esse lembrar involuntário (talvez possamos dizer, a esse lembrar inconsciente).

Vamos ao primeiro desafio, ao poder da morte. Leio alguns trechos imediatamente anteriores à descrição da experiência da "madeleine".

> "Assim, por muito tempo, quando despertava de noite e me vinha a recordação de Combray, nunca pude ver mais que aquela espécie de lanço luminoso, recortado no meio das trevas indistintas, semelhante aos que o acender de um fogo de artifício ou alguma projeção elétrica alumiam e secionam em um edifício cujas partes restantes permanecem mergulhadas dentro da noite [...] em suma, sempre visto à mesma hora, isolado de tudo o que pudesse haver em torno, destacando-se sozinho na escuridão, o cenário estritamente necessário (como esses que se veem indicados no

O rumor das distâncias atravessadas

princípio das antigas peças, para as representações na província), ao drama do meu deitar; como se Combray consistisse apenas em dois andares ligados por uma estreita escada, e como se nunca fosse mais que sete horas da noite. Na verdade, poderia responder, a quem me perguntasse, que Combray compreendia outras coisas mais e existia em outras horas. Mas como o que eu então recordasse me seria fornecido unicamente pela memória voluntária, a memória da inteligência, e como as informações que ela nos dá sobre o passado não conservam nada deste, nunca me teria lembrado de pensar no restante de Combray. Na verdade, tudo isso estava morto para mim.

Morto para sempre? Era possível.

Há muito de acaso em tudo isso, e um segundo acaso, o de nossa morte, não nos permite muitas vezes esperar por muito tempo os favores do primeiro.

Acho muito razoável a crença céltica de que as almas daqueles a quem perdemos se acham cativas nalgum ser inferior, num animal, um vegetal, uma coisa inanimada, efetivamente perdidas para nós até o dia, que para muitos nunca chega, em que nos sucede passar por perto da árvore, entrar na posse do objeto que lhe serve de prisão. Então elas palpitam, nos chamam, e, logo que as reconhecemos, está quebrado o encanto. Libertadas por nós, venceram a morte e voltam a viver conosco.

É assim com o nosso passado. Trabalho perdido procurar evocá-lo, todos os esforços da nossa inteligência permanecem inúteis. Está ele oculto, fora do seu domínio e do seu alcance, nalgum objeto material (na sensação que nos daria esse objeto material) que nós nem suspeitamos. Esse objeto, só do acaso depende que o encontremos antes de morrer, ou que não o encontremos nunca."[6]

Ora, temos uma passagem muito semelhante, mas num contexto bastante diferente, no volume *A prisioneira*, de *Em busca do tem-*

---

[6] Marcel Proust, *Du côté de chez Swann*, cit., pp. 43-4. Tradução de Mário Quintana, *No caminho de Swann*, Porto Alegre, Globo, 1981, pp. 44-5.

po perdido: na descrição da morte de Bergotte, o escritor de estilo elegante, melancólico, musical, que o herói adora ler na adolescência e do qual tenta tomar suas distâncias na idade adulta. Bergotte, gravemente doente, é proibido pelos médicos de sair de casa; deve ficar de repouso e só comer coisas leves. Ora, o escritor, que é também um grande amante das artes, em particular da pintura, lê no jornal a crítica de uma exposição em que se encontra um quadro de Vermeer van Delft, pintor que ele sempre amou e colocou acima de todos os outros. O autor da crítica chama a atenção para um detalhe da tela *Vista de Delft*: um pequeno pedaço de muro amarelo tão maravilhosamente pintado que valia, sozinho, toda a obra. Bergotte, que não se lembrava desse muro, decide sair para ver a exposição. Almoça algumas batatas cozidas e vai ao museu onde tem, já na escada, alguns momentos de tontura. Passa na frente de vários quadros e tem nitidamente a impressão "da secura e da inutilidade de uma arte tão factícia" antes de chegar à *Vista de Delft*, em que observa, com efeito, a preciosa luminosidade de um pedaço de muro amarelo, ao mesmo tempo transparente e espessa, com várias camadas de cor. Cada vez mais sacudido por tonturas, prestes a desmaiar, ele tenta se tranquilizar, pensando que sofre apenas de uma indigestão de batatas malcozidas, e se prende, como um náufrago a uma tábua, ao pedaço de muro amarelo. Diante dele, repassa toda a sua vida e toda a sua produção literária, num surto de lucidez crítica:

> "Assim é que eu deveria ter escrito, dizia consigo. Meus últimos livros são demasiado secos, teria sido preciso passar várias camadas de tinta, tornar a minha frase preciosa em si mesma, como este panozinho de muro."[7]

Ele se sente mal novamente, cai do sofá no qual se segurava. Os guardas, os visitantes acorrem. Está morto. Cito outra vez:

> "Estava morto. Morto para sempre? Quem o poderá dizer? Certo, as experiências espíritas não fornecem a pro-

---

[7] Marcel Proust, *A la recherche du temps perdu*, vol. III, *La prisonnière*, Paris, Gallimard, 1987, pp. 692-3. Cito a tradução de Manuel Bandeira e Lourdes Sousa de Alencar, *A prisioneira*, Porto Alegre, Globo, 1983, pp. 157-8.

va de que a alma subsista, como também não a fornecem os dogmas da religião."[8]

Vocês certamente observaram paralelos curiosos entre estes dois trechos, separados por duas mil páginas; um no início do romance, o outro mais ao fim, antes da experiência crucial na biblioteca de Guermantes que retoma o episódio da "madeleine" e é decisiva para a vocação de escritor do narrador. Nas duas vezes, temos a evocação de um pedacinho de muro — o primeiro, o "lanço luminoso, recortado no meio das trevas", que é tudo que a memória voluntária consegue reproduzir, opõe-se ao segundo, no quadro de Vermeer, feito de uma "preciosa matéria" muito acima dos produtos da inteligência, uma cor e uma matéria luminosas e espessas que nasceram não só do esforço do pintor, mas também de uma verdadeira recriação artística. Sobretudo, e é por isso que traço este paralelo, temos frases quase idênticas nos dois textos; no primeiro: "*Morto para sempre? Era possível*", no segundo: "*Morto para sempre? Quem o poderá dizer?*". Duas frases cuja brevidade chama a atenção na prosa proustiana tão labiríntica. As duas desenvolvem a possibilidade da sobrevivência da alma, conforme crenças célticas ou espíritas. A questão central, que volta como um refrão incisivo, é, portanto, a questão da morte e da ressurreição. No início, ela é colocada pelo viés da sensação; no fim do romance, a resposta será encontrada na atividade estética.[9] Como se o escritor Bergotte (uma das múltiplas figuras do escritor Proust) descobrisse, tarde demais, que sua arte fina, inteligente e sensível era demasiadamente seca e artificial; que ela só conseguiu descrever um "pedaço luminoso" de muro graças à memória voluntária, e nunca alcançou a espessura do "panozinho de muro amarelo", este pequeno pedaço de muro que propiciam somente os acasos da memória involuntária, assim como o trabalho com eles, a partir deles.

Um dos temas comuns a ambas as passagens é, pois, a importância do acaso. Essa questão suscitou várias discussões. Walter Benjamin, nos anos 30, já criticava esse ponto-chave da teoria estética

---

[8] *Idem, ibidem.*

[9] Ver a distinção de Deleuze entre signos sensíveis e signos artísticos em *Proust et les signes* (Paris, PUF, 1964); na tradução de Roberto Machado, *Proust e os signos* (Rio de Janeiro, Forense, 1987).

proustiana e lhe opunha a necessidade, por assim dizer, da construção de possibilidades do acaso/dos acasos. Essa crítica ia, paradoxalmente, no sentido mais profundo da reflexão proustiana. Temos uma variante muito esclarecedora a esse respeito, no primeiro texto, quando Proust escreve: "Há muito de acaso em tudo isso, e um segundo acaso, o de nossa morte, não nos permite muitas vezes esperar por muito tempo os favores do primeiro". Diz a variante:

> "*Si c'est souvent le hasard (j'entends par là des circonstances que notre volonté n'a point préparées, au moins en vue du résultat qu'elles auront) qui amène dans notre esprit un objet nouveau, c'est un hasard plus rare, un hasard sélectionné et soumis à des conditions de production difficiles, après des épreuves éliminatoires, qui ramènent dans l'esprit un objet possédé autrefois par lui et qui était sorti de lui. Je trouve très raisonnable la croyance celtique* [...]*"*[10]

Proponho uma primeira tradução literal:

> "Se é muitas vezes o acaso (entendo por isso circunstâncias que nossa vontade não preparou, pelo menos em vista do resultado que terão) que aporta ao nosso espírito um objeto novo, é um acaso mais raro, um acaso selecionado e submetido a condições de produção difíceis, depois de provas eliminatórias, que levam de volta ao espírito um objeto outrora possuído por ele e que dele tinha saído. Acho muito razoável a crença céltica [...]"

O acaso não é, portanto, a irrupção estatística de coincidências, um conceito, digamos, trivial de acaso. Na obra de Proust (e na belíssima interpretação de Deleuze citada), o acaso é algo muito maior, ele é aquilo que não depende de nossa vontade ou de nossa inteligência, algo que surge e se impõe a nós e nos obriga, nos força a parar, a dar um tempo, a pensar — como faz o gosto da "madeleine". Ao mesmo tempo, ele só pode ser percebido se há como um treino, um exercício, uma ascese da disponibilidade, uma "seleção", umas "provas"

---

[10] Ver variante da edição da Pléiade, vol. I, *op. cit.*, p. 1122.

O rumor das distâncias atravessadas

que tornam o espírito mais flexível, mais apto a acolhê-lo, esse imprevisto, essa ocasião — *kairos*! — que, geralmente, não percebemos, jogamos fora, rechaçamos e recalcamos. Segundo Deleuze, via Proust, este acaso é, paradoxalmente, a única fonte de nossos conhecimentos necessários e verdadeiros: necessários não no sentido clássico de uma coerência por nós estabelecida, mas no sentido de que não podemos escapar a eles. Acaso, portanto, muito mais próximo das noções de atenção e de *kairos* (e de toda tradição, da mística à psicanálise, que esses conceitos orientam) que da ideia de uma coincidência exterior. O risco maior consiste, segundo Proust, na nossa propensão a passar ao lado dessa "vida verdadeira", que jazia escondida no signo casual e ocasional, por inatenção, por preguiça, por covardia (como ele o assinala algumas linhas abaixo) e, aí sim, o perigo de sermos surpreendidos pelo acaso maior, a morte, antes de termos sequer suspeitado dessa outra vida, dessas outras vidas.

Insisto nesta concepção bastante elaborada do conceito de acaso em Proust pois ela permite explicar uma das diferenças maiores entre o texto de *Em busca do tempo perdido* e o texto, anterior e paralelo, de *Contre Sainte-Beuve*: essa demorada descrição do trabalho, do esforço espiritual, sim, da elaboração psíquica necessária à identificação da sensação — ou melhor, à passagem da sensação enquanto tal (o gosto da "madeleine" misturado ao chá e o contato das migalhas com o palato) para a sua *nomeação*, seu reconhecimento, que desencadeia um gigantesco processo de conhecimento e de produção — ou seja, a escrita desse imenso livro. Essa passagem, talvez vocês se lembrem, era extremamente rápida no *Contre Sainte-Beuve* ("quando de repente, as paredes trêmulas de minha memória cederam, e foram os verões"), era rápida demais — poderíamos arriscar essa hipótese — para satisfazer a exigência de Proust. Para ele, não se trata de escrever um romance de impressões seletas e felizes, mas sim de enfrentar, por meio da atividade intelectual e espiritual que o exercício da escrita configura, a ameaça do esquecimento, do silêncio e da morte. Em outras palavras: não é a sensação em si (o gosto da "madeleine" e a alegria por ele provocada) que determina o processo da escrita verdadeira, mas sim a elaboração dessa sensação, a busca espiritual do seu nome originário, portanto, a transformação, pelo trabalho da criação artística, da sensação em linguagem, da sensação em sentido. Não se trata simplesmente de reencontrar uma sensação de outrora, mas de empreender um duplo trabalho: contra o esquecimento e a morte, um, o lado "objetivo" do tempo aniquilador; contra a preguiça e a resistência, outro, o lado "subjetivo" do escritor que se põe à obra. Tal busca é evocada, durante várias páginas, nos termos clássicos da tradição filosófica e mística, nos termos de uma luta do espírito consigo mesmo. Uma luta tensa e árdua que o emprego do indicativo presente, bastante raro nessa obra, ressalta na sua atualidade, pois esse combate não é ganho de uma vez por todas, mas preside, ainda agora, à escritura do livro, à possibilidade de existência desse livro que estamos lendo. A primeira tentação que deve ser vencida consiste na ilusão de que a resposta se encontraria no objeto que despertou a sensação, na "madeleine" ou no chá. Ilusão que o narrador rejeita rapidamente, pois, como ele mesmo diz, "a virtude da bebida parece diminuir". Gilles Deleuze ressaltou que essa tentação objetivista — isto é, procurar a verdade nos objetos, sejam eles as sensações que nos preenchem de alegria ou as mulheres pelas quais nos apaixonamos —, essa tentação se repete no decorrer da obra; somente sua superação permite uma verdadeira aprendizagem espiritual, isto é, permite ao herói ultrapassar o estágio da desilusão cínica (tipo: "nenhuma mulher serve para mim!") para entender a necessidade de uma construção espiritual e artística. Resistindo, então, a essa primeira tentação de facilidade — encontrar a lembrança no gosto mesmo da "madeleine" —, o eu se volta para si mesmo em vez de se dispersar nos objetos. Leio a passagem em francês e, depois, sua tradução que corrigiremos:

> *"D'où avait pu me venir cette puissante joie? Je sentais qu'elle était liée au goût du thé et du gâteau, mais qu'elle le dépassait infiniment, ne devait pas être de même nature. D'où venait-elle? Que signifiait-elle? Où l'appréhender? Je bois une seconde gorgée où je ne trouve rien de plus que dans la première, une troisième qui m'apporte un peu moins que la seconde. Il est temps que je m'arrête, la vertu du breuvage semble diminuer. Il est clair que la vérité que je cherche n'est pas en lui, mais en moi. Il l'y a éveillée, mais ne la connaît pas, et ne peut que répéter indéfiniment, avec de moins en moins de force, ce même témoignage que je ne sais pas interpréter et que je veux au moins lui redemander et retrouver intact, à ma disposition, tout à l'heure, pour un éclaircissement décisif. Je pose ma tasse et me tourne vers mon esprit. C'est à lui de trouver la vérité. Mais comment?*

Grave incertitude, toutes les fois que l'esprit se sent dépassé par lui-même; quand lui, le chercheur, est tout ensemble le pays obscur où il doit chercher et où tout son bagage ne lui sera de rien. Chercher? Pas seulement: créer. Il est en face de quelque chose qui n'est pas encore et que seul il peut réaliser, puis faire entrer dans sa lumière."

"De onde me teria vindo aquela poderosa alegria? Senti que estava ligada ao gosto do chá e do bolo, mas que o ultrapassava infinitamente e que não devia ser da mesma natureza. De onde vinha? Que significava? Onde apreendê-la? Bebo um segundo gole em que não encontro nada de mais que no primeiro, um terceiro que me traz um pouco menos que o segundo. É tempo de parar, parece que está diminuindo a virtude da bebida. É claro que a verdade que procuro não está nela, mas em mim. A bebida a despertou, mas não a conhece, e só o que pode fazer é repetir indefinidamente, cada vez com menos força, esse mesmo testemunho que não sei interpretar e que quero tornar a solicitar-lhe daqui a um instante e encontrar intacto à minha disposição, para um esclarecimento decisivo. Deponho a taça e volto-me para o meu espírito. É a ele que compete achar a verdade. Mas como? Grave incerteza, todas as vezes em que o espírito se sente ultrapassado por si mesmo, quando ele, o explorador, é ao mesmo tempo o país obscuro a explorar e onde todo o seu equipamento de nada lhe servirá. Explorar? Não apenas explorar; criar. Está em face de qualquer coisa que ainda não existe e a que só ele pode dar realidade e fazer entrar na sua luz."[11]

O vocabulário que descreve essa busca tensa e densa oscila entre a ideia de interpretação (*"ce même témoignage que je ne sais pas interpréter"*) e a ideia de criação (*"Chercher? Pas seulement: créer"*). O espírito deve fazer mais do que interpretar um signo exterior, pois este não possui essa qualidade por si mesmo — quem diria que havia tanta coisa numa simples xícara de chá? —, ele só adquiriu esse estatu-

---

[11] *Op. cit.*, vol. I, pp. 44-5. Edição brasileira, *op. cit.*, vol. 1, pp. 45-6.

to de signo por estar ligado, de maneira ainda confusa, a uma lembrança, a uma imagem psíquica portanto. A atribuição do índice de significação já provinha de uma atividade psíquica individual e particular (o estatuto de signo da xícara de chá não é o mesmo que, por exemplo, o de signos convencionais como os sinais de trânsito). O espírito se debate aqui dentro de suas próprias fronteiras, cujas limitações ele experimenta dolorosamente, e as quais ele gostaria de poder atravessar. Ele, o espírito, é ao mesmo tempo o sujeito, o objeto e o território da busca. Como diz Proust, ele é um viajante numa região escura procurando por algo esquecido em sua bagagem, e que não consegue lembrar o que ele deveria encontrar nesse país ao mesmo tempo estrangeiro e próximo. Metáforas do país e da viagem — a única viagem, aliás, que será verdadeiramente realizada pelo narrador de *Em busca do tempo perdido!* — que retomam os paradoxos da memória e do esquecimento, de Santo Agostinho ao bloco mágico de Freud:

> "É grande essa força da memória, imensamente grande ô meu Deus. É um santuário infinitamente amplo. Quem pode sondar até o profundo? Ora, esta potência é própria do meu espírito, e pertence à minha natureza. Não chego, porém, a apreender todo o meu ser. Será porque o espírito é demasiado estreito para se conter a si mesmo? Então onde está o que de si mesmo não encerra? Estará fora e não dentro dele? Mas como é que não o contém?"[12]

Assim a exclamação de Santo Agostinho nas *Confissões*. O santo responderá por uma doutrina da iluminação divina e da reminiscência, em reta linha de Platão. Não há mais luz divina para iluminar os caminhos de Swann e do herói da *Busca*. Esse herói continua, porém, falando em criação, em busca e em iluminação espiritual, mas de maneira profundamente paradoxal, pois é ele o próprio espírito que será simultaneamente origem e meio dessa criação:

> "*Chercher? Pas seulement: créer. Il est en face de quelque chose qui n'est pas encore et que seul il peut réaliser, puis faire entrer dans sa lumière.*"

---

[12] Santo Agostinho, *Confissões*, livro X, cap. 8, 15, Coleção Os Pensadores, São Paulo, Abril, 1980.

Alterando um pouco a tradução:

"Procurar? Não apenas procurar: criar. Ele está diante
de algo que ainda não é e que somente ele pode realizar, e,
depois, fazer ingressar em sua luz."

A metáfora da luz — aqui maravilhosamente ambígua pois não
podemos decidir, pela gramática, se se trata da luz do espírito ou da
luz desse algo desconhecido — volta reiteradas vezes nesse trecho do
texto. Ela é reforçada por uma outra metáfora, a do subir, do vir à
tona, como se houvesse um navio afundado que, pouco a pouco, emerge do fundo do mar para alcançar a *superfície de minha clara consciência*.[13] Em outros termos: a metáfora clássica da metafísica, a
metáfora da luz, dos reflexos, das formas e da clara consciência, presente na filosofia de Platão a Descartes e ainda hoje, essa metáfora se
desdobra numa comparação muito menos clássica, numa topologia
psíquica onde o fundo (*no fundo de mim*)[14] não significa nobres
profundezas essenciais, mas sim, muito mais, regiões turvas e confusas, afastamento e *turbilhão ininteligível*. Ao paradoxo desse "algo"
que ainda não existe e com o qual o eu se confronta corresponde a
imagem de um deslocamento aquático e escuro, a evocação de toda
essa massa de água muito mais pesada e espessa que o poderia deixar
suspeitar a clara superfície do mar — e da consciência.

O espírito deve, alternadamente, agir como um mergulhador emérito e passear como um turista em férias. O primeiro movimento é o
gesto clássico da concentração espiritual, desde Platão, que se retira
da cidade, até Descartes, que se fecha em seu quarto:

"E para que nada quebre o impulso com que ele [o
espírito] vai procurar captá-la [a sensação fugitiva], afasto
todo obstáculo, toda ideia estranha, abrigo meus ouvidos
e minha atenção contra os barulhos da peça vizinha."[15]

[13] Marcel Proust, *Du côté de chez Swann*, *cit.*, p. 46. Edição brasileira, *cit.*,
p. 46.

[14] *Idem, ibidem.*

[15] Marcel Proust, *Du côté de chez Swann*, *cit.*, p. 45. Edição brasileira, *cit.*,
p. 46.

Mas há um segundo movimento, pois, em Proust, a verdade não pode ser encontrada somente pelo esforço voluntário do sujeito soberano, mas sim, como vimos, ela precisa também da ajuda do "acaso", isto é, da dinâmica do esquecimento e da memória involuntária, da aceitação dessa dinâmica que nos surpreende e nos escapa. Daí a necessidade de um outro gesto, o gesto da distração, da dispersão, da "perda", em particular da perda de tempo:

> "Mas sentindo que meu espírito se fatiga sem resultado, forço-o, pelo contrário, a aceitar essa distração que lhe recusava, a pensar em outra coisa, a refazer-se antes de uma tentativa suprema."[16]

Podemos tentar resumir, agora, em quê precisamente a introdução ao *Contre Sainte-Beuve* e estas páginas do primeiro capítulo de *Em busca do tempo perdido* diferem, embora possam parecer, à primeira leitura, dizer o mesmo. A mudança essencial consiste no reconhecimento, no seio da própria escritura e por ela tematizado e elaborado, da força da resistência e do poder da morte, que colocam em cheque a soberania da consciência voluntária e clara, sua capacidade de identificação imediata. A lembrança que o gosto da "madeleine" assinala como estando, ao mesmo tempo, presente e perdida, essa lembrança não será reencontrada por uma espécie de *insight* mágico, como muitas vezes se interpreta. Aliás, não há nenhuma garantia para esse reencontro; Proust ressalta que muitos signos são emitidos sem que jamais sejam decifrados. O que existe é muito mais o trabalho de travessia, de prova, de escuta, de exploração tateante de um imenso território desconhecido. Cito a passagem da qual tirei o título para esta palestra:

> *"Puis une deuxième fois, je fais le vide devant lui [mon esprit], je remets en face de lui la saveur encore récente de cette première gorgée et je sens tressaillir en moi quelque chose qui se déplace, voudrait s'élever, quelque chose qu'on aurait désancré, à une grande profondeur; je ne sais ce que c'est, mais cela remonte lentement; j'éprouve la résistance et j'entends la rumeur des distances traversées."*

[16] *Idem, ibidem.*

"Depois, por uma segunda vez, faço o vácuo diante dele [meu espírito], torno a apresentar-lhe o sabor ainda recente daquele primeiro gole e sinto estremecer em mim algo que se desloca, que se desejaria elevar-se, algo que teria ido desancorado, a uma grande profundeza; não sei o que é, mas aquilo sobe lentamente; experimento a resistência e ouço o rumor das distâncias atravessadas."[17]

Esta frase nos ajuda a entender por que o romance não termina aqui, como um leitor incauto esperaria, no momento imediatamente seguinte ao reconhecimento da lembrança e da alegria por ela trazida. Paul Ricoeur ressalta que a tentação de reduzir *Em busca do tempo perdido* à busca e à descrição de experiências específicas, do tipo "madeleine", constitui a grande armadilha em que tanto o leitor como até mesmo o autor perigam cair. Como descrever tal armadilha? Segundo Ricoeur,[18] é a "armadilha de uma resposta curta demais, que seria simplesmente a resposta da memória involuntária". Podemos acrescentar: é porque Proust percebeu a insuficiência dessa resposta que ele conseguiu passar do romance impressionista (*Jean Santeuil*) e da tão rápida cena de reconhecimento, no prefácio do *Contre Sainte-Beuve*, à escritura de uma obra verdadeira e inconfundível que é *Em busca do tempo perdido*. Se a busca, continua Ricoeur, fosse apenas "a busca de revivências similares, das quais se deve, no mínimo, dizer que não requerem o labor de nenhuma arte", o livro poderia terminar aqui. Mas ele seria uma criação menor, agradável e bem escrita (talvez como os livros de Bergotte), sem mais. Só se tornou uma obra de arte, isto é, uma criação que tem a ver com a verdade, porque se confronta com as dificuldades dessas revivências felizes, porque toma a sério a presença da resistência e do esquecimento, em última instância, a presença do tempo e da morte. A elaboração estética e reflexiva, descrita nos parágrafos anteriores em seu duplo movimento de concentração e distração, é imprescindível justamente porque não há reencontro imediato com o passado, mas sim sua lenta procura, cheia de desvios, de meandros, de perdas, que as frases proustianas

---

[17] *Idem, ibidem* (tradução modificada por J. M. G.).

[18] Paul Ricoeur, *Temps et récit. La configuration dans le récit de fiction*, vol. II, Paris, Seuil, 1984, p. 202.

mimetizam, atravessando as numerosas, diversas, irregulares e heterogêneas camadas do lembrar e do esquecer.

Hora de concluir. Esse longo trabalho, essa ascese do desvio em oposição à rapidez da linha reta, é o princípio de crescimento da obra que vai, pouco a pouco, se fazendo, se rasurando e se reescrevendo entre o episódio inicial da "madeleine" e sua retomada e explicitação no último volume, *O tempo redescoberto*. Nessa primeira passagem, com efeito, resta ainda algo que não foi explicitado, algo no fim desse capítulo a que alude discretamente um parêntese absolutamente essencial, para o qual Ricoeur chama nossa atenção. Cito:

> "*Et dès que j'eus reconnu le goût du morceau de madeleine trempé dans le tilleul que me donnait ma tante (quoique je ne susse pas encore et dusse remettre à bien plus tard de découvrir pourquoi ce souvenir me rendait si heureux), aussitôt la vieille maison grise [...]*"

e, traduzido:

> "E mal reconheci o gosto do pedaço de madalena molhado em chá que minha tia me dava (embora ainda não soubesse, e tivesse de deixar para muito mais tarde tal averiguação, por que motivo aquela lembrança me tornava tão feliz), eis que a velha casa cinzenta [...]"[19]

Com efeito, o leitor encontrará a resposta a essa questão deixada em suspenso muito mais tarde, umas três mil páginas depois. O segredo dessa felicidade, assim como o segredo da sensação, não se desvela de imediato apesar de nossa impaciência e de nossa voracidade. Não há soluções ou receitas nesse livro, mas sim a elaboração lenta, conturbada, às vezes alegre e engraçada, outras vezes angustiada e sufocante, elaboração de um confronto com a perda, com o esquecimento, com o tempo e com a morte.

---

[19] Marcel Proust, *Du côté de chez Swann*, *op. cit.*, p. 47. Edição brasileira, *op. cit.*, p. 47 (tradução modificada por J. M. G.).

11.
UMA FILOSOFIA DO *COGITO FERIDO*:
PAUL RICOEUR

A tradução de várias obras de Paul Ricoeur nos últimos anos[1] oferece uma ocasião privilegiada de apresentar ao público brasileiro a trajetória, simultaneamente excêntrica e exemplar, desse filósofo contemporâneo. Trajetória excêntrica com relação ao suposto centro que figuraria o *Hexagone*, a França, e em particular, Paris. Ricoeur é um dos poucos filósofos franceses atuais que não só lê e traduz do alemão e do inglês, mas também dialoga com correntes internacionais de pensamento tão diversas como a fenomenologia alemã (traduziu as *Ideias I*, de Husserl, já em 1950), a hermenêutica de Gadamer ou a filosofia analítica inglesa e norte-americana. Esse diálogo múltiplo, aliás, constitui parte considerável de seus textos. Em *Tempo e narrativa*, por exemplo, a discussão com Agostinho e Aristóteles, com Husserl e Heidegger, mas também com Braudel, Danto, White, Propp, Greimas, Weinrich, sem falar em Thomas Mann e Proust, ocupa mais da metade da obra. Tal confrontação com pensamentos alheios levou à crítica muito frequente de que Ricoeur não teria um pensamento próprio. Só saberia, como um bom professor (meio chato como muitas vezes são os bons professores!), expor as ideias dos outros e corrigir-lhes os excessos. Gostaria, aqui, não de defender uma originalidade estonteante da filosofia de Ricoeur — originalidade, aliás, que me parece pertencer a pouquíssimos, apesar das afirmações mercadológicas contrárias —, mas de ressaltar sua coerência e sua generosidade. A questão central da obra, pois, poderia ser tematizada como a tentativa de uma *hermenêutica do si pelo desvio necessário dos signos da cultura*, sejam eles as obras da tradição ou, justamente, as dos contemporâneos. A discussão aprofundada de outros pensadores

---

[1] Os três tomos de *Tempo e narrativa*, publicados pela Papirus em 1994, 1995 e 1997; e os três de *Leituras: Em torno ao político*, *A região dos filósofos* e *Nas fronteiras da filosofia*, lançados pela Loyola em 1995, 1996, 1996, respectivamente.

aponta não só para um hábito acadêmico e professoral, mas, muito mais, para uma abertura e uma generosidade no pensar que vão em direção oposta a certo narcisismo jubilatório e esotérico, característico de muitas modas filosóficas (e outras) contemporâneas.

Trajetória exemplar, portanto, se considerarmos como seu início a recepção da fenomenologia husserliana nos anos 50 e seu último livro mais sistemático, *Soi-même comme un autre*,[2] que já traz inscrita no seu belo título a questão da identidade (*Soi-même*) e de uma invenção da identidade através das figuras da alteridade (*comme un autre*), insistindo tanto na dimensão metafórica como também ética dessa invenção. Ora, essa questão já se encontrava, segundo Ricoeur, no centro de seu interesse pela fenomenologia husserliana. Com efeito, seu impacto sobre o jovem filósofo não provém de sua pretensão a uma fundamentação originária e imediata da fenomenalidade pela consciência pura — pretensão certamente presente e importante —, mas de sua insistência na intencionalidade dessa mesma consciência, isto é, da relação essencial e primeira da consciência para com o mundo *fora* da consciência. Em outras palavras, a fenomenologia husserliana rompe "a identificação cartesiana entre consciência e consciência de si" ou, ainda, permite "escapar ao solipsismo de Descartes [...] para levar a sério o quadro histórico da cultura".[3]

Desde o início, portanto, Ricoeur se situa numa posição de combate às versões mais exacerbadas do idealismo, em particular à pretensão de autossuficiência da consciência de si, para ressaltar os *limites* dessa tentativa. Limites entendidos, seguindo a empresa crítica de Kant, como as demarcações intransponíveis da racionalidade e da linguagem humanas, sob pena de cair nas aporias ou, pior, na *hybris* (des-medida) de um pensamento que se auto-institui em absoluto; mas limites também no sentido de uma *fronteira* que aponta, por sua pró-

---

[2] A tradução brasileira, *O si mesmo como um outro* (Campinas, Papirus, 1990), deixa, infelizmente, bastante a desejar.

[3] *Réflexion faite. Autobiographie intelectuelle* (Esprit, 1995), versão francesa do ensaio publicado em inglês no início do livro *The philosophy of Paul Ricoeur* (Lewis E. Hahn, org., Chicago, Open Court, 1995).

Para entender a história intelectual de Ricoeur, consultei, além deste, uma coletânea de entrevistas do autor a F. Azouvi e M. de Launay, *La critique et la conviction* (Paris, Calmann-Lévy, 1995); e ainda um livro consagrado ao pensamento de Ricoeur, *Paul Ricoeur*, por Olivier Mongin (Paris, Seuil, 1994).

pria existência, para um outro país, para uma outra *região* que não seja o território da consciência autorreflexiva. Essa problemática das *fronteiras* e das *regiões* (ver os subtítulos dos volumes 2 e 3 de *Leituras*) é, portanto, dupla na reflexão de Ricoeur: ao mesmo tempo crítica e aberta, cheia de curiosidade. Ao reconhecer seus limites, a consciência filosófica não se restringe à autorreflexão solipsista, mas reconhece, com certo alívio e alegria, que existe algo fora dela, e mais, que esse algo é tão fundamental como apaixonante. A luta contra os exageros da tradição idealista, que Ricoeur aponta como o motivo primeiro de sua filosofia, desemboca assim numa pesquisa apaixonada das relações dessa consciência — e desse sujeito — com o mundo que os circunscreve e os constitui por inúmeros laços. Em termos heideggerianos, que Ricoeur gosta de usar: a pesquisa das inúmeras maneiras do sujeito humano habitar o mundo e torná-lo mais habitável. À "exaltação do *Cogito*" se opõe um *Cogito* "quebrado" (*brisé*) ou "ferido" (*blessé*) como escreve Ricoeur no prefácio a *Si mesmo como um outro*. Mas essa quebra é, simultaneamente, a apreensão de uma unidade muito maior, mesmo que nunca totalizável pelo sujeito: a unidade que se estabelece, em cada ação, em cada obra, entre o sujeito e o mundo.

Nesse contexto, é digno de menção que os primeiros livros de Ricoeur tratem de uma *Filosofia da vontade*[4] ou, melhor, daquilo que coloca radicalmente em questão a onipotência da vontade humana: a finitude, a culpabilidade, o mal, justamente figuras dolorosas do *involuntário*. Notemos também que o problema do mal é abordado desde já pelo viés de sua simbólica, de seus *símbolos primários* e de seus *mitos*. Delineia-se assim, como Ricoeur mesmo o assinala, uma questão essencial — o mal, fonte de sua reflexão ética e política — e um caminho de acesso privilegiado — os símbolos, os mitos, isto é, as invenções linguísticas e narrativas que os homens elaboram para tentar converter em sentido(s) o real que encontram e que os submerge. Já nessa obra inicial, portanto, alguns temas-chave da reflexão de Ricoeur estavam postos: a não-soberania do sujeito consciente e sua relação simbólica e cultural com esse outro que lhe escapa.

---

[4] *Philosophie de la volonté*, vol. 1, *Le volontaire et l'involontaire*; vol. 2, *Finitude et culpabilité*: 1 — *L'homme faillible*; 2 — *La symbolique du mal*, Paris, Aubier-Montaigne, 1963.

Enquanto o primeiro livro ainda era bastante tributário da fenomenologia da religião — em particular de Mircea Eliade —, o confronto com as ciências humanas e a filosofia dos anos 60 e 70, na França, permite a Ricoeur afinar melhor dois conceitos centrais: os de sujeito e de interpretação. A discussão filosófica dessas décadas é marcada por várias tentativas de destronar não só a filosofia clássica do sujeito autônomo (Descartes e Kant), mas também seus sucedâneos e contemporâneos, o existencialismo e o personalismo, com sua ênfase nos conceitos de responsabilidade e de decisão. Olhando retrospectivamente para essa época, Ricoeur distingue três correntes distintas, mas que se reforçam mutuamente nessa denúncia do *humanismo* metafísico (tal como Heidegger, nas pegadas de Nietzsche, o tinha definido): primeiro, um pensamento poetizante que se reclama, precisamente, do segundo Heidegger; depois, o estruturalismo tanto linguístico como, sobretudo, antropológico (Lévi-Strauss); e, enfim, a renovação da psicanálise com a doutrina lacaniana. Os três movimentos têm em comum a convicção de que não há sujeito algum que seja mestre de sua fala, como se possuísse liberdade e soberania sobre ela, mas que o discurso do sujeito representa muito mais o veículo através do qual algo, muito maior que ele, se diz: a dinâmica de encobrimento e de descoberta do Ser, o sistema de relações que estruturam o corpo social, o inconsciente. Mesmo que não neguem as variações pessoais e estilísticas, essas tendências teóricas tendem a transferir a dinâmica de liberdade e de invenção, tradicionalmente atribuída à pessoa do sujeito individual, para uma entidade sistêmica tão eficaz como impessoal.

Esse debate, para o qual a versão althusseriana do marxismo deverá também contribuir, encontra em Ricoeur um observador atento, mas distanciado. Como já vimos, Ricoeur andava desde sempre desconfiado com relação à afirmação idealista clássica da soberania do sujeito. Não sente, portanto, como alguns de seus colegas, a necessidade de sair apressadamente em defesa dessa figura contestada. Mas tampouco aceita um certo entusiasmo desvairado pelos novos modelos teóricos, que deviam engendrar muitos fanáticos. Sua resistência não diz respeito às aquisições descritivas que tais metodologias oferecem; ao contrário, as análises estruturalistas, sobretudo de textos, serão amplamente discutidas e aproveitadas por Ricoeur. Sua desconfiança concerne à pretensão de totalização que alguns usos desenfreados do estruturalismo e de outros *ismos* sugerem:

como se esses modelos pudessem não só descrever e analisar as produções culturais e linguísticas, mas também explicar suas formas históricas de surgimento e de invenção. Aqui, novamente, Ricoeur desconfia da mesma tendência a uma *hybris* totalizante que já denunciava no solipsismo cartesiano e que ele fareja na aplicação acrítica — isto é, que não reconhece seus limites — dos recentes paradigmas anticartesianos.

Frutos dessas controvérsias são os dois livros: *Da interpretação. Ensaio sobre Freud*, de 1965, e *O conflito das interpretações. Ensaios de hermenêutica*, de 1969. Como o leitor pode perceber, o destaque recai na discussão muito elaborada do próprio conceito de interpretação. Ricoeur observa que seus primeiros escritos repousavam sobre uma noção *amplificante* de interpretação: uma "interpretação atenta ao acréscimo de sentido incluído no símbolo e que a reflexão tinha por tarefa liberar".[5] O embate com "esses três grandes mestres da suspeita", Freud, Marx e Nietzsche — via o confronto com a psicanálise, com o estruturalismo (entre outros, o marxista), e com o pós-heideggerianismo —, leva-o a admitir outra possibilidade de interpretação: uma interpretação *redutora*, ou seja, de denúncia das ilusões, em Nietzsche, de crítica à ideologia, em Marx, de descoberta do recalque e da repressão, em Freud. Dessas leituras, portanto, Ricoeur tira ainda mais munição para a sua empresa de desmistificação das pretensões teóricas totalizantes. Ele ganha, igualmente, instrumentos privilegiados de análise da relação temporal que subjaz à prática hermenêutica. Como as manifestações culturais, individuais ou coletivas não se constituem a partir de uma produção linear e tranquila de sentidos acumulados, mas surgem também de conflitos, de deslocamentos, de disfarces e de transferências, assim também a relação entre o presente do intérprete e o passado (mais ou menos longínquo) da obra interpretada não se resume à mera relação de aceitação e transmissão. A própria transmissão da tradição obedece a motivos e interesses diversos, explícitos ou implícitos, tematizados ou inconscientes, que interferem no processo hermenêutico enquanto tal.

No processo interpretativo confrontam-se sempre dois mundos, o da obra e o do intérprete. Ambos devem ser refletidos. A dinâmica da compreensão comporta, porém, certo apagamento do intérprete em

---

[5] *Réflexion faite, cit.*

Uma filosofia do *cogito ferido*: Paul Ricoeur

favor da obra; uma "desapropriação de si" para deixar o texto, por exemplo, nos interpelar na sua estranheza e não só nos tranquilizar naquilo que nele projetamos, mas também produzir, graças ao confronto entre o universo do intérprete e o universo interpretado, uma transformação de ambos. Em certo sentido, Ricoeur é mais radical que Gadamer quando esse falava de uma *reapropriação* (*Aneignung*) da obra pelo intérprete. O processo hermenêutico, poderíamos dizer, desapropria duplamente o sujeito da interpretação: obriga-o a uma ascese primeira diante da alteridade da obra; e, num segundo momento, desaloja-o de sua identidade primeira para abri-lo a novas possibilidades de *habitar o mundo*. Em *Tempo e narrativa*, Ricoeur dará a essa transformação da experiência do intérprete (e do leitor) o nome de *refiguração*.

Mas fiquemos ainda nessas discussões dos anos 70: a ênfase dada aos processos de transformação não só da visão do objeto, mas também da maneira de ver do sujeito da interpretação, leva Ricoeur a trabalhar em detalhe a linguística da enunciação de Émile Benveniste. Contra um estruturalismo estreito que defenderia a extinção da noção de sujeito, a semântica de Benveniste, em particular sua definição do *discurso* como um enunciado estruturado pela relação entre aquele que toma a palavra e aquele a quem se endereça essa palavra, permite uma reelaboração da noção de sujeito sem cair nas rédeas do individualismo costumeiro. Munido desses instrumentos linguísticos mais finos, Ricoeur se propõe, então, à retomar a problemática do sujeito e sua relação para com outrem e para com o mundo, através de um estudo muito mais preciso e circunscrito: a análise do "fenômeno da inovação semântica, ou, dito de outra maneira, da produção de um sentido novo através de procedimentos linguísticos (*procédures langagières*)".[6] Tal proposta, lembremos, já se encontrava em germe nas interpretações da *Symbolique du mal*. Com certo receio em relação às vagas noções de símbolo e de mito que ele mesmo usou, Ricoeur enfrenta agora a problemática da *criação do sentido* em duas etapas distintas: primeiro, nesse livro cerrado, de 1975, que é *La métaphore vive*; e, mais tarde, nos três imponentes volumes de *Temps et récit* (respectivamente de 1983, 1984 e 1985).

Não é o lugar, aqui, de tecer comentários detalhados sobre esse livro difícil, às vezes de leitura ingrata, que é o *La métaphore vive*.

[6] *Idem.*

Dificuldade tributária das discussões técnicas muito agudas com diversas correntes da filosofia analítica e da linguística, exercício de rigor que visa corrigir a amplitude do conceito de símbolo (*mis à toutes les sauces*, como diz Ricoeur). Podemos, porém, observar que na tradição filosófica clássica, a metáfora constitui um problema crucial para qualquer definição da linguagem que tente estabelecer uma partilha definitiva entre o sentido *literal* e o sentido *figurado*, isto é, também entre o real (ou o *verdadeiro*) e o fictício (ou o *falso*). Essas resistências, que Derrida analisará com brilho no seu famoso artigo sobre "A metáfora no texto filosófico",[7] remetem a uma definição da verdade da linguagem em termos predominantes de adequação e de referência unívoca. Nesse contexto, a metáfora sempre é vista como um desvio perigoso porque ameaça a transparência (ideal, pois nunca alcançada) da linguagem com relação ao mundo. Em reação a essa condenação tradicional da metáfora, certas teorias filosóficas e literárias contemporâneas pecam pelo excesso oposto: optam pela não-referencialidade de princípio da literatura (à diferença da linguagem comum), pela opacidade esplêndida do discurso literário que só remeteria a si mesmo, num jogo textual e intertextual simultaneamente infinito e encerrado "na clausura de sua própria textualidade".[8] Como muitas vezes, Ricoeur adota uma posição mediana — tal postura lhe atrai tanto o ódio dos desconstrutivistas fanáticos, como o desdém complacente dos analíticos xiítas! Uma tomada de posição sumária, mas muito clara, pode ser lida no artigo de 1977, "Entre filosofia e teologia II: nomear Deus", publicado agora no volume 3 das *Leituras*. Contra uma glorificação do *sentido*, isto é, de uma "rede de relações puramente internas ao texto" em oposição à sua dimensão referencial, Ricoeur afirma que a "escrita" — em particular a escritura literária — "não abole, mas [...] transforma" essa função referencial. Por sua vez, essa função não pode ser reduzida unicamente à adequação de uma linguagem descritiva a um objeto preciso, como sustentam alguns filósofos herdeiros de Frege. Ricoeur propõe a amplificação da noção de referência, de tal maneira que esta não signifique somente uma relação de manipulação dos "objetos" do discurso pelo

---

[7] Jacques Derrida, "La mythologie blanche. La métaphore dans le texte philosophique", *in Marges*, Paris, Minuit, 1972, pp. 247-324.

[8] *La critique et la conviction, cit.*

seu "sujeito", mas também — e talvez mais originariamente — uma relação de *pertencimento* (*appartenance*) desse sujeito ao mundo. Vemos aqui, com nitidez, como a vertente fenomenológica do pensamento de Ricoeur o resguarda dos encantos entrecruzados do estruturalismo, da desconstrução e, também, da filosofia analítica. "Se nos tornamos cegos para essas modalidades de *enraizamento* e de *pertencimento* que precedem a relação de um sujeito com objetos é porque ratificamos de maneira não-crítica um certo conceito de verdade, definido pela adequação a um real de objetos e submetido ao critério da verificação e da falsificação empíricas. O discurso poético questiona precisamente esses conceitos não criticados de adequação e de verificação. Ao fazer isso, ele questiona a redução da função referencial ao discurso descritivo e abre o campo de uma referência não-descritiva do mundo."

Agora que situamos Ricoeur na paisagem movediça dos anos 70, na França, entendemos melhor o que está em jogo (*l'enjeu*) em *La métaphore vive* e *Temps et récit*. Nos dois casos, trata-se de, através da análise da *inovação semântica*, pesquisar as transformações que os homens podem instaurar na experiência complexa por meio da qual se situam no mundo. Em última instância, é o caráter fundamentalmente *linguístico* (*langagier/sprachlich*) da experiência, tal como Hegel e Freud já o ressaltavam, que permite a compreensão de si e a compreensão das possibilidades de transformação de si e do mundo. O estudo dessas definições e inovações da identidade no plano poético e no plano narrativo são, igualmente, o reconhecimento prático da impossibilidade, para o sujeito, de se apreender imediatamente a si mesmo, e a "ruína definitiva [...] do ideal cartesiano, fichtiano e, em boa parte também, hüsserliano de uma transparência do sujeito a si mesmo".[9] A ideia de uma compreensão de si e do mundo passa necessariamente — eis uma nova definição da hermenêutica — pela análise dos signos e das obras que encontramos no mundo e que precedem nossa existência individual.

Percebemos agora que a tarefa hermenêutica no sentido clássico da interpretação da tradição se desdobra numa tarefa mais ambiciosa: a da interpretação e da compreensão não apenas do(s) sentido(s) já dado(s), mas também dos processos de criação de sentido(s). Para-

---

[9] *Réflexion faite, cit.*

lelamente, cresce o interesse de Ricoeur pela temática ética e política, por uma teoria da ação, interesse que o contato com a filosofia analítica norte-americana deveria reforçar (desde 1970, Ricoeur dá cursos regulares na Universidade de Chicago). O empreendimento dos três volumes de *Tempo e narrativa* testemunha, igualmente, essa passagem *Do texto à ação*, título de uma segunda coletânea de ensaios hermenêuticos publicada em 1986. Tal afirmação pode parecer paradoxal: não teríamos aqui análises predominantemente discursivas, seja de textos de ficção, seja de textos históricos? Sem dúvida. Mas o título comporta uma outra — e primeira — palavra: *Tempo*, essa dimensão tão inescrutável como essencial do agir humano. Desde sempre, confessa o filósofo, a temática do tempo o perseguia; mas só conseguiu aproximar-se dela através da retomada da belíssima interrogação de Santo Agostinho, no Livro XI das *Confissões*. Mais precisamente, apenas quando *redescobre*, nas pegadas de Agostinho, a ligação íntima entre tempo humano e narração;[10] ou, ainda, aludindo à famosa definição lacaniana do inconsciente, de "que o tempo é estruturado como uma narrativa/narração";[11] somente nesse momento pôde se desdobrar a construção comparativa entre as estratégias narrativas da história e da ficção.

Outro elemento teórico decisivo dessa construção provém da *Poética* de Aristóteles, da sua teoria do *mythos* e do *enredo*[12] narrativo como *mimesis praxeôs*, *representação da ação*. Entre a questão aporética sobre a essência do tempo — nas palavras de Agostinho: "Que é, pois, o tempo? Quem poderá explicá-lo clara e brevemente? Quem o poderá apreender, mesmo só com o pensamento, para depois nos traduzir com palavras seu conceito? [...] O que é, por conseguinte, o tempo? Se ninguém mo perguntar, eu sei, se o quiser explicar a quem me fizer a pergunta, já não sei." (*Confissões*, XI: 14-17) — e a

---

[10] Nesse contexto, preferiria acentuar o lado ativo da palavra *récit* e traduzir *Temps et récit* por *Tempo e narração* em vez de *Tempo e narrativa*, como o faz, de maneira correta, Constança Marcondes Cesar.

[11] *La critique et la conviction, cit.* Uma boa interpretação dessa temática pode ser encontrada no precioso livrinho de Benedito Nunes, *O tempo na narrativa* (São Paulo, Ática, 1988).

[12] Prefiro a tradução *enredo* a *intriga*, em razão das conotações palacianas dessa última palavra. *Enredo* também remete a rédeas e a outros fios tecidos pelo texto!

interrogação ansiosa sobre as condições e as possibilidades da ação justa, intervêm, portanto, os elos de uma reflexão sobre o caráter narrativo da experiência temporal e sobre a disposição ou ordenação narrativa (*mythos*) dos diversos momentos da ação. Somente esses elos narrativos intermediários permitem pensar, no sentido forte da palavra, a temporalidade e a prática humanas, sem cair nos abismos vizinhos do ceticismo e do imediatismo.

Para melhor entender as diferenças e as semelhanças entre narrativa ficcional e narrativa histórica, Ricoeur lança mão de dois conceitos complementares: a *configuração*, isto é, "as operações narrativas elaboradas no interior mesmo da linguagem" e do texto (as formas do enredo e a construção das personagens); e a *refiguração*, ou seja, "a transformação da experiência viva sob o efeito da narração".[13] O primeiro volume de *Tempo e narrativa* estuda mais especificamente a configuração das narrativas históricas — em particular o debate que opõe os partidários do eclipse do *acontecimento* na historiografia francesa contemporânea aos argumentos da filosofia analítica de língua inglesa (Dray, von Wright e Danto), que insistem na dimensão narrativa, mas não necessariamente explicativa, no sentido forte do termo, da historiografia. O segundo volume apoia-se em várias pesquisas estruturalistas (Propp, Greimas) e nos trabalhos consagrados às relações entre tempos verbais e tempo (*Tempus* e *Zeit*) ou, ainda, entre tempo da narração e tempo narrado, em particular na tradição alemã (Weinrich, Müller), para desembocar em esplêndidas análises da "experiência temporal fictícia" de três romances modernos *sobre* o tempo e *do* tempo: *Mrs. Dalloway*, de Virginia Woolf; *A montanha mágica*, de Thomas Mann; e, por fim, *Em busca do tempo perdido*, de Marcel Proust. Não é o caso aqui de entrar nos detalhes desse trabalho gigantesco. Só queria ressaltar o sentimento muito forte que se apodera do leitor, enredado (!) pela estratégia argumentativa e narrativa de Ricoeur. O sentimento de que somente a arte da narração poderia nos reconciliar, ainda que nunca definitivamente, com as feridas e as aporias de nossa temporalidade — marca inequívoca de nossa morte e finitude e, portanto, de nossa incapacidade em dar de nós mesmos outras imagens e outros conceitos que as formas efêmeras da história.

[13] *La critique et la conviction, cit.*

O tempo nos escapa e, por ele, como que escapamos a nós mesmos; mas a retomada dessa fuga na matéria frágil das palavras[14] permite uma apreensão nova, diferente da queixa costumeira sobre a vanidade do tempo e da vida. Uma nova apreensão que, ao criar sentidos, fugazes eles também, permite jogos ativos com o(s) tempo(s) e no(s) tempo(s), isto é, uma *inter-ação* com ele(s) (o plural quer assinalar um dos efeitos dessa interação: a descoberta de várias espessuras do tempo, de ritmos diferenciados, de tempos distintos ou entremesclados).

É justamente nesse momento de *refiguração*, de remanejamento da experiência temporal, graças ao texto, que se situam, segundo Ricoeur, as maiores diferenças entre narrativa histórica e narrativa ficcional. A história remodela a experiência do leitor por "uma reconstrução do passado baseada nos rastros por ele deixados",[15] a partir de uma *ausência*, portanto, enquanto a ficção transforma a experiência temporal a partir de sua preciosa *irrealidade*. Se ambas podem usar estratégias narrativas semelhantes, mecanismos de *configuração* parecidos ou mesmo idênticos, o momento da *refiguração* do mundo do leitor difere, sobretudo, no que toca à sua experiência temporal. A essas diferenças e semelhanças, a seus cruzamentos, é consagrado o terceiro volume de *Temps et récit*[16] que culmina com uma nova interrogação sobre o sujeito, mais especificamente, sobre a *identidade narrativa*. "O que chamamos de *identidade narrativa*, tanto dos indivíduos como das comunidades históricas", pergunta Ricoeur, "não seria o produto instável do entrecruzamento entre história e ficção?".[17] O próximo livro, *O si mesmo como um outro*, deverá retomar tal discussão.

Duas observações se impõem no fim desse rápido percurso consagrado a *Tempo e narrativa*. A primeira: mesmo que o tempo se torne tempo humano e psíquico pela sua estruturação narrativa, o enigma do tempo cronológico e da relação entre tempo humano e tempo

---

[14] Ricoeur não exclui, é evidente, as outras artes, em particular essa arte do tempo que é a música; mas suas análises restringem-se à linguagem verbal, mais próxima da linguagem conceitual filosófica.

[15] *Réflexion faite, cit.*

[16] *Temps et récit III, Le temps raconté*, Paris, Seuil, 1985.

[17] *Réflexion faite, cit.*

cronológico permanece. Em outros termos, Ricoeur resguarda a *inescrutabilidade* (*Unerläutbarkeit*) última do tempo, à qual Kant já aludira. Manter, pois, a totalidade do tempo "presa nas redes do narrativo" seria devolver ao sujeito esses poderes absolutos que lhe emprestava o idealismo, como se ele "fosse senhor do sentido, como se ele mantivesse encerradas na narrativa todas as significações das quais o tempo é suscetível".[18] Poderíamos dizer que, para Ricoeur, não só o tempo escapa à empresa de totalização do sujeito, mas também, paradoxalmente, que a liberdade subjetiva de invenção, isto é, de jogo com o *imprevisível* e o *imprevisto*, nasce dessa não-manipulabilidade última (um dos capítulos de *Temps et récit III* traz o eloquente título: "Renunciar a Hegel"!).

Segunda observação no nosso percurso: o conceito de *refiguração*, de transformação da experiência temporal do leitor, apela para um conceito enfático de *leitura* como atividade específica de recepção e de reapropriação transformadora. Nesse conceito, convergem as reflexões oriundas tanto da estética da recepção de Jauss quanto da hermenêutica de Gadamer. Mas ele já tinha sido esboçado nas últimas páginas de *Em busca do tempo perdido* que Ricoeur gosta de citar:

> "Mas, para voltar a mim, pensava mais modestamente em meu livro, e seria inexato dizer que me preocupavam os que o leriam, os meus leitores. Porque, na minha opinião, não seriam meus leitores mas leitores de si mesmos, meu livro não passando de uma espécie de lentes de aumento como aquelas que oferecia a um freguês o dono da ótica de Combray; meu livro graças ao qual eu lhes forneceria o meio de lerem a si mesmos."[19]

Esse conceito forte de *leitura* ressurge no título dos três volumes lançados pela Editora Loyola, na tradução cuidadosa de Perine e Campanário; eles oferecem uma coletânea preciosa de artigos dispersos em diferentes revistas de acesso nem sempre fácil. A escolha, efetuada pelo próprio Ricoeur, é testemunha justamente de uma certa leitura que o

[18] *La critique et la conviction*, cit.

[19] Marcel Proust, *Em busca do tempo perdido*, vol. VII, *O tempo redescoberto*, Porto Alegre, Globo, 1981, p. 240 (tradução modificada por J. M. G.).

filósofo faz de si mesmo, de sua trajetória intelectual através da leitura de outros autores, filósofos ou não. Mas a tripartição das *Leituras* — *Em torno ao político*; *A região dos filósofos*; *Nas fronteiras da filosofia* — também remete a outra questão, a do lugar contemporâneo da filosofia. Uma pequena análise desses três subtítulos já revela o cuidado de Ricoeur em delimitar tal território. Assim, por exemplo, a questão do político é tão essencial ao pensamento filosófico como, também essencialmente, o extrapola. Não só porque a prática dos homens sempre escapa de sua previsão e ultrapassa sua autorreflexão — nesse sentido, a faz avançar, mesmo a contragosto —, mas porque a questão do político para Ricoeur se enraíza nesse insondável do pensar que representa o problema do *Mal*. Seu grande interesse por Hannah Arendt ou por Jaspers — ambos pensadores da experiência da segunda Guerra Mundial, em particular da realidade do nazismo e do horror inominável da Shoah, sua retomada da problemática do *Mal radical* (Kant) — atesta essa motivação primeira. Assim também a preocupação com os conceitos de violência (artigos sobre Eric Weil) e de resistência (a propósito de Jan Patocka). "O mal, como o tempo, é aporético no sentido que ele suscita impasses que o pensamento tem por dever meditar".[20] Como o tempo, mas de maneira muito mais dramática, a explicação do mal escapa ao pensamento, apesar de todas as tentativas e tentações de teodiceia que os homens, em particular os filósofos, se comprazem em construir. Fiel a essa denúncia de qualquer justificativa daquilo que permanece injustificável, a reflexão política de Ricoeur evita propostas totalizantes e desemboca numa reflexão ética sobre o justo (artigos sobre Rawls), cujo estatuto epistemológico remete, seguindo sem dúvida o ensinamento aristotélico, muito mais à sabedoria prática que ao saber ou à ciência. Essa junção de humildade epistemológica e de responsabilidade ativa caracteriza a filosofia política de Ricoeur e a inscreve na linhagem da filosofia prática de Kant.

Os artigos do segundo volume têm um interesse histórico em um duplo sentido: documentam o itinerário e a evolução do próprio Ricoeur, como também os debates dos anos 50 e 60 com as diversas correntes *da existência*. Chama também atenção, aqui, a ênfase dada por esses últimos e por Ricoeur à questão do mal, que, aliás, deverá

---

[20] Olivier Mongin, *op. cit.*, pp. 209-10.

voltar no terceiro volume. A segunda parte desse segundo volume oferece uma amostra do confronto de Ricoeur com questões estéticas e narrativas em artigos que preparam as obras maiores como *La métaphore vive* e *Temps et récit*.

Gostaria de me demorar um pouco mais na problemática do terceiro volume das *Leituras*, *Nas fronteiras da filosofia*, porque é nele que encontramos o confronto com os domínios limítrofes da filosofia, em particular com os domínios da religião e da teologia. Ora, como observa Olivier Mongin, cujas pequenas notas editoriais são sempre elucidativas, a pecha de *filósofo cristão* foi, e é, um dos motivos mais frequentemente alegados para rejeitar — aliás, em geral sem estudá-la minimamente — a reflexão de Ricoeur. Rejeitado como *criptoteólogo* por alguns, reivindicado como pensador cristão por outros, Ricoeur teve de lutar em ambas as frentes: contra seus *críticos*, mostrar que sua filosofia não se reclama, na sua argumentação interna, de sua fé; contra seus *admiradores*, que seu pensamento filosófico não oferece fundamentação racional para crença alguma. Pelo contrário, afirma que sempre tratou de distinguir cuidadosamente entre seus trabalhos mais teológicos (sobretudo de exegese bíblica) e filosóficos, que ele sempre quis e quer "manter, até a última linha, [como] um discurso filosófico autônomo". Continua ele, no prefácio a *O si mesmo como um outro*, citado por Mongin na nota editorial do terceiro volume das *Leituras*: "Observar-se-á que esse ascetismo do argumento, que marca, creio eu, toda a minha obra filosófica, conduz a uma filosofia da qual a nominação efetiva de Deus está ausente e na qual a questão de Deus, enquanto questão filosófica, permanece em um suspense [melhor: em suspensão] que podemos chamar de agnóstico". Em outras palavras: a fé cristã (que Ricoeur nunca negou professar) não intervém como fundamento mágico-religioso, como *Deus ex machina* ou, numa vertente mais refinada, como o *Deus dos filósofos*. A reflexão de Ricoeur poderia ser chamada, segundo sua bela expressão sobre seu amigo Pierre Thévenaz, o filósofo suíço prematuramente morto, uma "filosofia sem absoluto". Nesse contexto, poderíamos afirmar dos leitores de Ricoeur, tanto daqueles que reivindicam seu cristianismo como daqueles que o rechaçam, que ambos se assemelham aos intérpretes bem-intencionados de Kafka, que liam sua obra como uma alegoria religiosa disfarçada, em vez de compreender a interdição essencial que a estrutura. E poderíamos, a propósito de Ricoeur, parafrasear Walter Benjamin a propósito de Kafka: "Já se observou que na obra inteira de Kafka o nome de Deus não aparece. E nada mais habitual que introduzi-lo na sua interpretação. Quem não entende o que proíbe a Kafka o uso desse nome não entende nenhuma linha dele".[21]

Seria, porém, simples demais afirmar que a reflexão filosófica de Ricoeur não tem nada a ver com sua fé religiosa. Tem sim, não no sentido habitual de uma resposta da fé às aporias da razão, mas muito mais — é a hipótese que gostaria de defender por fim — nessa separação estrita entre os domínios da fé e da razão, nessa ascese, oriunda de Kant (e da tradição protestante em Kant também!), da argumentação racional que, ao reconhecer seus limites, se dispõe também a reconhecer a possibilidade de um Outro que lhe escapa. Nesse contexto, a definição por Ricoeur do religioso como "a referência a uma antecedência, a uma exterioridade e a uma superioridade", sendo que essas "três noções são constitutivas da maneira como sou precedido no mundo do sentido",[22] aponta não tanto para uma confissão determinada, mas, muito mais, para o reconhecimento do sagrado como aquilo que, simultaneamente, nos precede e nos ultrapassa. Ricoeur retoma várias vezes essa especificação, em particular quando se lhe perguntou sobre o papel do cristianismo para seu pensamento. Responde pela presença de uma *economia do dom*, mais fundante que uma economia estritamente racional da troca ou do lucro, e por uma *relação com o sagrado*, intimamente ligada a essa economia da dádiva ou da graça, e cuja consequência essencial é destronar o sujeito desse lugar central outorgado pela tradição filosófica moderna desde Descartes. Na mesma resposta, não teme em lembrar a crítica de Heidegger ao humanismo e o questionamento das pretensões do sujeito em Foucault, pois iriam, segundo ele, na mesma direção que "minha convicção, a saber, que o sujeito não é o centro de tudo, que ele não é o senhor do sentido".[23]

Resta saber se essa convicção aponta exclusivamente para a noção de sagrado ou se ela não poderia também remeter a uma realidade mais secular, talvez até psicanalítica, de aceitação da própria finitude

---

[21] Walter Benjamin, *Gesammelte Schriften II-3*, Frankfurt/Main, Suhrkamp, 1977, p. 1219.

[22] *La critique et la conviction, cit.*

[23] *In Temps et récit de Paul Ricoeur en débat*, Christian Bouchindhomme e Rainer Rochlitz (orgs.), Paris, Seuil, 1990, p. 35.

em oposição à comunidade maior dos vivos — e dos mortos. Resta saber também se essa receptividade em relação a um sentido, talvez obscuro mas anterior à existência individual do sujeito, pode ainda competir com o rejúbilo irônico e glorioso do relativismo pós-moderno que, aliás, recoloca paradoxalmente o sujeito no centro desse palco efêmero, pois somente o brilho do seu desempenho devastador é motivo de gozo. Agora, assumindo de vez o tom polêmico, eu diria que, nesses tempos de triunfalismo neoliberal e de narcisismo de príncipe e de princípio, um pensamento que chacoalha a gloríola do sujeito e lhe lembra, simultaneamente, sua inscrição na história e sua finitude, só pode ser bem-vindo; ele recorda à filosofia uma luta antiga, que não se tornou vã depois de Nietzsche e da morte de Deus: a luta contra os ídolos, em particular contra aqueles que o próprio pensamento tende a erigir para si mesmo em substituição aos deuses mortos.

12.
OS PRELÚDIOS DE PAUL RICOEUR

Já na abertura de seu imponente livro *La mémoire, l'histoire, l'oubli*, Paul Ricoeur comete, por assim dizer, um esquecimento. Ele afirma, talvez com demasiada modéstia, que havia uma "lacuna" na "problemática de *Tempo e narrativa* e em *O si mesmo como um outro*", seus livros anteriores — uma "lacuna" ou um "impasse a respeito da memória e, pior ainda, a respeito do esquecimento, estes níveis medianos entre tempo e narração".[1] Será que Ricoeur não se lembra de suas próprias páginas, tão belas, sobre Proust ou sobre Nietzsche,[2] para citar somente dois exemplos extraídos de suas últimas obras? Ricoeur fala há muito tempo — tenho vontade de dizer: desde sempre — da memória, da história, do esquecimento. Devemos então nos perguntar: se deles não fala novamente, é porque deles deseja falar de outra maneira?

Por ora, podemos reter uma questão e, também, uma hipótese de resposta: qual é o novo objeto que as pesquisas desse livro — pesquisas minuciosas, pacientes, quase fatigantes em sua exaustividade — procuram delimitar? Não seria, além das análises filosóficas e epistemológicas, aquilo que Ricoeur chama, desde a primeira página, de "uma política da justa memória" e que se explicita, em termos subjetivos, até mesmo pessoais, como a conquista de uma "memória feliz", tal qual o epílogo da obra promete?

Um outro indício do enfoque preponderante concedido à memória, e até de sua fundamental positividade, é fornecido por uma curiosa assimetria na organização da obra: enquanto a segunda e a terceira partes (respectivamente, "História. Epistemologia" e "A condição histórica") têm, cada uma, um *prelúdio*, a primeira parte ("Da memó-

---

[1] Paul Ricoeur, *La mémoire, l'histoire, l'oubli*, Paris, Seuil, 2000, p. 1.

[2] Refiro-me, respectivamente, a *Temps et récit*, tomo II, pp. 194-225 (Paris, Seuil, 1984) e *Temps et récit*, tomo III, pp. 332-46 (Paris, Seuil, 1985).

ria e da reminiscência") não tem. Ora, esses "prelúdios" fazem muito mais do que enunciar um tema musical ou conceitual mais tarde retomado pela exposição principal. Ambos significam uma *"mise en réserve"*,[3] eles formulam uma dúvida, uma suspeita, uma ameaça, que lançam um colorido ambíguo sobre os desenvolvimentos posteriores. Dúvidas que nos impedem de seguir com total serenidade os longos desenvolvimentos sobre a verdade na história ou sobre a temporalidade existencial e histórica; dúvidas que inscrevem na margem dessas páginas tão meticulosas um risco de tinta vermelha, indício de questionamento, de desconfiança. A saber: será que a escrita da história, essa "memória de papel",[4] não termina por destruir a memória viva em vez de servi-la? Será que a ciência histórica, na sua obsessão com o passado, não tem como alvo oculto a desvalorização do presente — e talvez queira, com isso, nos impedir de assumir os riscos da verdadeira vida?

Ora, na primeira parte, não há nenhum "prelúdio". Ricoeur, depois de uma "nota de orientação geral" (notas que estruturam o conjunto do texto), começa por um capítulo intitulado "Memória e imaginação". As suspeitas, que acompanham os outros temas, não parecem existir quando se trata da memória; sobretudo, a suspeita principal — que poderia ser formulada, conforme o título da *Segunda consideração extemporânea* de Nietzsche, como a suspeita da "utilidade e das desvantagens" da atividade histórica e da escritura "em relação à vida" —, esta suspeita não existe quando se trata de memória (mesmo se Ricoeur analisa, é claro, as perigosas relações entre memória e ilusão ou memória e melancolia, por exemplo). Há, nesta construção da obra, uma ligação implícita que sua leitura tornará explícita: entre *memória* e *vida* existe uma relação privilegiada que a obra inteira se esforça por reconstruir, por afirmar, por explicitar e, talvez mesmo, por celebrar. No ocaso de sua vida, Ricoeur retoma o tema da *memória* (do esquecimento, do tempo, da história, da narração), tema presente em tantos de seus livros anteriores, para atá-lo firmemente, com uma espécie de alegria tranquila, ao tema da *vida*. Esta união se manifesta no duelo, novo na sua obra, entre o pensamento da finitude e do ser para a morte de Heidegger e a filosofia da

---

[3] Paul Ricoeur, *La mémoire, l'histoire, l'oubli*, Paris, Seuil, 2000, p. 172.

[4] Ricoeur citando Leibniz, *in* Paul Ricoeur, *op. cit.*, p. 525.

vida e da memória de Bergson, duelo do qual este último sai como vencedor inconteste. A mesma união se diz, com pudor mas com força, em quatro linhas fora do *corpus* do texto (fora, inclusive, do sumário!), quatro linhas em versos livres e defasados, que formam como que uma clausura aberta no epílogo:

"Sous l'histoire, la mémoire et l'oubli.
Sous la mémoire et l'oubli, la vie.
Mais écrire la vie est une autre histoire.
Inachèvement."

["Sob a história, a memória e o esquecimento.
Sob a memória e o esquecimento, a vida.
Mas escrever a vida é uma outra história.
Inacabamento."]

É esta ligação entre vida e memória que me parece, portanto, orientar o empreendimento monumental deste livro e, em particular, orientar a releitura de Platão e Nietzsche que Ricoeur opera nos dois "prelúdios" já citados. Proponho-me a analisar esta releitura e tomarei a liberdade de formular algumas interrogações. Essas questões partem da seguinte hipótese: a interpretação de Ricoeur, que realça os abusos e os perigos da história como *graphè* (escrita) e como disciplina, tende a proteger a memória ao livrá-la desses riscos e ao ressaltar sua vitalidade essencial. Assim — esta é a minha suspeita! — Ricoeur não elucida as críticas enunciadas por Platão e, mais ainda, por Nietzsche, em relação à *memória*, críticas sem dúvida diferentes quanto ao objeto e à visada, mas presentes em ambos os filósofos em cena.

Notemos, antes de mais nada, que, ao escolher Platão e Nietzsche como porta-vozes, Ricoeur convoca dois irmãos inimigos — um no início da história da metafísica, outro no seu fim — para formular uma desconfiança semelhante em relação aos excessos de um saber que sufoca o jorrar da memória viva, diz Platão, da vida no presente e para o presente, diz Nietzsche. Esta aliança é tanto mais notável quanto Nietzsche pretendia lutar contra a influência nociva de Platão/Sócrates sobre todo o desenvolvimento ulterior do pensamento ocidental; luta que consistia, segundo Nietzsche, em reabilitar a plenitude, cruel e jubilatória, da vida contra as dicotomias do ascetismo platônico. Sob a pena de Ricoeur, porém, Platão e Nietzsche travam o mesmo combate que orienta o livro inteiro: salvar a verdadeira memória viva e a verdadeira vida, pondo a seu serviço as aquisições da escritura e da ciência, traçando, portanto, os limites do empreendimento mortífero que escrita e ciência podem — por excesso de zelo ou por uma proliferação incontrolável — significar para a memória e a vida. Esse perigo ameaça nossa modernidade, diz Ricoeur, que cita os debates historiográficos contemporâneos sobre a oposição entre memória e história (Nora, Halbwachs, Yerushalmi, entre outros). É para este fim que Ricoeur retoma as advertências de Platão contra o encantamento de seus contemporâneos pelos discursos escritos e as polêmicas de Nietzsche contra o historicismo devorador da ciência de sua época. Assim, Platão, Nietzsche e Ricoeur compartilham do mesmo gesto filosófico de crítica cultural ou, para retomar o famoso conceito de Nietzsche, de "inconformidade a seu tempo" (*Unzeitmässigkeit, unzeitegmäss*, que se traduz por inatual ou extemporâneo), de crítica de suas respectivas contemporaneidades em vista de um outro futuro.

Retomemos em detalhe esses dois textos da tradição filosófica, e sua releitura por Paul Ricoeur. Em primeiro lugar, vale lembrar que, segundo Marcel Détienne, Jacques Derrida e Henri Joly,[5] o famoso mito da invenção da escrita no *Fedro*[6] é o exemplo perfeito de um mito inventado por Platão, pois a tradição mitológica corrente fazia derivar a invenção da escrita de Prometeu ou de Palamedes. Platão utiliza o gênero narrativo "mito" e, ainda por cima, "mito egípcio", isto é, muito antigo e venerável, para melhor fundamentar a autoridade da memória oral viva, transmitida de mestre a discípulo, contra as pretensões da escrita a ser uma ajuda para esta memória enfraquecida, talvez mesmo a ser seu suplemento. Depois de Derrida, cuja famosa interpretação elogia, Ricoeur ressalta a ambiguidade da escrita como *pharmakon*, remédio e veneno, e pergunta: "*de l'écriture de l'histoire, elle aussi, ne devrait-on pas se demander si elle est remède ou poison?*"

---

[5] Marcel Détienne, *L'invention de la mythologie* (Paris, Gallimard, 1981) e Marcel Détienne (org.), *Les savoirs de l'écriture en Grèce ancienne* (Lille, Presses Universitaires de Lille, 1988). Jacques Derrida, "La pharmacie de Platon", *in La Dissémination* (Paris, Seuil, 1972). Henri Joly, *Le renversement platonicien. Logos, episteme, polis* (Paris, Vrin, 1974) e, também, *La question des étrangers* (Paris, Vrin, 1992).

[6] Platão, *Phèdre*, 274c, edição da Les Belles Lettres, Paris, 1978.

("a respeito da escrita da história, não deveríamos também nos perguntar se ela é remédio ou veneno?").[7] Segundo Ricoeur, o texto do *Fedro* autoriza o desdobramento da questão, ainda que o contexto do diálogo não seja o de uma discussão sobre a historiografia, mas sim o de uma definição da justeza do discurso (*logos*). Tal desdobramento é possível porque se trata, desde o mito do *Fedro* até a última obra de Ricoeur, do "destino da memória", da "memória viva", da "memória autêntica", todos três ameaçados pela invenção da escrita.[8] Ricoeur retoma, nas pegadas de Derrida, a série de oposições sabiamente construídas por Platão entre *hypomnèsis* e *anamnèsis* (memória por deficiência e rememoração verdadeira), entre cópia e modelo, pintura morta e ser vivo, filho bastardo e filho legítimo, esterilidade (a figura de Adônis) e fertilidade (a figura do bom agricultor), enfim, entre os signos *exteriores* (como aqueles dos caracteres escritos, que trazem a *morte*) e a *vida* do discurso *interior* à alma, tal qual nela se desenvolve graças ao diálogo filosófico bem compreendido. De maneira assaz surpreendente, Ricoeur interpreta bastante positivamente (e não de modo irônico como a maioria dos comentadores) a descrição platônica dos "jardinzinhos em caracteres escritos" que deveriam constituir um "tesouro de lembranças/rememorações" (*hypomnèmata*) para a "velhice esquecida", um "divertimento" para idosos declinantes.[9] Este "jogo bem-vindo"[10] atenua a ideia de uma condenação definitiva da escrita por Platão, ainda mais que a mesma metáfora da inscrição (*graphein*) — na alma, sem dúvida — caracteriza a memória verdadeira. Assim, ainda segundo Ricoeur, o parentesco entre discurso escrito e discurso oral recebido na alma (mesmo que o primeiro seja apenas um bastardo) e o estatuto de divertimento útil concedido ao escrito podem, então, ser lidos como "uma reabilitação prudente da escrita"[11] por Platão; isto é, segundo a analogia estabelecida por este "prelúdio", uma reabilitação possível da história escrita, apesar de todos os excessos da obsessão

[7] Paul Ricoeur, *op. cit.*, p. 175.

[8] Paul Ricoeur, *op. cit.*, p. 175.

[9] *Phèdre*, *op. cit.*, 276d.

[10] Paul Ricoeur, *op. cit.*, p. 178.

[11] Paul Ricoeur, *op. cit.*, p. 179.

Os prelúdios de Paul Ricoeur

arquivista e do historicismo nivelador. A ambiguidade mesma do *pharmakon*, quer ele designe a escrita ou a historiografia, é o que permite a Ricoeur delimitar o papel positivo da história: assim como Platão aceitaria a escrita exterior como divertimento útil para anciões esquecidos, assim também a história seria bem-vinda quando se compreende não como o oposto ou, pior ainda, como o corretivo da memória viva, mas sim como sua ajuda eficaz. *Historia ancilla memoriae*, no fundo.

Mencionemos rapidamente alguns aspectos do texto platônico que a interpretação de Ricoeur não apenas não aborda — o que é amplamente justificável, pois não se trata nessas páginas de um comentário filológico, mas sim de uma leitura orientada por uma estratégia textual bem maior —, mas parece mesmo elidir. Ora, essa elisão me parece dificultar a consistência da analogia entre nascimento da escrita e nascimento da história sobre a qual repousa este "prelúdio" intitulado "A história: remédio ou veneno?".

Quanto à extensão da metáfora do *pharmakon*, primeiro. Se Platão a usa aqui para definir a ambiguidade específica da escrita, não há dúvida de que, no contexto do debate entre retórica, sofística e filosofia nascente, a imagem do *pharmakon* designa também os poderes ambíguos, curativos e maléficos, do próprio *logos*. Górgias, em particular, atribui esta imagem ao *logos* para melhor descrever sua onipotência sobre a alma, e ele o faz num texto ao qual, sem dúvida nenhuma, o *Fedro* responde implicitamente, *O elogio de Helena*.[12] A oposição entre o escrito e o oral no fim do *Fedro* inscreve-se na oposição maior, da qual o diálogo trata no seu conjunto, entre uma concepção antes de tudo "performativa" do *logos*, como *pharmakon* que produz efeitos — uma concepção defendida por Górgias, Lysias e outros pensadores que chamamos, em particular desde Platão, de sofistas; e uma concepção mais epistêmica do *logos* como instrumento (*organon*), que deveria nos ajudar a melhor conhecer, a melhor definir o real, a nos aproximar cada vez mais de sua verdade. Não preciso dizer que esta última concepção é aquela da tradição filosófica clássica, instaurada por Platão contra a linhagem sofístico-retórica.[13]

[12] Ver Jacques Derrida, *op. cit.*; Nicole Loraux, *Le féminin et l'homme grec*, Paris, Galimard, 1989, capítulo IX; Barbara Cassin, *Hélène en toute femme*, Paris, Les Êmpecheurs de Tourner en Rond, 2000.

[13] Ver artigo de Barbara Cassin, "Politiques de la mémoire. Des traitements de la haine", revista *Multitudes*, Paris, Exils, nº 6, set. 2001.

Assim, o mito egípcio do *Fedro* não somente nos previne, com razão, contra o saber livresco e o fetichismo do texto. Ele reafirma igualmente uma concepção veritativa da linguagem e também da memória, e isso, por assim dizer, independentemente de sua materialidade semântica; a verdadeira *anamnèsis* não encontra sua fonte última na temporalidade da imagem ou da linguagem — dessa última Platão dirá sempre que ela é imprescindível, mas fraca, até doente, *asthénès*[14] —, mas sim numa espécie de "saber pré-natal",[15] anterior a qualquer palavra e a qualquer rastro escrito, iluminação divina escondida profundamente na alma e à qual as Ideias dão forma e nome. A este saber pré-natal corresponde a afirmação enfática do *Fedro*, de que o *logos* não só é fértil, em oposição à esterilidade do escrito, mas igualmente imperecível, imortal [*athanaton*],[16] tese também privilegiada no *Banquete*.

É a certeza de uma tal *anamnèsis* que possibilita a Platão o estabelecimento dos limites de uma memorização incompleta, uma "memória por deficiência" como diz Ricoeur para traduzir a *hypomnesis*,[17] característica da escrita e de outras técnicas. Mas então, se não é mais possível, em termos filosóficos e conceituais atuais, aceitar a certeza dessa *anamnèsis* esplendorosa, ligada a uma tradição mítico--religiosa, como poderia ainda ser possível distinguir claramente entre *anamnèsis* e *hypomnèsis*, entre a fonte e a derivação, o legítimo e o bastardo, ou, ainda, entre a "verdadeira" memória viva e a reconstrução a partir de rastros mortos (ou de imagens ilusórias)? Em outras palavras: como tornar sua a suspeita de Platão a respeito da escrita/*pharmakon*, sem pressupor, como Platão, uma espécie de evidência primeira da memória verdadeira? No decorrer de seu longo livro, Ricoeur me parece se debater implicitamente com essa questão, sobretudo quando insiste no "reconhecimento" como sendo "o pequeno milagre da memória",[18] e depois acrescenta, com sua habitual honestidade: "*comme miracle, il peut lui aussi faire défaut*" ("como mila-

---

[14] Ver, sobretudo, o famoso "intermédio filosófico" das *Cartas VII* e os comentários de Luc Brisson a respeito em sua nova edição, *Lettres* (Paris, Garnier Flammarion, 1993).

[15] Paul Ricoeur, *op. cit.*, p. 33.

[16] *Phèdre*, 277a.

[17] Paul Ricoeur, *op. cit.*, p. 176.

[18] Paul Ricoeur, *op. cit.*, p. 644 e muitas outras.

Os prelúdios de Paul Ricoeur

gre, também ele pode vir a faltar").[19] Não seriam justamente as falhas do milagre e os defeitos da memória que justificariam, por assim dizer, a necessidade da inscrição de rastros e o perigo da proliferação ameaçadora?

O segundo "prelúdio", que precede a terceira parte do livro, "A condição histórica", retoma a *Segunda consideração extemporânea* de Nietzsche. Ricoeur estabelece uma analogia muito estimulante entre o mito do *Fedro* e as reflexões de Nietzsche sobre "a utilidade e as desvantagens da história para a vida". Ele mostra o quanto esses dois textos, tão afastados pelo tempo e pela hostilidade do filósofo moderno contra seu antigo predecessor, não só tratam de problemas semelhantes, mas também utilizam o mesmo *corpus* metafórico. Com efeito, ambos advogam contra os excessos de um pretenso saber — o da escrita e dos livros em Platão, o da ciência histórica alemã em Nietzsche — em favor da vida verdadeira, vida da verdadeira memória em Platão, vida da ação verdadeira no presente em Nietzsche. Essa insistência no tema da vida esclarece também a semelhança de vocabulário e das metáforas terapêuticas. Nietzsche poderia muito bem usar a ambiguidade preciosa do *pharmakon* para denunciar os perigos do historicismo; e Platão bem poderia chamar os brilhantes discursos de seus concorrentes, sofistas e retores, de doentios e decadentes em suas pesquisas estilísticas exacerbadas. Nos dois filósofos, e igualmente em Ricoeur, o elogio da vida (e da saúde) motiva a denúncia crítica da cultura ambiente, seja a Atenas do século IV ou a "modernidade" alemã. A ambição terapêutica e a ambição crítica se unem no pensamento filosófico dos três autores.

Ricoeur relê Nietzsche de maneira extremamente positiva e faz suas muitas das suspeitas em relação à ciência histórica, mesmo que cuidando para não transformar tais suspeitas em condenações definitivas. Essa prudência é apropriada, já que, pelo menos para Ricoeur, não se trata de denegrir a ciência histórica, mas sim de limitar suas pretensões para melhor preservar a precedência da memória. É precisamente esta última intenção que separa Ricoeur de Nietzsche, como tentarei explicitar. Analisemos então, num primeiro momento, como Ricoeur consegue apropriar-se, de maneira afirmativa, das reflexões nietzschianas sobre os limites da ciência histórica para, em seguida,

---

[19] Paul Ricoeur, *op. cit.*, p. 644.

ressaltar as diferenças — silenciadas, e com boas razões, ao que parece — entre seus respectivos desígnios.

Ricoeur retoma rapidamente os três tipos principais de história (e de historiografia) que Nietzsche distingue e descreve. A primeira, a "monumental", só pode ser caracterizada pelo louvor e pela admiração em relação às grandes figuras do passado. Nesse sentido, o filólogo Nietzsche certamente retoma a tarefa, cara aos poetas gregos, de louvar a "glória" (*kleos*) dos heróis. A história monumental se atém à rememoração da grandeza dos heróis do passado e propõe, com muito acerto, modelos para o presente — modelos a serem admirados, a serem mesmo imitados. Ela se torna perniciosa quando, por excesso de admiração (e de melancolia!), ela sufoca a força de *invenção* do presente reduzido ao papel de *imitador*. A história "tradicionalista", por sua vez, deseja, antes de mais nada, conservar. Ela insiste na ancoragem da tradição e nas raízes do presente; ela ensina veneração e conservação piedosas. Sua justeza provém da reflexão sobre os vínculos que nos ligam àquilo que nos precede, tema eminentemente hermenêutico (e ricoeuriano!). Mas ela pode se tornar nociva quando o gesto de conservação se transforma em recusa da inovação e, portanto, sufoca novamente a força plástica do presente. Enfim, a história "crítica", em oposição às duas anteriores, permite-se julgar o passado. Ela o julga segundo a medida do presente, corta e recusa tudo o que não pode servir ao crescimento de forças do presente. Porque ela insiste na necessária parcialidade do presente, parcialidade inseparável do verdadeiro agir, ela é mais justa e mais lúcida, justamente por ser parcial, que as formas precedentes. Mas quando se transforma em uma espécie de narcisismo do presente, numa espécie de "presentocentrismo" cego, ela é insuportável e nociva em razão de sua complacência com o contemporâneo.

Essas descrições de Ricoeur,[20] que retomam as de Nietzsche, remetem a numerosas e importantes preocupações de *La mémoire, l'histoire, l'oubli* (sobretudo em páginas consagradas à "filosofia crítica da história", pp. 885 ss.) e, de maneira geral, a muitas reflexões, hermenêuticas e éticas, de toda obra do autor. A virulência de Nietzsche e as pacientes análises de Ricoeur concordam em realçar, particularmente, a importância excepcional do *presente* do hermeneuta ou do

---

[20] Paul Ricoeur, *op. cit.*, pp. 379-82.

Os prelúdios de Paul Ricoeur

historiador para seu empreendimento de releitura. É porque o presente é o lugar da ação e das escolhas tão práticas como teóricas do intérprete que ele não pode ser esquecido sob pretexto de objetividade, mas deve constantemente ser objeto de uma autoavaliação crítica. Contra a "neutralidade dos eunucos",[21] contra a indiferença preguiçosa que se gaba de imparcialidade, Nietzsche, retomado por Ricoeur, reinvindica o direito do presente, sua "sede de justiça" e seu desejo de "construir o futuro".[22]

Citemos Ricoeur, que cita Nietzsche: "Ressoam então tanto a maior declaração do ensaio ('É somente a partir da mais alta força do presente que vocês têm o direito de julgar o passado') quanto a última profecia ('somente aquele que constrói o futuro tem o direito de julgar o passado')".[23] Vale observar que essas mesmas declarações já foram comentadas por Ricoeur no volume III de *Temps et récit*, no término de um largo percurso e no limiar de um novo projeto: "em direção a uma hermenêutica da consciência histórica", projeto que encontra sua realização em *La mémoire, l'histoire, l'oubli*.

Mas não transformemos demasiadamente rápido Ricoeur em um nietzschiano convicto. Com efeito, se Ricoeur e Nietzsche atacam ambos o historicismo exangue e defendem um pensamento que assuma "a força do presente", não há dúvida, porém, que a polêmica nietzschiana contra a ciência histórica também incide sobre a atividade rememorativa em geral; mais ainda, ela tem sua origem numa defesa do esquecimento contra a memória. Todo o início provocativo da *Segunda consideração extemporânea*, no qual Nietzsche exalta a felicidade do "rebanho que pasta sob teus olhos", atado à "estaca do instante",[24] e a infelicidade do homem, este ser dotado de linguagem e de memória, todo este início é um hino — certamente paródico como ocorre muitas vezes em Nietzsche — em homenagem à felicidade muda do esquecimento e um ataque forte contra a memória, fonte de pesares, remorsos e arrependimentos, para citar somente alguns dos seus delitos. No seu "prelúdio" sobre esse texto, Ricoeur "deixa de lado, para uma discussão ulterior, o comentário exigido pela compa-

---

[21] Ricoeur citando Nietzsche, *in* Paul Ricoeur, *op. cit.*, p. 382.

[22] Paul Ricoeur, *op. cit.*, pp. 382-3.

[23] Paul Ricoeur, *op. cit.*, pp. 382-3.

[24] Nietzsche, KSA I, p. 248.

ração provocativa proposta no início do ensaio entre o esquecimento do bovino" [...] e a "força do esquecer".[25] Se ele retoma o tema do esquecimento (capítulo III, da terceira parte), Ricoeur não explicita as críticas virulentas de Nietzsche em relação à memória humana.[26] Como Platão, portanto, Nietzsche é convocado por Ricoeur, eis nossa hipótese, em razão de suas críticas aos excessos da história enquanto escritura e enquanto saber, mas ele é dispensado quando a crítica da história põe em risco uma concepção afirmativa da memória enquanto fundamento.

Gostaria de lembrar muito rapidamente dois aspectos do pensamento de Nietzsche que explicitam essa desconfiança, essa aversão mesmo em relação à memória: a ligação entre memória e linguagem, de um lado, e a relação entre memória e *Schuld* (culpa *e* dívida), de outro. Esses dois aspectos parecem, com efeito, esclarecer as consideráveis divergências que separam as respectivas conclusões de Ricoeur e de Nietzsche a respeito de nossa "condição histórica".

Observemos, primeiramente, que, em oposição a toda tradição metafísica clássica, Nietzsche não constrói uma antropologia a partir do ser humano enquanto ser de linguagem, mas a partir do ser *animal* do homem. Tanto na *Segunda consideração extemporânea* como na segunda dissertação da *Genealogia da moral*,[27] é com uma descrição do animal em geral (*das Thier*) que se inicia a reflexão genealógica sobre a ciência histórica, no primeiro texto, e sobre as instituições do direito, no segundo. Esse animal genérico, que não sabe falar, não sabe senão viver no presente. A ausência de linguagem é também a condição de uma felicidade que não pode saber de si por si mesma. Quando o animal específico "homem" aprende a falar, essa serenidade se esvai: a linguagem entrega o homem à consciência de sua temporalidade, isto é, à consciência de sua transitoriedade e de sua finitude. "Ela [a criança] aprende a compreender a palavra 'isso era', fórmula que entrega o homem aos combates, ao sofrimento e à náusea, e lhe recorda que sua existência, no fundo, não é nada mais do que um eterno imperfeito",[28] declara Nietzsche que joga com a am-

---

[25] Paul Ricoeur, *op. cit.*, p. 379.

[26] Com uma exceção: a nota 39 das pp. 633-4.

[27] KSA I, p. 248 e KSA V, p. 291.

[28] Nietzsche, *Segunda consideração extemporânea*, KSA I, p. 249.

Os prelúdios de Paul Ricoeur

biguidade do termo "imperfeito" (*Imperfektum*): falta de perfeição e tempo verbal do passado. A memória é assim, fundamentalmente, um empreendimento infeliz de melhora desse "imperfeito", em vão ela se esgota querendo agarrar o passado. Segundo Nietzsche, a memória não é primeira, mas somente *segunda*; ela só se instala quando o animal-homem é arrancado de um esquecimento primeiro, de um presente sem consciência nem palavras. Esse acesso à linguagem e à temporalidade também é evocado na *Genealogia da moral* como sendo um processo oriundo da violência: esse texto trata, com efeito, do processo de *domesticação*, do *adestramento* (*heranzüchten*)[29] de um animal para a faculdade de prometer. Simetricamente ao texto da *Segunda consideração extemporânea*, que descreve o homem como esse animal que lembra, portanto que instaura uma relação com passado, o texto da *Genealogia da moral* o evoca como esse animal obrigado a estabelecer uma relação com o futuro porque ele deve ser capaz de prometer. O adestramento tendo em vista a promessa, como a educação para a memória, supõe uma luta feroz contra o esquecimento que, diz Nietzsche, não é somente uma força inercial, mas sim "uma faculdade de inibição ativa e uma faculdade positiva em toda a força do termo".[30] Não devemos esquecer (!) que esta força ativa do esquecimento será, segundo Nietzsche, um aliado decisivo da "força do presente", portanto, da capacidade humana de invenção e de ação. Quanto à necessidade da promessa, ainda segundo a *Genealogia da moral*, ela não provém de jeito nenhum de uma moralidade intrínseca que tornaria o ser humano mais nobre, mas provém da coerção (sem nobreza moral nenhuma) à qual o credor submete seu devedor. Não há, na origem, uma troca consensual entre iguais, mas um contrato violento pelo qual o mais forte obriga o mais fraco, o obriga a não se esquecer de sua dívida, a prometer que lhe devolverá tudo o que deve. E a dívida concreta é a origem inconfessada desta dívida (*Schuld*) psíquica que aprisiona igualmente o homem religioso, o sentimento de ter cometido uma culpa (*Schuld*), o sentimento de culpabilidade. Entre dívida, culpa e promessa, Nietzsche tece uma rede genealógico-conceitual estreita a partir da qual se pode, depois, elaborar a ampla rede do direito. A história como ciência do passado e o

---

[29] "*Ein Thier heranzüchten, das versprechen darf*", KSA V, p. 291.

[30] KSA V, p. 291; Ricoeur cita p. 634, nota 39.

direito como sistema de obrigações (presentes e futuras) repousam ambos sobre a capacidade linguística do homem, esse estranho animal que pode dizer: "eu me lembro" e "eu prometo" (isto é: "eu me lembro da minha promessa" ou "eu prometo me lembrar"!). E se a linguagem advém ao homem como o instrumento privilegiado que o faz sair de sua animalidade primeva e de seu esquecimento primeiro, isso não significa uma nobreza inerente ao animal-homem (*zoon logon ekhôn*), mas sim uma inadequação fundamental, um deslocamento doloroso em relação à simplicidade da vida animal — mesmo que esse deslocamento, esse rasgo possa ser também o lugar privilegiado da criação artística. Vale observar, finalmente, contra algumas leituras tendenciosas do seu pensamento, que para Nietzsche não se trata de voltar a esta primeira animalidade triunfante. Mas talvez fosse o caso de reconquistar um esquecimento positivo, um "esquecimento feliz", o esquecimento da criança e do artista que, segundo as palavras de Heráclito tantas vezes citadas por Nietzsche, constroem seus castelos de areia, de cores ou de sons, os destroem, os recomeçam e continuam a brincar.

Esta sumária exposição das concepções nietzschianas não tem por alvo defender Nietzsche contra Ricoeur nem Ricoeur contra Nietzsche, mas apenas indicar o abismo que os separa, apesar daquilo que Ricoeur toma emprestado a Nietzsche. E, se for possível lamentar uma lacuna nesta obra tão considerável que é *La mémoire, l'histoire, l'oubli*, e, por conseguinte, formular um desejo, este poderia ser o seguinte: vamos pedir a Ricoeur que retome a ligação entre *Schuld*/culpa e *Schuld*/dívida, entre a problemática da culpabilidade e do perdão e aquela da tradição e da herança para melhor assentar, contra a virulência de Nietzsche, sua essencial diferenciação. Assim também o peso do passado poderia se tornar mais leve sobre os ombros dos vivos de hoje. E pedimos a ele também que não distinga somente dois tipos de esquecimento: o esquecimento por apagamento dos rastros e o de reserva, ambos fundamentalmente determinados por sua função em relação a uma memória posta como desejo primeiro de persistência. Mas que ouse pensar o esquecimento de modo ainda mais radical, como essa espécie de impulso primeiro, sem dúvida cruel na sua indiferença, às vezes alegre na sua despreocupação, indício de nossa animalidade opaca, que faz com que os vivos continuem a viver apesar da morte, apesar dos mortos, apesar também do horror, passado *e* pre-

Os prelúdios de Paul Ricoeur

sente. Num sentido ao mesmo tempo paradoxal e trivial, gostaria de dizer que os homens não são animais tão específicos porque possuem uma memória: mas somente porque se esforçam em não esquecer. A escrita da história é sim atravessada pela morte, como afirmava o deus solar do *Fedro*; mas se o historiador luta contra o esquecimento (Heródoto) e trabalha para cavar um túmulo,[31] seu gesto recorda simultaneamente aos vivos que nenhuma memória poderia torná-los inesquecíveis, isto é, eternos. Assim, a história luta igualmente contra este esquecimento primevo que nos é tão caro: o esquecimento de nossa própria morte.

---

[31] Paul Ricoeur citando De Certeau e Rancière, *in* Paul Ricoeur, *op. cit.*, pp. 476 ss.

13.
"PLATÃO, CREIO, ESTAVA DOENTE"

Ao Bento, que às vezes também adoece

Já faz algum tempo que tento estudar uma questão que, geralmente, não é sequer colocada pelos filósofos ou pelas histórias da filosofia. Analisa-se o conceito de sujeito *dentro* de tal sistema filosófico, *dentro* de tal texto, descreve-se como sujeito e subjetividade são definidos de maneiras diferentes pelas várias correntes filosóficas. Isto é: discute-se e analisa-se os conceitos de sujeito e de subjetividade na filosofia — o que, aliás, será amplamente feito neste encontro. Porém, não se costuma dar muita atenção a um outro sujeito: aquele que toma a palavra ou, para citar o grande linguista Benveniste, que *enuncia o* discurso filosófico. O sujeito *do* discurso filosófico, não *no* discurso filosófico, portanto. Essa problemática suscita várias questões. Elenco a seguir algumas:

1. Qual é a relação entre o sujeito de um discurso filosófico determinado e as figuras de autor e de narrador que imperam nas outras práticas de fala contemporâneas a esse discurso?
2. Há uma relação específica entre o sujeito de um discurso filosófico particular (o modo de enunciação desse sujeito), e a definição do conceito de sujeito nesse corpus filosófico particular?
3. O fato da tradição filosófica geralmente não tratar da enunciação subjetiva do discurso (fora, é claro, nos casos muito instigantes de autobiografia assumida, por exemplo, nas *Confissões* de Santo Agostinho e de Rousseau), teria implicações para a filosofia enquanto gênero discursivo específico?

Não vou responder aqui a essas questões. Gostaria somente de abordar essa problemática pelo viés de alguns diálogos de Platão.
A obra de Platão nos oferece um material privilegiado porque

ela reivindica a criação de um tipo de fala e de escrita que se chama, justamente, *filosofia* em oposição a outras práticas de fala e de escrita vigentes na época. Platão elege terminantemente um certo tipo de discurso e um certo tipo de "intelectual", como diríamos hoje,[1] para lhes atribuir os nomes de *filosofia* e de *filósofo*. Tal escolha é necessária para ressaltar a especificidade de sua atividade (e da de Sócrates), especificidade que se contrapõe a outras práticas de fala muito poderosas na *polis*: aquilo que se chamava, respectivamente, sabedoria e sábio, retórica e retor, e, sobretudo, poesia e poeta e, também, sofística e sofista.

Mas realçar a especificidade da própria atividade discursiva não significa somente que Sócrates e Platão tenham "inventado" a filosofia num lance de gênios. Significa, antes de mais nada, que precisam delimitar seu discurso, porque esse poderia ser facilmente assimilado a outros tipos de fala mais conhecidos pelo público, vale dizer, pelo povo ateniense. Poder-se-ia, por exemplo, assimilar, ou pior, *confundir* facilmente filosofia e... sofística, Sócrates e Protágoras, ambos condenados em circunstâncias muito semelhantes (durante crises da democracia ateniense) e sob acusações muito parecidas (ateísmo, educação antitradicional para os jovens). Com isso, quero dizer que a insistência platônica em propor novos nomes para um certo tipo de discurso e um certo papel social — a filosofia e o filósofo — *também* testemunha as dificuldades dessa diferenciação. Dificuldades essas, aliás, que parecem ser nossas até hoje, quando teimamos em dizer, por exemplo, que o colega x faz talvez "história das ideias" ou "teoria da física" ou, pior ainda, "literatura", mas que ele não faz "filosofia". Parece que até hoje precisamos defender uma definição restrita e específica daquilo que seria a *verdadeira filosofia*, necessidade que também prova a precariedade dessa distinção!

Mas voltando a Platão: qual é, na sua época, o grande paradigma do autor e do educador? É, como vocês sabem, o poeta épico, em particular Homero. Vou examinar aqui alguns traços que determinam a função do sujeito/autor do poema épico e do sujeito/autor do diálogo filosófico platônico. Vou me restringir, portanto, a alguns aspectos dessa relação conturbada que a obra platônica entretém com a obra homérica, relação de amor e ódio que sustenta todo o texto da

---

[1] Eric Havelock, *Prefácio a Platão*, Campinas, Papirus, 1996, pp. 299 ss.

República, sendo que esse texto é não só uma obra de filosofia política, mas também um tratado de educação contra os sofistas, e, mais ainda, contra a influência de Homero, o "educador da Grécia". Quero, num primeiro momento, mostrar o quanto Platão retoma, de maneira surpreendente, várias atribuições do poeta épico e, depois, indicar como ele também as transforma.

Quais são as atribuições essenciais da função do poeta épico, função tematizada e refletida no seio do próprio poema? Se seguirmos as belas análises de Jean-Pierre Vernant,[2] podemos destacar três conceitos-chave interligados: os conceitos de *kléos* — a glória do herói —, de memória do poeta e de túmulo. A palavra do poeta, palavra de rememoração e de louvor, mantém viva a glória do herói morto, cuja lembrança mergulharia, sem ela, no esquecimento pior que a morte física. Ao manter vivos a glória e o esplendor dos mortos, o poeta preenche a mesma função sagrada das cerimônias fúnebres descritas tantas vezes na *Ilíada*. Como a pedra do túmulo, erigida em memória do morto, assim também o canto poético luta contra o esquecimento e, fundamentalmente, contra a morte. Simultaneamente, reconhece, por essa luta mesma, a força do esquecimento e o poder da morte. A palavra grega *sêma* tem um duplo significado: túmulo, pedra funerária e, também, signo. Túmulo e canto poético se unem na mesma função primordial de evitar que os mortos sejam definitivamente esquecidos. A obra poética é, por assim dizer, um monumento funerário feito de palavras em memória e para a glória dos heróis mortos. O poeta como mestre de memória e de verdade (*a-létheia*) preenche simultaneamente o papel de sacerdote (de ligação às origens e aos mortos) e de virtuose (com domínio da memória e das técnicas de memorização), uma função essencial que *Ilíada* e *Odisseia* realizam.

Ora, não deixa de chamar a atenção o fato de que o gesto inaugural da filosofia na obra de Platão, principalmente nos diálogos ditos socráticos, retoma vários desses elementos. Podemos seguir aqui as instigantes sugestões de Nicole Loraux no seu artigo "Socrate est un homme, donc Socrate est immortel" sobre o *Fédon*.[3] Podemos ar-

---

[2] Ver os três primeiros capítulos de Jean-Pierre Vernant, *L'individu, la mort, l'amour* (Paris, Gallimard, 1989).

[3] Nicole Loraux, *Les expériences de Tirésias*, Paris, Gallimard, 1989, cap. VIII.

"Platão, creio, estava doente"   195

riscar a seguinte hipótese: o impulso para filosofar em Platão — em particular para *escrever* diálogos filosóficos, apesar de suas numerosas críticas à escrita —,[4] provém não só de uma "busca da verdade", meio abstrata, mas também da necessidade, ligada a essa busca, de defender a memória, a honra, a glória, o *kléos* do herói/mestre morto, Sócrates. Essa temática é onipresente nos três diálogos centrados nessa morte, a saber, *Apologia, Críton e Fédon*. Na *Apologia*, essa *defesa* de Sócrates é escrita por Platão como se fosse a transcrição da defesa de si mesmo por Sócrates no tribunal: Sócrates compara sua escolha (uma vida consagrada à busca da verdade, mesmo que essa escolha lhe acarrete numerosos inimigos e até o exponha à morte) à famosa escolha de Aquiles na *Ilíada*.[5] Advertido por sua mãe, Thétis, que se ele vingar seu amigo Pátroclo e matar Heitor, ele mesmo morrerá em breve; mas que, se ele deixar de lutar, voltará para a pátria e morrerá na velhice depois de uma vida longa e feliz, Aquiles escolhe sem titubear a vida curta — mas gloriosa e lembrada no futuro pela palavra poética — em detrimento da vida longa e obscura. Esse episódio paradigmático institui uma linhagem heroica na qual Sócrates se inscreve explicitamente, ou melhor, na qual Sócrates é colocado explicitamente por Platão. Nesse contexto, podemos também dizer que Platão assume, em relação ao mestre morto, a mesma função que cabia ao poeta em relação aos heróis mortos: lembrar suas façanhas e suas palavras para que a posteridade não se esqueça dos seus nomes e de sua glória. Arrisquemos uma fórmula analógica: Platão está para Sócrates assim como Homero está para Aquiles. Nicole Loraux fala dos diálogos de Platão, em particular do *Fédon*, que celebra a morte do mestre, como de tantas "pedras funerárias comemorativas",[6] cuja matéria não seria mais nem o mármore nem os versos, mas sim uma nova forma de prosa, a prosa do *logos* filosófico.

Podemos observar aqui que essa função comemorativa e rememorativa em relação à figura do herói/mestre Sócrates oferece novas pistas para analisarmos a questão controvertida da distinção entre o pensamento socrático e o pensamento mais genuinamente platônico,

---

[4] Ver *Carta VII* e *Fedro*.

[5] Ver Platão, *Apologia*, 28b-d; alusão à mesma cena de Homero (*Ilíada*, XVIII, v. 94-139) em Platão, *Banquete*, 179c-180a.

[6] Nicole Loraux, *op. cit.*, p. 199.

ou, ainda, da "influência" de Sócrates sobre Platão e da "emancipação" deste último em relação ao mestre. Poderíamos, talvez, deslocar levemente essa problemática e afirmar que há um período da produção platônica consagrado à preservação da memória de Sócrates, e, de certa maneira, a um trabalho intenso de luto por meio da escrita e da lembrança. Após a conclusão, por assim dizer, desse trabalho de rememoração e de luto, a produção platônica poderá assumir outras funções e outras preocupações.

Dizia, há pouco, que alguns diálogos platônicos constituem "pedras funerárias comemorativas", construídas numa matéria nova, na prosa filosófica. Esse novo material indica a diferenciação entre discurso filosófico nascente e canto poético. Gostaria de apontar aqui para uma dupla transformação: tanto da função da memória como também da função do autor.

Em relação à memória. Devemos notar que sua função, ainda que essencial para a reflexão filosófica de Platão, mudou. No caso específico da rememoração de Sócrates, o discurso platônico não deve só preservar, mas, antes de tudo, defender a lembrança de um homem condenado injustamente. Isto é, deve mostrar que essa condenação foi injusta e cuidar, portanto, da *reabilitação* do mestre morto que não tem seu lugar assegurado na memória da *polis*, como o tinham os heróis antigos ou os guerreiros mortos pela pátria. Antes de poder celebrar a memória e a glória/honra do mestre, Platão deve em primeiro lugar mostrar que este não é aquele que o povo ateniense pensa ser (isto é, um sofista a mais ou um tagarela subversivo). Deve defender Sócrates contra as acusações de ateísmo, de ser um sofista (na *Apologia*), ou, então, de ser covarde e passivo por não tentar fugir da prisão (toda argumentação inicial do *Críton*). Platão deve, por assim dizer, *construir a morte exemplar de Sócrates* contra a opinião da maioria da *polis*. Ele não pode, portanto, celebrar os feitos do passado que formam a tradição da cidade, mas deve se contentar em narrar, em construir uma versão diferente do recém-acontecido. A voz do filósofo não pode mais reivindicar para si a função sagrada da ligação com o passado e com as origens, como podia o poeta. Deve, sim, propor e defender uma outra interpretação para um episódio singular.

Essa mudança de tom e de condição também indica uma mudança no estatuto da verdade da palavra. Se a palavra poética, por sua origem sagrada, podia prescindir de uma partilha clara entre verdade e mentira/ficção, pois o que a caracterizava era seu poder numinoso,

"Platão, creio, estava doente"   197

sua eficácia efetiva,[7] a prosa platônica se vê entrincheirada entre um discurso mentiroso, mas que parece verdade, e um discurso verdadeiro que não consegue impor sua veracidade.

Poderíamos, nesse contexto, caracterizar os diálogos de Platão como um gênero literário muito específico que oscila entre ficção e relato, ou, ainda, que constrói sabiamente, por meio de uma narrativa subjetiva e singular, a ficção de uma verdade factual. Vale a pena estudar as estratégias *retóricas* muito sutis que Platão emprega para nos convencer de que seu texto não é, simplesmente, uma narrativa subjetiva, *uma* versão (aliás, instigante e genial) do autor Platão, mas sim o relato verdadeiro e fiel, hoje diríamos "objetivo", dos acontecimentos. Todos os estudiosos de Platão que analisam, por exemplo, as encenações iniciais dos diálogos, sabem dessas construções complexas (para não dizer... sofisticadas!).

Uma dessas estratégias, e das mais bem-sucedidas, consiste na denegação sistemática do possível caráter autobiográfico dos diálogos. Volto, aqui, às minhas indagações iniciais sobre o modo de enunciação do sujeito no discurso filosófico.

Chama a atenção o fato de que o autor Platão sempre se ausenta de seus textos como autor, como narrador e até como personagem, para melhor cumprir seu papel de narrador objetivo. Isso a ponto de o próprio Platão afirmar, pela boca de Fédon, claro, que ele, Platão, não estava presente nos últimos momentos do mestre por ele maravilhosamente descritos:

"Platão, creio, estava doente",[8] ou, mais precisamente, como o propõe Nicole Loraux, "Platão, acho, estava fraco (demais)" para assistir ao último dia de Sócrates. Como se fosse necessária essa fraqueza do sujeito-autor para garantir a força de verdade do discurso

---

[7] A esse respeito ver o livro fundamental de Marcel Détienne, *Les maîtres de verité dans la Grèce archaique* (Paris, Maspero, 1981). Ver também Hesíodo, *Teogonia*, v. 26-28, tradução e comentário de Jaa Torrano (São Paulo, Edusp/Iluminuras, 1991).

[8] Platão, *Fédon*, 59b. "'Mas os que então estiveram a seu lado [de Sócrates], Fédon, quais foram?.' 'Além do mencionado Apolodoro, estavam lá, de sua terra, Crisóbulo com seu pai, e também Hermógenes, Epígenes, Ésquines e Antístenes. Lá se encontravam ainda Clésipo de Peânia, Menéxeno e alguns outros da mesma região. Platão, creio, estava doente.'" Platão, *Diálogos*, vol. II, Porto Alegre, Globo, 1955, tradução de Jorge Paleikat e Cruz Costa.

filosófico, gesto que a tradição filosófica varia de inúmeras maneiras: o sujeito que enuncia o discurso filosófico deve se apagar em proveito da coisa mesma, *tò òn ontôs*.

Esse gesto de elisão pode ser interpretado de maneiras diferentes, mas, a meu ver, não necessariamente contraditórias. Uma interpretação especulativa mais respeitosa consiste em dizer, com Monique Dixsaut por exemplo,[9] que esse "anonimato vertiginoso" é condição necessária para um vaguear-passar verdadeiramente filosófico. Esse *"divaguer"* seria caracterizado por uma relação de não-posse do autor filósofo em relação a seu discurso. Ele não faz questão de possuir seus pensamentos, de ser o senhor dos seus *lógoi*, de ser o proprietário exclusivo de seus livros e de seus escritos (como sustenta toda a crítica de Platão à escrita, ou melhor, a essa relação fetichista que o escritor pode ter com os seus escritos). Fundamentalmente, portanto, o filósofo não é o sujeito soberano de seu discurso; seria muito mais o próprio *logos* que o move e não o sujeito-autor particular que se apodera e se assenhora do *logos*. Dixsaut afirma, muito platonicamente:

> "Ser imortal, não é deixar a si mesmo em seus escritos, não é o fato de os homem se lembrarem, é gerar (um) *logos* sem autor, sem assinatura e sem data."[10]

Concordo com essa belíssima — e platônica — interpretação. Mas não há como se furtar a uma outra leitura, mais crítica e mais irreverente.[11] Essa elisão do sujeito-autor só é possível por um refinamento extremo da estratégia retórico-literária, por um perpétuo fazer de conta que não há ninguém atrás do palco do diálogo, pois esse palco filosófico seria o próprio *real*. Dito de maneira ainda mais provocativa: só a ficção (o disfarce, a mentira) da ausência do sujeito-autor permite a constituição de um discurso que reivindica uma verdade e uma validade não subjetivas. Esse gesto propriamente ficcional é instaurado pela filosofia platônica com uma radicalidade que a distingue das outras práticas discursivas vigentes na época (a retórica, a sofística,

---

[9] Monique Dixsaut, *Le naturel philosophe. Essai sur les dialogues de Platon*, Paris, Vrin, Belles Lettres, 1994.

[10] Monique Dixsaut, *op. cit.*, p. 24. Tradução de J. M. G.

[11] Nicole Loraux, *op. cit.*, p. 193.

"Platão, creio, estava doente"

a poesia, e até a história; mesmo Tucídides reivindica *sua* visão, racional, da Guerra do Peloponeso).

Esse gesto acompanha até hoje, com sua bela e incômoda ambiguidade, a prática da escrita filosófica, fadada a ser a escrita de nenhum sujeito singular para melhor ser a linguagem — universal? — da verdade.

14.
AS FORMAS LITERÁRIAS DA FILOSOFIA

Para Salma, isto é, uma grande amiga!

O título desta palestra é emprestado a uma coletânea preciosa, organizada por Gottfried Gabriel e Christiane Schildknecht,[1] já há alguns anos. Este tema permite um recorte instigante dentro da problemática muito ampla das relações recíprocas entre literatura e filosofia, filosofia e literatura. Tal recorte tem a vantagem de não colocar de antemão uma questão normativa sobre as diferenças, os direitos, os domínios respectivos dos discursos literários e filosóficos — o que pressuporia ter, *a priori*, definições claras daquilo que é literatura e daquilo que é filosofia para poder, justamente, distingui-las com clareza e determinação. Mesmo que existam definições claras a esse respeito, me parece imprescindível refletir criticamente sobre a constituição histórica destas definições mesmas, isto é, refletir sobre as transformações históricas destas "partilhas" do saber, como diz Foucault, sobre as cambiantes definições de "filosofia" e de "literatura", antes de querer proceder ao estabelecimento de novas distinções mais finas.

Uma abordagem bastante comum da problemática filosofia/literatura consiste em analisar a presença de teorias ou de doutrinas filosóficas na obra de um escritor ou de um poeta: por exemplo, a presença de Spinoza em Goethe, de Schopenhauer ou Bergson em Proust, de Adorno ou Nietzsche em Thomas Mann, de Heidegger em Clarice Lispector. Não nego o interesse dessas análises quando apontam para a elaboração estética de elementos históricos singulares, retomados e transformados pela escritura literária. Mas trata-se, então, de também mostrar como se dão, na obra literária específica, tal retomada e tal transformação, isto é, não só quais "conteúdos filosóficos" estão presentes ali, mas como são transformados em "conteúdos literários".

---

[1] Gottfried Gabriel e Christiane Schildknecht, *Literarische Formen der Philosophie*, Stuttgart, J. B. Metzler, 1990.

Usei de propósito a noção, discutível, de "conteúdo", para apontar o que me parece o grande perigo dessas análises, a saber: tornar os filósofos especialistas na invenção de "conteúdos teóricos", mais ou menos incompreensíveis, e os escritores, especialistas em "formas linguísticas", mais ou menos rebuscadas. Assim, só caberia aos escritores e aos poetas traduzir de maneira mais agradável aquilo que os filósofos já teriam pensado de maneira complicada ou "abstrata", como se diz às vezes. No limite, isso significa que os filósofos sabem pensar, mas não conseguem comunicar seus pensamentos, que não sabem nem falar nem escrever bem; e que os escritores sabem falar bem, sabem se expressar, mas não têm nenhum pensamento próprio consistente. Apesar da descrição caricatural, o leitor certamente concordará que esses clichês constituem ainda representações corriqueiras das figuras e dos ofícios respectivos do filósofo e do escritor/poeta.

A imagem da literatura como sendo uma linguagem bela, mas vazia, que precisa de "recheio filosófico" para não se reduzir a uma brincadeira tão graciosa quanto fútil, tem seu oposto simétrico numa representação da filosofia como "pura" atividade intelectual, séria, profunda, complicada e incompreensível para o comum dos mortais (que, aliás, passa muito bem sem ela, o que torna questionável sua reiterada importância). Nesta estranha atividade, reservada a poucos, a comunicabilidade não importa tanto. Até no próprio meio filosófico, por exemplo na academia, reina certa desconfiança em relação aos aspectos formais mais apurados de uma palestra oral ou de um texto escrito de filosofia. Geralmente, estes aspectos são vistos como concessões ao público, ornamentos estilísticos prescindíveis, ou, ainda, como algo meramente metafórico ou meramente retórico. Ora, a afirmação implícita da existência de uma dimensão "meramente metafórica" ou "meramente retórica" repousa numa concepção acrítica, dogmática e mesmo trivial das relações entre pensamento e linguagem: como se o pensamento se elaborasse a si mesmo numa altivez soberana sem o tatear na temporalidade das palavras que, no entanto, o constitui. Dito de maneira mais simples: a concepção da literatura como algo belo, mas ornamental, superficial, supérfluo, e a concepção da filosofia como algo verdadeiro, mas difícil, incompreensível e profundo, esses dois clichês complementares perpetuam, no mais das vezes, privilégios estabelecidos e territórios de poder no interior de uma partilha, social e historicamente constituída, entre vários tipos de saber. Assim, os escritores e os poetas poderiam se dedicar ao sucesso e ao entretenimento, enquanto os filósofos continuariam aureolados pela busca desinteressada da verdade.

Na introdução ao livro citado no início deste artigo, Gottfried Gabriel afirma que a filosofia, desde seu nascimento, oscila entre duas formas de saber/sabedoria, entre a *Dichtung* (a criação poética no sentido amplo) e a *Wissenschaft*, a ciência no sentido mais rigoroso. No decorrer de sua história, podemos, então, observar um movimento pendular: quando se aproxima demais da poesia, a filosofia envereda novamente para o lado da ciência — e quando esta última ameaça abocanhá-la, ela se volta novamente para uma dimensão de sabedoria mais poética.[2] Esta observação tem o mérito de apontar para o estatuto ambíguo da atividade filosófica, desde seu início grego. Marcel Détienne[3] lembra que a figura do filósofo é uma formação híbrida, oriunda da tradição religiosa de sabedoria, em particular do pitagorismo, e, simultaneamente, da afirmação, na *polis* democrática, da dignidade e do poder da palavra racional — *logos* — e da autonomia da organização política. Esta ambiguidade também pode ser vista como fonte de riqueza; ela perdura até hoje, sob configurações e refigurações históricas diversas.

Neste contexto, falar das formas literárias da filosofia adquire um sentido preciso. Não se trata de estudar alguns aspectos formais episódicos, mas sim de refletir sobre este estatuto ambíguo do discurso filosófico e, mais especificamente, de explicitar a íntima relação entre formas de exposição, de apresentação, de enunciação — *Darstellungsformen* — e a constituição de conhecimento(s) ou de verdade(s) em filosofia. A hipótese de princípio consiste em afirmar que tais formas não são indiferentes ou exteriores aos enunciados filosóficos, mas, como formas de exposição ou de apresentação (*Dar-*

---

[2] "Die Philosophie steht von Anfang an zwischen Dichtung und Wissenschaft. Sie hat nicht nur die Poesie immer wieder ablösen wollen, sie sollte auch ihrerseits immer wieder in Wissenschaft aufgehen. In ihrem Versuch, sich von der Dichtung zu unterscheiden, hat sie sich verwissenschaftlicht, und in ihrer Sorge, von dieser vereinnahmt zu werden, hat sie sich poetisiert", Gottfried Gabriel, "Einleitendes Vorwort", *op. cit.* p. VII. Devemos mencionar aqui que Gabriel não é discípulo de Heidegger ou de Hölderlin, mas sim especialista em Wittgenstein e Frege, cuja cadeira ocupa na Universidade de Iena.

[3] Marcel Détienne, *Les maîtres de vérité dans la Grèce archaïque*, Paris, Maspero, 1981.

stellung), que participam inseparavelmente da transmissão de conhecimento ou da busca de verdade que visa o texto filosófico.[4] Um exemplo torna esta hipótese mais clara: qual seria a "verdade" que almejam os *Diálogos* de Platão? Se esquecermos a forma literária "diálogo" para procurar estabelecer um "sistema" de afirmações platônicas e, a partir delas, extrair algumas proposições essenciais que formassem a verdade procurada, encontraremos muitas contradições, muitas incoerências, poucas certezas e poucas evidências. Mas se levarmos a sério a forma *diálogo*, isto é, a renovação constante do contexto e dos interlocutores, o movimento de idas e vindas, de avanços e regressos, as resistências, o cansaço, os saltos, as aporias, os momentos de elevação, os de desânimo etc., então perceberemos que aquilo que Platão nos transmite não é nenhum sistema apodítico, nenhuma verdade proposicional, mas, antes de mais nada, uma *experiência*: a do movimento incessante do pensar, através da linguagem racional (*logos*) e para além dela — "para além do conceito através do conceito", dirá também Adorno.[5]

O movimento autorreflexivo da filosofia sobre seu caráter de linguagem, seu caráter linguístico no sentido amplo do termo, isto é, sobre sua forma literária, permite, em termos de história da filosofia, uma leitura renovada, mais atenta à singularidade dos textos. Gottfried Gabriel cita o exemplo do texto da "prova ontológica": quando se lembra que o escrito de Anselmo é um tipo de oração (*proslogion*), o caráter de prova (onto)lógica não desaparece, mas passa a ter um outro peso, porque tratar-se-ia aqui muito mais de confirmar a própria fé do que de provar logicamente a necessidade da existência de Deus.[6] Poderíamos também dizer que ler o *Zaratustra* de Nietzsche como um poema teatral, com indicações de ritmo e de palco, suscita uma nova compreensão do papel dos animais ou mesmo do além-do-homem. Sem falar de todos os mal-entendidos oriundos de uma leitura que faz do *Tractatus* de Wittgenstein um manual de epistemologia, ou das *Teses* de Walter Benjamin, lições de filosofia da história.

---

[4] Gottfried Gabriel, "Literarische Form und nicht-propositionale Erkenntnis in der Philosophie", *op. cit.*, pp. 1-4.

[5] "Die Anstrengung, über den Begriff durch den Begriff hinauszugelangen." Theodor W. Adorno, *Negative Dialektik*, Frankfurt/Main, Suhrkamp, 1970, p. 25.

[6] Gottfried Gabriel, *op. cit.*, p. 16.

A autorreflexão da filosofia sobre sua "literalidade" não traz apenas proveitos metodológicos ou hermenêuticos. Mais do que isso, remete a três conjuntos de questões que sempre acompanharam a filosofia, desde seu nascimento em Platão — cuja obra pode ser vista como o palco privilegiado deste embate. Trata-se de questões ligadas à filosofia enquanto *gênero discursivo diferente de outros gêneros discursivos em vigor*.

Na época de Platão, a filosofia tentava se distinguir de dois tipos principais de discursos muito importantes do ponto de vista cultural e político em Atenas: primeiro, a poesia épica e trágica — encarnada por Homero (a poesia épica), o Mestre da Grécia, estudado pelos meninos em seu aprendizado de futuros cidadãos; e por Sófocles e Eurípides (a poesia trágica), encenados anualmente para o conjunto dos cidadãos (as críticas de Platão às práticas pedagógicas vigentes e aos saberes artísticos e miméticos de seu tempo pressupõem esse papel central da poesia na formação pedagógica dos cidadãos e na vida política da cidade,[7] papel que, hoje, a poesia deixou totalmente de ter). Em segundo lugar, a retórica e a sofística, ambas práticas discursivas ligadas ao nascimento de formas jurídicas codificadas, à instituição do tribunal e de uma esfera do direito (instituição da acusação e da defesa) diferente do domínio de poder do soberano; práticas igualmente relacionadas com o peso crescente da palavra, do saber falar e do saber persuadir (isto é, também do saber "manipular" pela palavra lisonjeira e enganadora), na assembleia democrática dos cidadãos. A luta incessante de Platão contra os "sofistas", estes mestres de retórica — em particular suas reiteradas tentativas, da *Apologia de Sócrates* até *O Sofista*, de estabelecer uma diferenciação essencial entre o "filósofo" e o "sofista",[8] — dá provas do prestígio do qual gozavam retórica e sofística em Atenas.

---

[7] Ver a este respeito as instigantes pesquisas de Eric Havelock em *Prefácio a Platão* (Campinas, Papirus, 1996).

[8] A necessidade desta diferenciação por Platão não mostra somente o quanto a filosofia seria, ontologicamente, diferente da sofística, como a história (bem-comportada!) da filosofia sempre repete; se esta diferenciação era uma tarefa tão necessária assim, é que ela não era nem clara nem evidente para o povo ateniense, que, aliás, condenou Sócrates em termos e por motivos muito semelhantes aos da condenação de... Protágoras!

As formas literárias da filosofia 205

Hoje a filosofia não precisa se diferenciar, em primeiro lugar, do *epos*, da tragédia, da retórica ou da sofística; nem da teologia como na Idade Média. Ela tenta muito mais afirmar sua especificidade discursiva — e conceitual — em contraposição aos discursos das ciências naturais e de seu pretenso ou autêntico "rigor", aos discursos das ciências humanas e seus territórios de pesquisas práticas, ao discurso da literatura e de sua ficcionalidade. Essas transformações históricas ressaltam a hipótese principal desta comunicação: a saber, que uma reflexão sobre as formas literárias, isto é, também sobre as formas linguísticas (no sentido amplo de *sprachlich*, que é inerente à *Sprache*, língua e linguagem) da filosofia significa também uma reflexão sobre sua *historicidade* como gênero específico de discurso e de saber.

Dizia há pouco, seguindo aqui também as indicações de Gottfried Gabriel, que podemos determinar três conjuntos de questões que esta autorreflexão da filosofia sobre seu caráter de linguagem, sobre sua literalidade, levanta. Enumero estes três conjuntos para, depois, retomá-los em detalhe. Há, primeiro, o fato de que, em filosofia, não se trata somente de analisar linguagem, mas, mais precisamente, de analisar textos *escritos*. Em segundo lugar, a diversidade das formas literárias dos textos filosóficos também indica uma separação entre dois tipos de exercício da filosofia: uma filosofia ligada especificamente ao ensino e uma filosofia como exercício de meditação ou de reflexão, sem relação obrigatória com práticas pedagógicas institucionais. Enfim, em terceiro lugar, a multiplicidade destas formas também indica que há várias maneiras possíveis de tentar abordar, em filosofia, aquilo que excede a linguagem racional discursiva (*logos*), linguagem por excelência da filosofia.

Retomemos estes três complexos de questões. O primeiro e o segundo podem ser abordados em conjunto. Tratar da filosofia como gênero discursivo distinto e analisar suas diversas formas literárias, seus diversos modos de apresentação, restringe, pois, a pesquisa a um *corpus* de textos, isto é, ao território da *escrita*. Tal restrição pode nos parecer evidente porque estamos acostumados a ela, em particular no contexto do ensino da filosofia que, no mais das vezes, se confunde com o ensino da história da filosofia, com o estudo de textos dos "grandes filósofos", ensino e estudo baseados, portanto, na transmissão escrita. Mas se pensarmos na constituição da filosofia em Platão, autor de *diálogos* escritos, copiados e transmitidos por escrito até nós, e, simultaneamente, autor de críticas contundentes às pretensões de verdade da escritura, defensor da transmissão oral através da discussão viva, se lembrarmos disso, então perceberemos que esta relação entre filosofia, texto e escritura advém de uma partilha anterior entre tradição oral, mítica ou poética, transmissão oral da *sabedoria*, e transmissão escrita, no seio de instituições socioculturais diversas.[9] A questão da prevalência da transmissão escrita em filosofia recorta, portanto, a questão da progressiva separação entre uma filosofia ligada especificamente a seu ensino, da Academia de Platão até as universidades de hoje, uma *Schulphilosophie*, diz Kant, mais técnica e erudita, e uma *Weltphilosophie* (Kant igualmente) ou filosofia universal, isto é, um exercício de meditação, de reflexão, uma prática teórica que retoma os problemas fundamentais da existência humana e, em particular, pode assumir uma posição ético-política no debate da cidade, no espaço público comum aos cidadãos.

Podemos estabelecer uma lista provisória de algumas formas literárias em filosofia; perceberemos, então, que estas formas são ligadas a dois fatores principais: a épocas históricas precisas e à separação entre *Schulphilosophie* e *Weltphilosophie*. Hoje, ninguém mais escreve uma *summa* formada por uma série de *questiones*; antes de Montaigne, não parece ter havido necessidade de escrever *ensaios*. O ensino e o aprendizado acadêmicos da filosofia passam pela redação de monografias, trabalhos, dissertações, teses, apostilas, aulas, resumos, lições e manuais cujas regras científicas estritas acarretam consequências estilísticas e literárias específicas. Não se usam citações, por exemplo, da mesma maneira numa dissertação de mestrado, restrita ao rastreamento claro de uma temática bem definida, exercício típico de *Schulphilosophie*, ou num ensaio mais amplo, obra de maturidade de um pensador singular, meditação própria de *Weltphilosophie*. Não há o mesmo tipo de argumentação nas *Confissões* de Santo Agostinho, na *Crítica da razão pura* ou em *Além do bem e do mal* — e isso não só porque Agostinho, Kant e Nietzsche são três pensadores individuais diferentes, mas também porque as formas literárias confessional, sistemática e aforística implicam exigências específicas. Como entender,

---

[9] Talvez assistamos hoje a uma reconfiguração de formas *orais* na transmissão da filosofia ("café-philo", entrevistas e bate-papos televisivos etc). A análise dessas formas deveria se inscrever numa análise (crítica!) das transformações dos meios de comunicação social e não se restringir à defesa irada de uma única forma autêntica.

por exemplo, o florescimento do gênero "diálogo" ou "carta" na Antiguidade, sua transformação no Renascimento e seu quase completo desaparecimento na filosofia contemporânea? Podemos observar igualmente que, no interior da obra de um mesmo filósofo, a passagem de uma forma para outra também assinala transformações nada acidentais do pensamento: o Wittgenstein do *Tractatus* e o Wittgenstein das *Investigações filosóficas* é o mesmo pensador em termos de pessoa individual, mas não é o mesmo pensador em termos de concepção filosófica. Enfim, uma reflexão mais apurada sobre a historicidade das formas literárias da filosofia nos ajuda a compreender melhor a historicidade da própria filosofia, este estranho exercício em torno de algumas questões e de alguns conceitos, sempre retomados e recolocados, sempre deslocados e reinventados.

Estas observações me levam ao terceiro e último complexo de questões, com o qual gostaria de concluir. A multiplicidade das formas literárias em filosofia também assinala as diversas tentativas filosóficas de abordar aquilo que excede a linguagem discursiva racional, o *logos*, linguagem da filosofia por excelência, mesmo que as definições deste *logos* também variem no decorrer de sua história. Desde a *Carta VII* de Platão até o *Tractatus* de Wittgenstein o tema do dizível e do indizível na linguagem, e pela linguagem, é constitutivo da filosofia. Mas esta questão assume várias figuras. Aquilo que não pode ser dito foi, muitas vezes, interpretado como sendo a fonte divina da linguagem e da existência humanas, seu fundamento tão necessário como inacessível, como a figura de Deus ou do Bem supremo que, a rigor, nem pode ser nomeada, já que a nomeação restringiria sua infinitude. Esse motivo teológico primordial, comum à tradição judaica e à tradição platônica, percorre toda a tradição filosófica até, digamos, a tentativa de ruptura operada por Nietzsche (se Nietzsche conseguiu realmente operar esta ruptura é uma outra questão). Esse motivo caracteriza, segundo a famosa expressão de Derrida, que se apoia em Heidegger, o teologocentrismo da metafísica. Ao chamar este indizível de "Deus" e ao saber da insuficiência desta nomeação, o discurso da metafísica também afirma, de inúmeras maneiras, que seu fundamento último, fonte da linguagem e da razão, do *logos*, nele está presente e, simultaneamente, lhe escapa. Tal afirmação paradoxal assume várias formas de apresentação, várias formas literárias: o diálogo aporético não chega a nenhum resultado e, através dessa falha, indica que se negligenciou o fundamento inatingível do qual, no entanto, dever-se-ia ter partido (conclusão do *Crátilo*); ou o sistema se edifica e se totaliza, mas nunca se aquieta num resultado definitivo, já que somente o movimento em busca da transcendência dela consegue dar uma representação imanente (conforme a *Fenomenologia do Espírito*).

Ora, a filosofia moderna, e mais ainda a contemporânea, sofre um processo de secularização que caracteriza toda a modernidade em sentido político amplo. Assim, chamar este indizível, fundamento e fonte de nossa existência e de nossa linguagem, de "Deus" não parece mais ser adequado. Mas a questão persiste. Tenta-se transformá-la, surgem outras tentativas de respostas, outros nomes (re)surgem: o Ser, o Sublime, o Real. E, numa vertente mais ligada à herança crítica, também se afirma, simplesmente, que a linguagem humana não pode dizer sua origem, não pode dizer, definir, explicitar sua relação à realidade do mundo, já que não podemos sair nem da linguagem nem do mundo para observar e descrever como se relacionam. Entre a palavra que enuncia e a realidade que ela quer apreender, sempre haverá um abismo que ela pode, sim, atravessar (Blanchot), mas nunca abolir.

Algumas formas literárias bastante fortes da filosofia contemporânea como o ensaio, o aforismo, o fragmento tentam, em oposição crítica à concepção totalizante dos grandes sistemas clássicos, tematizar na própria exposição, na própria apresentação do pensamento, este real que só se mostra (conforme a expressão de Wittgenstein) quando se desenha a figura de sua ausência. Ali, neste lugar paradoxal, nesta figuração da ausência, filosofia e literatura contemporâneas, com todas as suas diferenças, certamente se encontram.

SOBRE OS TEXTOS

1. "A memória dos mortais: notas para uma definição de cultura a partir de uma leitura da *Odisseia*"
Apresentado originalmente no ciclo de palestras "Cultura. Substantivo plural", realizado no Centro Cultural Banco do Brasil, no Rio de Janeiro, em novembro de 1995. Publicado em *Cultura. Substantivo plural*, São Paulo, Editora 34, 1996.

2. "Homero e a *Dialética do Esclarecimento*"
Publicado em *Boletim do CPA*. Campinas, Unicamp, ano II, n° 4, julho/dezembro, 1997.

3. "Verdade e memória do passado"
Este artigo é a versão brasileira, ligeiramente modificada, de um artigo em francês, publicado no número de junho de 1998 da revista *Autre Temps*, Paris. Agradeço a Ana Cláudia Fonseca Brefe pela tradução. Posteriormente o artigo também foi publicado, em versão ligeiramente modificada, em *Projeto História — trabalhos da memória*. São Paulo, PUC-SP, n° 17, novembro, 1998.

4. "Memória, história e testemunho"
Apresentado originalmente no colóquio "Memória e Desaparecimento", realizado na Universidade Estadual do Rio de Janeiro, Rio de Janeiro, 26-27 de agosto de 1999. Publicado, em versão ligeiramente modificada, em *Memória e (res)sentimento: indagações sobre uma questão sensível*, Stella Bresciani e Márcia Naxara (orgs.), Campinas, Editora Unicamp, 2001.

5. "'Após Auschwitz'"
Apresentado originalmente no congresso de estética "As Luzes da Arte", na Universidade Federal de Minas Gerais, Belo Horizonte, setembro de 1997. Publicado em *As luzes da arte*, Rodrigo Duarte e Virgínia Figueiredo (orgs.), Belo Horizonte, Opera Prima, 1999.

6. "Sobre as relações entre ética e estética no pensamento de Adorno"
Apresentado originalmente no colóquio "O Ético, o Estético — Adorno", realizado na Universidade Metodista de Piracicaba, em 1998. Publicado em *Teoria crítica, estética e educação*, Newton Ramos de Oliveira, Antônio Álvaro Soares Zuin, Bruno Pucci (orgs.), Fapesp/Unimep/Autores Associados, 2001.

7. "O que significa elaborar o passado?"
Apresentado originalmente no colóquio "Tecnologia, Cultura e Formação... ainda Auschwitz", realizado na Universidade Metodista de Piracicaba, em maio de 2002. Publicado no livro de mesmo título, Bruno Pucci, Luiz Antônio Calmon Nabuco Lastória, Belarmino Cesar Guimarães da Costa (orgs.), São Paulo, Cortez, 2003.

8. "O rastro e a cicatriz: metáforas da memória"
Publicado em *Pro-Posições*, Campinas, Unicamp, vol. 13, n° 3 (39), setembro/dezembro, 2002.

9. "Escrituras do corpo"
Apresentado originalmente no colóquio "O Corpo Torturado", realizado na Unisinos, em São Leopoldo, RS, de 17 a 20 de setembro de 2002. Publicado no livro de mesmo título, Ivete Keil e Márcia Tiburi (orgs.), Porto Alegre, Escritos, 2004.

10. "O rumor das distâncias atravessadas"
Publicado em *Remate de Males*, Antonio Arnoni Prado, Maria Bethânia Amoroso, Vilma Arêas (orgs.), Campinas, Unicamp, n° 22, 2002.

11. "Uma filosofia do *cogito ferido*: Paul Ricoeur"
Publicado em *Estudos Avançados*, São Paulo, USP, vol. 11, n° 30, maio/agosto, 1997.

12. "Os prelúdios de Paul Ricoeur"
Apresentado originalmente em francês no colóquio sobre o livro de Ricoeur *La mémoire, l'histoire, l'oubli*, realizado na Faculté Libre de Théologie Protestante, em Paris, dezembro de 2000. Publicado em *La juste mémoire*, Olivier Abel (org.), Paris, Labor et Fides, 2006.

13. "'Platão, creio, estava doente'"
Publicado em *Kleos: Revista de Filosofia Antiga*. Rio de Janeiro, UFRJ, n° 4: 89-95, 2000.

14. "As formas literárias da filosofia"
Apresentado originalmente no colóquio de Estética "A Relação entre Filosofia e Literatura", realizado na PUC-RS, em junho de 2002. Publicado no livro *Filosofia e literatura*, Ricardo Timm de Souza e Rodrigo Duarte (orgs.), Porto Alegre, Edipucrs, 2004.

BIBLIOGRAFIA

Capítulo 1

ADORNO, T. W.; HORKHEIMER, M. *Dialética do Esclarecimento*. Trad. de Guido Antonio de Almeida. Rio de Janeiro: Jorge Zahar, 1985.

BENVENISTE, Èmile. *Le Vocabulaire des institutions indo-européennes*. Paris: Maspero, 1969.

HOMERO, *Odisseia*. Trad. de Antônio Pinto de Carvalho. São Paulo: Abril, 1978.

MAUSS, Marcel. "Essai sur le don. Forme et raison de l'échange dans les societés archaïques", in *Sociologie et anthropologie*. Paris: Quadrige, 1950.

Capítulo 2

ADORNO, T. W.; HORKHEIMER, M. *Dialética do Esclarecimento*. Trad. de Guido Antonio de Almeida. Rio de Janeiro: Jorge Zahar, 1985.

VERNANT, Jean-Pierre; DÉTIENNE, Marcel. *Les ruses de l'intelligence, la mètis des Grecs*. Paris: Flammarion, 1974.

Capítulo 3

ALTOUNIAN, Janine. *Ouvrez-moi seulement les chemins d'Arménie*. Paris: Les Belles Lettres, 1990.

BENJAMIN, Walter. "Über den Begriff der Geschichte", in *Gesammelte Werke*, I-2. Frankfurt/Main: Suhrkamp, 1974.

HERÓDOTO. *L'enquête*. Livre I, "Préface". Trad. de André Barguet. Paris: Gallimard, Pléiade, 1964.

LEVI, Primo. *É isto um homem?*. Rio de Janeiro: Rocco, 1988.

_____. *Os afogados e os sobreviventes: quarenta anos depois de Auschwitz*. São Paulo: Paz e Terra, 1989.

RICOEUR, Paul. *Lectures 3. Aux frontières de la philosophie*. Paris: Seuil, 1994.

_____. *Réflexion faite*. Paris: Esprit, 1995.

VERNANT, Jean-Pierre. *L'individu, la mort, l'amour*. Paris: Gallimard, 1989.

VIDAL-NAQUET, Pierre. *Les assassins de la mémoire*. Paris: La Découverte, 1987.

WHITE, Hayden; RICOEUR, Paul. *Temps et récit*, 3 vols. Paris: Seuil, 1983-85.

_____. *Metahistory: The Historical Imagination in XIXth Century Europe*. Baltimore/Londres: The Johns Hopkins University Press, 1978.

Capítulo 4

ALTOUNIAN, Janine. "Les héritiers d'un génocide", in Catherine Coquio (org.), *Parler des camps, penser les génocides*. Paris: Albin Michel, 1999.

BAUDELAIRE, Charles. "Le vin des chiffoniers", in *Fleurs du Mal. Oeuvres complètes*. Paris: Gallimard, 1961.

BRECHT, Bertolt. "Apague as pegadas", in *Poemas: 1913-1956*. Trad. Paulo César de Souza. São Paulo: Editora 34, 2000.

LEVI, Primo. *É isto um homem?*. Rio de Janeiro: Rocco, 1988.

LYOTARD, Jean-François. *La condition postmoderne*. Paris: Minuit, 1979.

NAMER, Gérard. "La confiscation sociopolitique du besoin de commémorer", revista *Autrement*, nº 54, Travail de mémoire 1914-1998, Paris, jan. 1999.

PIRALIAN, Hélène. "Écriture(s) du génocidaire", in Catherine Coquio (org.), *Parler des camps, penser les génocides*. Paris: Albin Michel, 1999.

TODOROV, Tzvetan. *Les abus de la mémoire*. Paris: Arléa, 1995.

WILKOMIRSKI, Binjamin. *Fragmentos: memórias de uma infância, 1939-1948*. Trad. Sérgio Tellaroli. São Paulo: Companhia das Letras, 1998.

WOHLFARTH, Irving. "Et cetera? De l'historien comme chiffonnier", in Heinz Wismann (org.), *Walter Benjamin et Paris*. Paris: Cerf, 1986.

Capítulo 5

ADORNO, T. W. *Noten zur Literatur III*. Frankfurt/Main: Suhrkamp, 1965.

_____. *Negative Dialektik*. Frankfurt/Main: Suhrkamp, 1970.

_____. "Mimesis und Rationalität", in *Ästhetische Theorie*. Frankfurt/Main: Suhrkamp, 1970.

_____. "Mimesis ans Tödliche und Versöhnung", in *Ästhetische Theorie*. Frankfurt/Main: Suhrkamp, 1970.

_____. "Methexis am Finsteren", in *Ästhetische Theorie*, Frankfurt/Main: Suhrkamp, 1970.

_____. *Ästhetische Theorie, Frühe Einleitung*, Gesammelte Schriften, vol. VII, Frankfurt/Main: Suhrkamp, 1970; trad. portuguesa de Artur Moura. *Teoria estética*. São Paulo: Martins Fontes, 1982.

_____. "Educação após Auschwitz", in *Palavras e sinais. Modelos críticos 2*. Trad. de Maria Helena Ruschel. Petrópolis: Vozes, 1995.

_____. "Crítica cultural e sociedade", in *Prismas*. Trad. de Augustin Wernet e Jorge Mattos Brito de Almeida. São Paulo: Ática, 1998.

ADORNO, T. W.; HORKHEIMER, M. *Dialética do Esclarecimento*. Trad. de Guido Antonio de Almeida. Rio de Janeiro: Jorge Zahar, 1985.

CLAUSSEN, Detlev. "Nach Auschwitz kein Gedicht?", in G. Schweppenhäuser e M. Wischke (orgs.), *Impuls und Negativität*. Hamburgo: Argument, 1995.

FRÜCHTL, Josef. *Mimesis: Konstellation eines Zentralbegriffs bei Adorno*. Würzburg: Königshaus und Neumann, 1986.

GAGNEBIN, Jeanne Marie. "Do conceito de mímesis em Adorno e Benjamin", in *Sete aulas sobre linguagem, memória e história*. Rio de Janeiro: Imago, 1997.

JOHANNES, Rolf. "Das ausgesparte Zentrum. Adornos Verhältnis zur Ökonomie", in G. Schweppenhäuser (org.), *Soziologie im Spätkapitalismus. Zur Gesellschaftstheorie Theodor W. Adornos*. Darmstadt: Wissenschaftliche Buchgesellschaft, 1995.

KANT, Immanuel. *Crítica da Razão Prática*. Trad. de Valerio Rohden. São Paulo: Martins Fontes, 2002.

NANCY, Jean-Luc. *Le mythe nazi*. Paris: Éditions de l'Aube, 1992.

SCHMID NOERR, Gunzlin. "Adornos Verhältnis zur Mitleidsethik Schopenhauers", in G. Schweppenhäuser e M. Wischke (orgs.), *Impuls und Negativität*. Hamburgo: Argument, 1995.

SCHWEPPENHÄUSER, Gerhard. *Ethik nach Auschwitz. Adornos negative Moralphilosophie*. Hamburgo: Argument, 1993.

TRAVERSO, Enzo. *L'histoire déchirée. Essai sur Auschwitz et les intellectuels*. Paris: Cerf, 1997.

WELLMER, Albrecht. "Adorno, Anwalt des Nicht-Identischen", in *Zur Dialektik von Moderne und Postmoderne*. Frankfurt/Main: Suhrkamp, 1985.

_____. *Endspiele: Die unversöhnliche Moderne*. Frankfurt/Main: Suhrkamp, 1993.

WIGGERSHAUS, Rolf. *Die Frankfurter Schule*. Berlim: DTV, 1998.

VAN REIJEN, Willem; BRANSEN, Jan. "Das Verschwinden der Klassengeschichte in der 'Dialektik der Aufklärung'. Ein Kommentar zu den Textvarianten der Buchausgabe von 1947 gegenüber der Erstveröffentlichung von 1944", in Max Horkheimer, *Gesammelte Schriften*, vol. V. Frankfurt/Main: Fisher, 1985.

WOHLFARTH, Irving. *Das Unerhörte hören. Zum Gesang der Sirenen*, manuscrito.

Capítulo 6

ADORNO, T. W. *Ästhetische Theorie, Frühe Einleitung*, Gesammelte Schriften, vol. VII, Frankfurt/Main: Suhrkamp, 1970; trad. portuguesa de Artur Moura. *Teoria estética*. São Paulo: Martins Fontes, 1982.

_____. "Anmerkungen zum philosophischen Denken", in *Stichworte*. Frankfurt/Main: Suhrkamp, 1969; "Observações sobre o pensamento filosófico", in *Palavras e sinais*. Trad. bras. de Maria Helena Ruschel. Petrópolis: Vozes, 1995.

ADORNO, T. W.; HORKHEIMER, M. *Dialética do Esclarecimento*. Trad. de Guido Antonio de Almeida. Rio de Janeiro: Jorge Zahar, 1985.

HANNS, Luís. *Dicionário comentado do alemão de Freud*, Rio de Janeiro: Imago, 1996.

LIESSMANN, Konrad Paul. *Ohne Mitleid. Zum Begriff der Distanz als ästhetische Kategorie mit ständiger Rücksicht auf Theodor W. Adorno*. Ulm: Passagen, 1991.

SCHWEPPENHÄUSER, G.; WISCHKE, Mirko (orgs.). *Impuls und Negativität. Ethik und Ästhetik bei Adorno*. Viena: Argument, 1995.

VIÑAR, Marcelo. "Notas para pensar o ódio ao estrangeiro", in Caterina Koltai (org.), *O estrangeiro*. São Paulo: Escuta/Fapesp, 1998.

Capítulo 7

ADORNO, T. W. *Negative Dialektik*. Frankfurt/Main: Suhrkamp, 1970.

_____. "Was bedeutet Aufarbeitung der Vergangenheit?", in *Gesammelte Schriften*, vol. X-2. Frankfurt/Main: Suhrkamp, 1997.

ASSMANN, Aleida. *Erinnerungsräume. Formen und Wandlungen des kulturellen Gedächtnisses*. Munique: Beck, 1999.

BENJAMIN, Walter. "Über den Begriff der Geschichte", in *Gesammelte Werke*, I-2. Frankfurt/Main: Suhrkamp, 1974.

FREUD, Sigmund. "Erinnern, wiederholen und durcharbeiten", in *Studienausgabe*, Ergänzungsband, Frankfurt/Main: Fischer, 1975.

HALBWACHS, Maurice. *La mémoire collective*. Paris: PUF, 1950.

NIETZSCHE, Friedrich. *Zweite unzeitgemässe Betrachtung. Vom Nutzen und Nachteil der Historie für das Leben*. Ed. crítica Colli-Montinari, vol. I. Berlim: DTV, 1988; ed. bras., *Segunda consideração intempestiva*. Trad. de Marco Antônio Casanova. Rio de Janeiro: Relume-Dumará, 2003.

NORA, Pierre (org.). *Les lieux de mémoire*. Paris: Gallimard, 1984.

RICOEUR, Paul. *La mémoire, l'histoire, l'oubli*. Paris: Seuil, 2000.

TODOROV, Tzvetan. *Les abus de la mémoire*. Paris: Arléa, 1995.

WEINRICH, Harald. *Lethe. Kunst und Kritik des Vergessens*. Munique: Beck, 1997; ed. bras., *Lete. Arte e crítica do esquecimento*. Rio de Janeiro: Civilização Brasileira, 2001.

Capítulo 8

ASSMANN, Aleida. *Erinnerungsräume. Formen und Wandlungen des kulturellen Gedächtnisses*. Munique: Beck, 1999.

AUERBACH, Erich. *Mímesis*. Berna: Francke, 1946; ed. bras., *Mímesis*. São Paulo: Perspectiva, 1998.

BAUDELAIRE, Charles. "Le vin des chiffoniers", in *Fleurs du Mal. Oeuvres complètes*. Paris: Gallimard, 1961.

BENJAMIN, Walter. *Passagen-Werk, Gesammelte Schriften*, vol. V-1, fragmento N1a. Frankfurt/Main: Suhrkamp, 1982.

_____. *Obras escolhidas I*. Trad. de Sérgio Paulo Rouanet. São Paulo: Brasiliense, 1985; nova edição: São Paulo: Livraria Duas Cidades/Editora 34, no prelo.

_____. "Paris do segundo império", in *Obras escolhidas III*. Trad. de José Carlos Martins Barbosa. São Paulo: Brasiliense, 1989.

DERRIDA, Jacques. *A farmácia de Platão*. São Paulo: Iluminuras, 1991.

_____. *Gramatologia*. Trad. de Miriam Schnaiderman e Renato Janine Ribeiro. São Paulo: Perspectiva, 2ª ed., 2004.

GINZBURG, Carlo. "Sinais: raízes de um paradigma indiciário", in *Mitos, emblemas, sinais*. São Paulo: Companhia das Letras, 1991.

HEIDEGGER, Martin. "Esquisses tirées de l'atelier" (1959), publicado em *Cahier de l'Herne*, Paris, 1983.

HOMERO, *Odisseia*. Trad. de Antônio Pinto de Carvalho. São Paulo: Abril, 1978.

LEVI, Primo. *É isto um homem?* Rio de Janeiro: Rocco, 1988.

_____. *Os afogados e os sobreviventes: quarenta anos depois de Auschwitz*. São Paulo: Paz e Terra, 1989.

LEVINAS, Emmanuel. *Humanismo do outro homem*. Trad. de Pergentino Pivato. Petrópolis: Vozes, 1993.

PLATÃO. *Phèdre*. 274c. Paris: Les Belles Lettres, 1978.

RICOEUR, Paul. *Temps et récit III, Le temps raconté*. Paris: Seuil, 1985.

TUCÍDIDES. *A guerra do Peloponeso*, Livro I, 22. Trad. de Ana Lia Amaral de Almeida Prado. São Paulo: Martins Fontes, 1999.

VERNANT, Jean-Pierre. *L'individu, la mort, l'amour*. Paris: Gallimard, 1989.

Capítulo 9

ASSMANN, Aleida. *Erinnerungsräume. Formen und Wandlungen des kulturellen Gedächtnisses*. Munique: Beck, 1999.

BENJAMIN, Walter. *Briefe 2*. Frankfurt/Main: Suhrkamp, 1966.

_____. "Franz Kafka. Zur zehnten Wiederkehr seines Todestages", in *Gesammelte Schriften*, II-2. Frankfurt/Main: Suhrkamp, 1977.

_____. *Obras escolhidas I*. Trad. de Sérgio Paulo Rouanet. São Paulo: Brasiliense, 1985; nova edição: São Paulo: Livraria Duas Cidades/Editora 34, no prelo.

BLANCHOT, Maurice. *De Kafka à Kafka*. Paris: Gallimard, 1981.

DELEUZE, Gilles. *Kafka. Pour une littérature mineure*. Paris: Minuit, 1975.

DÉTIENNE, Marcel. *Les maîtres de verité dans la Grèce archaique*. Paris: Maspero, 1981.

JANOUCH, G. *Gespräche mit Kafka*. Frankfurt/Main: Fischer, 1968.

KAFKA, Franz. *O veredicto/ Na colônia penal*. Trad. de Modesto Carone. São Paulo: Brasiliense, 1988. Nova edição: São Paulo: Companhia das Letras, 1998.

_____. "In der Strafkolonie", in *Ein Landarzt und andere Drucke zu Lebzeiten, Gesammelte Werke in zwölf Bänden*, vol. I. Frankfurt/Main: Fischer, 1994.

_____. *Tagebücher 1914-1923, Gesammelte Werke in zwölf Bänden*, vol. III. Frankfurt/Main: Fischer, 1994.

MOSÈS, Stéphane. *L'ange de l'histoire*. Paris: Seuil, 1992.

NIETZSCHE, Friedrich. *Zur Genealogie der Moral*, Ed. Colli-Montinari (Kritische Studienausgabe), vol. V, Munique/Berlim, DTV/Gruyter, 1988.

ROBERTSON, Ritchie. *Kafka. Judentum, Gesellschaft, Literatu.* Stuttgart: Metzler, 1988.

SOKEL, Walter H. *Franz Kafka, Tragik und Ironie*. Frankfurt/Main: Fischer, 1976.

TRAVERSO, Enzo. *L'histoire déchirée. Essai sur Auschwitz et les intellectuels*. Paris: Cerf, 1997.

YAGUELLO, Marina. *Les mots et les femmes*. Paris: Payot, 1978.

Capítulo 10

BENJAMIN, Walter. "Sobre alguns temas em Baudelaire". Coleção Os Pensadores, *Benjamin, Adorno, Horkheimer, Habermas*. São Paulo: Abril, 1980.

BLANCHOT, Maurice. *Le livre à venir*. Paris: Gallimard, 1959.

DELEUZE, Gilles. *Proust et les signes*. Paris: PUF, 1964; ed. bras., *Proust e os signos*. Trad. de Roberto Machado. Rio de Janeiro: Forense, 1987.

KRISTEVA, Julia. *Le temps sensible. Proust et l'expérience litteraire*. Paris: Gallimard, 1994.

PROUST, Marcel. *Contre Sainte-Beuve*. Paris: Gallimard/Folio, 1954.

_____. *Em busca do tempo perdido*, vol. I, *No caminho de Swann*. Trad. de Mário Quintana. Porto Alegre: Globo, 1981.

_____. *Em busca do tempo perdido*, vol. VII, *O tempo redescoberto*. Trad. de Lúcia Miguel Pereira. Porto Alegre: Globo, 1981.

_____. *A la recherche du temps perdu*, vol. I, *Du côté de chez Swann*. Jean-Yves Tadié (org.). Paris: Gallimard, 1987.

_____. *A la recherche du temps perdu*, vol. III, *La prisonnière*. Paris, Gallimard, 1987.

RICOEUR, Paul. *Temps et récit. La configuration dans le récit de fiction*, vol. II. Paris: Seuil, 1984.

SANTO AGOSTINHO. *Confissões*, livro X, cap. 8, 15. Coleção Os Pensadores. São Paulo: Abril, 1980.

Capítulo 11

AZOUVI, F.; LAUNAY, M. de. *La critique et la conviction*. Paris: Calmann-Lévy, 1995.

BENJAMIN, Walter. *Gesammelte Schriften II-3*. Frankfurt: Suhrkamp, 1977.

BOUCHINDHOMME, Christian; ROCHLITZ, Rainer (orgs.). *Temps et récit de Paul Ricoeur en débat*. Paris, Seuil, 1990.

DERRIDA, Jacques. "La mythologie blanche. La métaphore dans le texte philosophique", in *Marges*. Paris: Minuit, 1972.

HAHN, Lewis E. (org.). *The philosophy of Paul Ricoeur*. Chicago, Open Court, 1995.

MONGIN, Olivier. *Paul Ricoeur*. Paris: Seuil, 1994.

NUNES, Benedito. *O tempo na narrativa*. São Paulo: Ática, 1988.

PROUST, Marcel. *Em busca do tempo perdido*, vol. VII, *O tempo redescoberto*. Trad. de Lúcia Miguel Pereira. Porto Alegre: Globo, 1981.

RICOEUR, Paul. *Philosophie de la volonté*, vol. 1, *Le volontaire et l'involontaire*; vol. 2, *Finitude et culpabilité*: 1 — *L'homme faillible*; 2 — *La symbolique du mal*. Paris: Aubier-Montaigne, 1963.

_____. *Temps et récit III, Le temps raconté*. Paris: Seuil, 1985.

_____. *O si mesmo como um outro*. Campinas: Papirus, 1990.

_____. *Réflexion faite*. Paris: Esprit, 1995.

Capítulo 12

CASSIN, Barbara. *Hélène en toute femme*. Paris: Les Êmpecheurs de Tourner en Rond, 2000.

_____. "Politiques de la mémoire. Des traitements de la haine", revista *Multitudes*, n° 6, Paris, Exils, set. 2001.

DERRIDA, Jacques. "La pharmacie de Platon", in *La Dissémination*. Paris: Seuil, 1972.

DÉTIENNE, Marcel. *L'invention de la mytologie*. Paris: Gallimard, 1981.

_____ (org.). *Les savoirs de l'écriture en Grèce ancienne*. Lille: Presses Universitaires de Lille, 1988.

JOLY, Henri. *Le renversement platonicien. Logos, episteme, polis*. Paris: Vrin, 1974.

_____. *La question des étrangers*. Paris: Vrin, 1992.

LORAUX, Nicole. *Le féminin et l'homme grec*. Paris: Galimard, 1989.

NIETZSCHE, Friedrich. *Segunda consideração extemporânea*. KSA I.

RICOEUR, Paul. *Temps et récit. La configuration dans le récit de fiction*, vol. II. Paris: Seuil, 1984.

_____. *Temps et récit III, Le temps raconté*. Paris: Seuil, 1985.

_____. *La mémoire, l'histoire, l'oubli*. Paris: Seuil, 2000.

PROUST, Marcel. *Em busca do tempo perdido*, vol. I, *No caminho de Swann*. Trad. de Mário Quintana. Porto Alegre: Globo, 1981.

PLATÃO. "Carta VII", in *Obras completas*, vol. V. Trad. Carlos Alberto Nunes. Belém: UFPA, 1980.

_____. *Phèdre*. 274c. Paris: Les Belles Lettres, 1978.

Capítulo 13

DÉTIENNE, Marcel. *Les maîtres de verité dans la Grèce archaique*. Paris: Maspero, 1981.

DIXSAUT, Monique. *Le naturel philosophe. Essai sur les dialogues de Platon*. Paris: Vrin, col. Belles Lettres, 1994.

HAVELOCK, Eric. *Prefácio a Platão*. Campinas: Papirus, 1996.

HESÍODO. *Teogonia*. Tradução e comentário de Jaa Torrano. São Paulo: Edusp/ Iluminuras, 1991.

LORAUX, Nicole. *Les expériences de Tirésias*. Paris: Gallimard, 1989.

PLATÃO, *Apologia*, 28b-d; in *Banquete*, 179c-180a.

_____. *Diálogos*, vol. II. Trad. de Jorge Paleikat e Cruz Costa. Porto Alegre: Globo, 1955.

_____. "Carta VII", in *Obras completas*, vol. V. Trad. Carlos Alberto Nunes. Belém: UFPA, 1980.

_____. *Phèdre*. 274c. Paris: Les Belles Lettres, 1978.

VERNANT, Jean-Pierre. *L'individu, la mort, l'amour*. Paris: Gallimard, 1989.

Capítulo 14

ADORNO, T. W. *Negative Dialektik*. Frankfurt/Main: Suhrkamp, 1970.

DÉTIENNE, Marcel. *Les maîtres de verité dans la Grèce archaique*. Paris: Maspero, 1981.

GABRIEL, Gottfried; SCHILDKNECHT, Christiane. *Literarische Formen der Philosophie*. Stuttgart: J. B. Metzler, 1990.

HAVELOCK, Eric. *Prefácio a Platão*. Campinas: Papirus, 1996.

AGRADECIMENTOS

Quero agradecer aqui aos companheiros que foram imprescindíveis no processo de realização deste livro: aos membros do Grupo de Trabalho em Estética da Anpof (Associação Nacional de Pós-Graduação em Filosofia) e ao Grupo de Estudos e Pesquisa Teoria Crítica e Educação que, incansavelmente, organizaram reuniões e discussões de Belo Horizonte a Porto Alegre ou Salvador, passando por Piracicaba e São Paulo; aos amigos solidários do "grupo sem nome", a quem dedico estes ensaios; e aos estudantes da PUC de São Paulo e da Unicamp, cujo entusiasmo sempre me ajuda a vencer o cansaço da vida universitária. Quanto ao processo de escrita, em particular no que diz respeito à reelaboração destes textos para o formato de livro, meu agradecimento vai a Alberto Martins, da Editora 34, cuja paciência filológica e imaginação poética me revelaram paisagens ocultas da língua portuguesa, essa minha língua adotiva.

SOBRE A AUTORA

Jeanne Marie Gagnebin nasceu em Lausanne, na Suíça, em 1949. Após estudar filosofia, literatura alemã e grego antigo na Universidade de Genebra, concluiu o doutorado em filosofia na Universidade de Heidelberg, na Alemanha, em 1977. Vive e leciona no Brasil desde 1978, tendo realizado estágios de pós-doutorado em Constança, Berlim e Paris. É professora titular de filosofia na PUC-SP e livre-docente em teoria literária na Unicamp. Atualmente é responsável pela organização dos volumes e coordenação da tradução dos escritos de Walter Benjamin na Editora 34.

É autora de *Zur Geschichtsphilosophie Walter Benjamins* (Erlangen, Palm & Enke, 1978), *Walter Benjamin: os cacos da História* (São Paulo, Brasiliense, 1982; 2ª ed., São Paulo, n-1 edições, 2018), *Histoire et narration chez Walter Benjamin* (Paris, L'Harmattan, 1994; ed. bras., *História e narração em Walter Benjamin*, São Paulo, Perspectiva, 1994), *Sete aulas sobre linguagem, memória e história* (Rio de Janeiro, Imago, 1997; 2ª ed., 2005), *Lembrar escrever esquecer* (São Paulo, Editora 34, 2006) e *Limiar, aura e rememoração* (São Paulo, Editora 34, 2014).

ESTE LIVRO FOI COMPOSTO EM SABON,
PELA BRACHER & MALTA, COM CTP E
IMPRESSÃO DA BARTIRA GRÁFICA E EDI-
TORA EM PAPEL PÓLEN SOFT 80 G/M² DA
CIA. SUZANO DE PAPEL E CELULOSE PARA
A EDITORA 34, EM OUTUBRO DE 2021.